무조건 합격하는
암기의 기술

이윤규

지음

무조건 합격하는
암기의 기술

26살 9개월 만에
사법시험을 패스한 이윤규 변호사의
책 한 권 통째로 씹어먹는 공부법

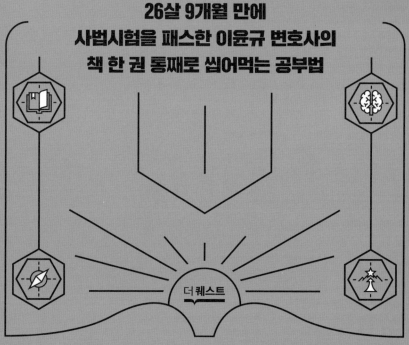

더퀘스트

일러두기 |
본문 속 추가된 그림 중 일부는 저작권 문제가 해결됐으나, 일부는 저작권 확인이 불가했습니다. 추후 재협의하겠습니다.

무조건 합격하는 암기의 기술

초판 1쇄 발행 · 2023년 1월 11일
초판 6쇄 발행 · 2023년 6월 5일

지은이 · 이윤규
발행인 · 이종원
발행처 · (주)도서출판 길벗
주소 · 서울시 마포구 월드컵로 10길 56(서교동)
대표전화 · 02)332-0931 | **팩스** · 02)322-0586
출판사 등록일 · 1990년 12월 24일
홈페이지 · www.gilbut.co.kr | 이메일 · gilbut@gilbut.co.kr

기획 및 책임편집 · 송은경(eun3850@gilbut.co.kr), 유예진, 정아영, 오수영
마케팅 · 정경원, 김진영, 최명주, 김도현, 이승기
제작 · 이준호, 손일순, 이진혁 | **영업관리** · 김명자, 심선숙 | **독자지원** · 윤정아, 최희창

교정교열 · 조혜정 | **표지디자인** · studio forb | **본문디자인** · aleph
CTP 출력 및 인쇄 · 금강인쇄 | **제본** · 금강제본

ISBN 979-11-407-0272-5 03190
(길벗도서번호 090193)

정가 18,800원

독자의 1초를 아껴주는 정성 길벗출판사

(주)도서출판 길벗 | IT교육서, IT단행본, 경제경영서, 어학&실용서, 인문교양서, 자녀교육서 www.gilbut.co.kr
길벗스쿨 | 국어학습, 수학학습, 어린이교양, 주니어 어학학습, 학습단행본 www.gilbutschool.co.kr

"분명히 외웠는데 돌아서면 생각이 안 나요."

"1,000쪽이 넘는 책 내용을 대체 어떻게 기억해야 할까요?"

"공부할 게 너무 많아서 어디서부터 어떻게 시작해야 할지 도무지 감이 잡히지 않아요."

의욕적으로 공부를 시작한 사람들이 가장 많이 토로하는 고민들이다. 공부를 좌우하는 것에는 여러 요소가 있다. 지능, 노력, 재능, 생활환경 등. 하지만 그중 가장 중요한 것, 공부의 근간이 되는 것은 바로 암기다. 내가 배우는 것을 기억하지 못하고 까먹는다면 공부를 잘할 수 있을 리 없다. 그러나 암기를 잘하는 것은 쉬운 일이 아니다. 시험은 통상 세 과목을 기본으로, 과목당 300~500페이지의 책을 봐야 한다. 이렇듯 몇백, 몇천 페이지 분량의 지식을, 방대한 양의 정보를 머릿속에 새로이 집어넣어야, 그것에 그치는 것뿐 아니라 이것을 일정 기간 동안 까먹지도 않아야 한다. 이를 위해 체계적이고 구체적이며 효율적인 방법이 필요하다. 이것이 우리가 본격적인 공부를 시작하기 전에 암기법을 먼저 배워야 하는 이유다.

암기법은 공부에 앞서 따로 익혀야 하는 것이다

어떤 과목이든 개념이나 전형적인 풀이법 자체를 익힌(=외운) 후에라야 문제에 대한 고민과 사고(=응용)가 가능하다. 그런 의미에서 공부의 기본은 암기라고 할 수 있다. 선행해야 할 작업들을 먼저 하지 않고서 단순히 문제집을 많이 푼다고 좋은 결과가 나오지는 않는다.

원하는 목적을 달성하기 위해서는 자신이 선택한 수단과 방법이 효과적인지 알아야 한다. 그런데 암기법에 대해서는 그런 인식이 부족한 것이 사실이다. 어디서부터 어디까지를 외워야 하는 것인지, 어떤 방식으로 외워야 효과적인지에 대해 체계적으로 노하우를 정리하고 전달하는 책이나 영상 같은 것이 없었다. 이런 이유로 수험생들은 잘못된 방향으로 노력을 쏟거나 효과적이지 않은 방법으로 공부해왔다. 아무런 이해 없이 공부 내용을 노래로 바꿔 외우거나 머리글자를 따서 외우거나 혹은 책 내용을 그대로 베껴 쓰는 등 암기에 있어서 비효율적이라 여겨지는 방법을 마땅히 해야 하는 방법으로 잘못 알고 사용했던 것이다.

물론 암기법에 관한 책들이 시중에 적지 않게 나와 있다. 그러나 그 내용들은 숫자나 포커 카드 같은 것을 외우는, 소위 '기억력 스포츠' 대회에 관한 것이 많아 공부에 적용할 수 없었다. 게다가 대체로 개인 경험을 근거로 한 내용이 많아 보편적으로 적용하기에도 어려운 점이 많았다.

교육학과 뇌과학 그리고 실제 경험에 근거한
공부하는 사람을 위한 암기법

그런 이유로 어느 경우에나 적용할 수 있는 암기법, 과학적이고 이론적인 근거가 충분한 암기전략을 나름대로 분석하고 정리하기 시작했다. 공부하는 사람이 '정말로' 실전에 적용할 수 있는 암기법을 찾고 싶었던 것이다. 그래서 스스로 경험하고 효과를 봤던 내용들뿐 아니라, 암기와 관련된 다양한 책과 논문들을 읽고 체계적으로 정리하기 시작했다.

이 책에서 소개하는 암기법은 교육학 이론 중 정보처리이론을 근간으로 한다. 그리고 뇌의 작동원리에 대해서는 뇌과학 이론을 참고했다. 이러한 이론적 근거를 바탕으로 중고등학교 교재와 성인시험 교재들을 가능한 범위에서 모두 입수해, 유형화하고자 시도했다. 책의 분량상 그 전부를 실을 수는 없었기에 대표적인 유형들을 추려서 예시로 들었다. 또 예시 선정과정에서는 이 책의 바탕이 된 암기법 강의를 들은 약 800명의 수강생들로부터 받은 사전 사후 피드백도 참고했다. 그들의 피드백을 통해 수험생들이 공부하면서 암기에 어려워하는 부분이 무엇인지 확인할 수 있었는데, 예시를 통해 그에 대한 해결책을 제시하고자 했다.

국어를 공부하든, 수학을 공부하든 모든 공부의 기본은 암기

누군가는 공부에 있어 암기가 중요한 것은 문과에 한정된 것이 아니냐고 반문할 수 있겠다. 수학과 물리, 회계학 같은 과목이나 비문학 지문이 주어지는 시험에서는 암기가 크게 중요한 것이 아니라면서 말이다. 하지만 공부에 있어 암기는 과목이나 분야를 불문하고 기본이다. 수학은 극소수의 천재를 제외한다면 전형적이고 모범적인 해답의 논리적 구조를 익혀둔(=외워 놓은) 상태가 아니라면 문제를 해결할 수가 없다. 회계나 물리학 같은 과목도 마찬가지다. 기본이 되는 논리의 구조를 익혀야 응용이 가능해진다.

비문학류의 시험도 유형별 접근법을 익히지 못하면 시험장에서 주어진 지문을 빠르게 이해하지 못해 문제를 풀 수 없다. 유형별 접근법은 주어진 문제들을 유형별로 익히면서 어떻게 풀어야 할지 체화하는, 귀납을 통한 암기로 익힐 수 있다. 그리고 지문을 읽고 이해하는 과정(독해)은 단시간 안에 지문의 요지를 암기하는 것과 다름없다. 앞서 읽은 지문이 기억나지 않아 문제와 지문을 몇 번이고 왔다갔다 하며 시간을 허비한 경험이 다들 있을 것이다.

그동안 명확히 의식하지 못했을 뿐, 결국 암기가 공부의 시작과 끝이다. 과목에 따라 외울 대상과 방법이 조금씩 달라질 뿐, 문제에 대한 '이미 존재하는 접근법'과 그 내용이 되는 정보 자체를 기억해야 한다는 점은 동일하기 때문이다. 그리고 공부라는 것이 다름 아닌 새로운 지식이나 정보를 습득하는 것이라는 관점에서 보면 너무나 당연한 것이다.

수험생들이 암기의 고통에서 벗어나길 희망하며

나 개인으로서는 최대한의 노력을 쏟아부었지만, 이러한 노력 역시 내 개인의 노력에 불과할 수 있기에 관련 분야 전문가분들의 감수와 조언을 얻었다. 특히 교육심리학과 뇌과학 분야의 전문가분들의 많은 도움을 받았는데, 이 자리를 빌려 감사 인사를 전한다. 부디 이 책이 암기로 인해 고통을 겪고 있는 수험생들에게 조금이나마 도움이 되길 바란다. 암기라는 것이 단순히 눈앞에 있는 대상을 달달 외우는 것이 아니라, 새로운 정보와 지식을 효율적으로 습득하고 다루기 위한 총체적 방법 그 자체라는 사실을 알게 된다면 더없이 큰 기쁨이 될 것이다.

― 이윤규

1부 기초

1장 합격을 위한 암기법이 따로 있다
- 암기법에 관한 기초 지식

2장 공부하는 사람이 알아야 할 기억의 기술

3장 점수를 끌어올리는 재현의 기술

2부 심화

4장 지지부진한 당신의 공부를 단박에 바꿔줄 암기 전략

5장 책 한 권 뚝딱! 암기법 조합

《무조건 합격하는 암기의 기술》 전체상

암기 천재 → 고안 → 좋은 암기법 → 학습 → 누구나 사용 가능

좋은 암기법 = 뇌의 효율적 사용법

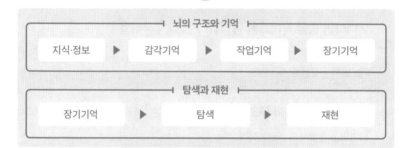

뇌의 구조와 기억

지식·정보 ▶ 감각기억 ▶ 작업기억 ▶ 장기기억

탐색과 재현

장기기억 ▶ 탐색 ▶ 재현

암기의 기술과 전략, 조합법

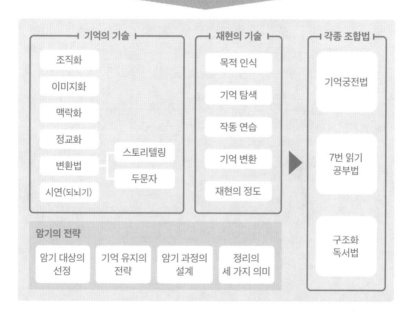

기억의 기술

- 조직화
- 이미지화
- 맥락화
- 정교화
- 변환법 ── 스토리텔링 / 두문자
- 시연(되뇌기)

암기의 전략

| 암기 대상의 선정 | 기억 유지의 전략 | 암기 과정의 설계 | 정리의 세 가지 의미 |

재현의 기술

- 목적 인식
- 기억 탐색
- 작동 연습
- 기억 변환
- 재현의 정도

각종 조합법

- 기억궁전법
- 7번 읽기 공부법
- 구조화 독서법

이 책의 구성

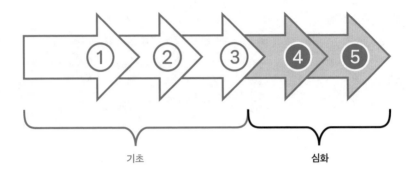

기초

심화

아래 '사전 체크리스트'를 통해 스스로에게 필요한 부분을 먼저 읽는 것이 효과적

· 두문자를 따는 방식으로 암기하고 있는 경우 → **2장 변환법**

· 특별한 방법 없이 중얼거리며 외우거나 반복해 써보며 외우는 경우 → **2장 시연**

· 수업·강의 시간에 열심히 들었는데 기억이 잘 나지 않는 경우 → **2장 조직화**

· 기억을 떠올리면 줄글이나 활자는 떠오르는데 말로는 나오지 않는 경우 → **2장 이미지화**

· 큼직한 것은 기억이 나는데 세부적인 것이 잘 외워지지 않을 때 → **2장 맥락화**

· 열심히 외웠는데 정작 그 내용이 시험에 나오지 않은 경험이 많은 경우 → **4장 암기 대상 선정**

· 외울 때는 잘 기억했는데 시간이 지난 후에 기억하지 못하는 경우 → **4장 기억 유지 전략**

· 공부를 할수록 개념이 부족하다고 느껴지는 경우 → **2장 정교화**

· 책을 반복해서 보는 이유를 잘 모르는 경우 → **4장 인지와 이해, 암기 과정 설계**

· 노트 필기를 열심히 하는데 별반 남는 게 없다고 느껴지는 경우 → **4장 정리의 필요성**

· 열심히 외웠는데 주관식 시험에서 점수가 잘 나오지 않는 경우 → **3장 재현의 정도**

· 외운 것이 시험장에 가면 막상 떠오르지 않는 경우 → **3장 기억 작동 연습**

· 암기법에 대해서 어느 정도 아는데 실전에서 써먹기 어려울 때 → **5장 암기법 조합**

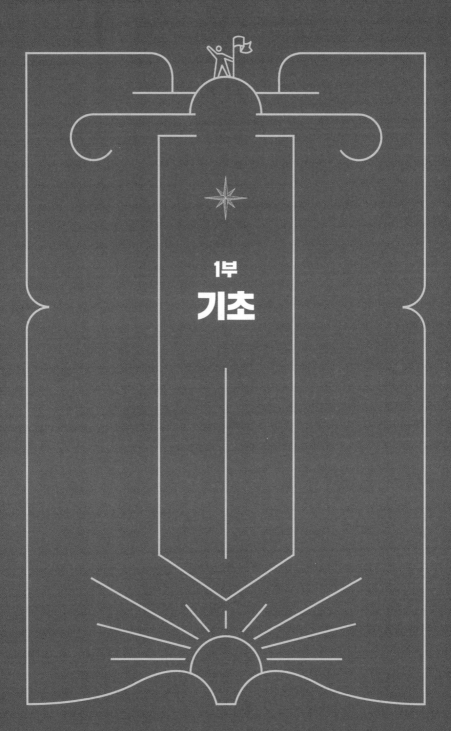

1부

기초

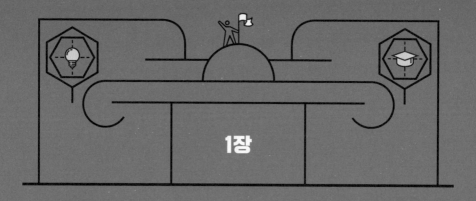

1장

합격을 위한 암기법이
따로 있다
- 암기법에 관한 기초 지식

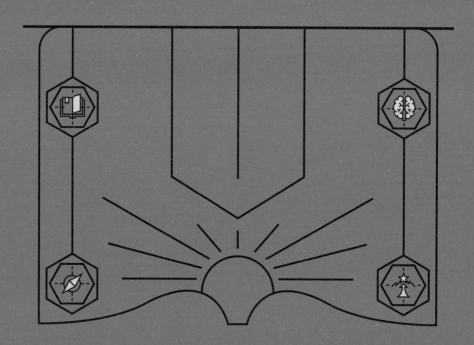

누구나 모든 것을
기억할 수 있다

암기력에 대한 오해 깨부수기

소위 암기 천재라 불리는 사람들이 솔직한 자리에서 종종 하는 말
이 있다.

"암기에 타고난 머리는 필요하지 않다. 얼마만큼 사고했느냐가
중요하다."

"원래부터 이렇게 외울 수 있었던 것이 아니다. 이렇게 외우는 것
이 효과적인 방법이라 느껴서 부단히 연습해서 익힌 것이다."

대부분 이 말에 의구심이 생길 것이다. 흔히 머리가 좋아야만 잘 외우거나 암기력이 뛰어나다고 생각하기 때문이다.

하지만 이는 매우 큰 오해다. 물론 머리가 좋으면 암기도 잘할 확률이 높겠지만, 암기를 잘하기 위해 반드시 머리가 좋아야 하는 것은 아니다.

암기를 잘하려면 재능과 노력, 접근법 세 가지가 모두 있어야 하기는 하지만, 타고난 재능보다도 좋은 방법과 꾸준한 노력이 암기력에 훨씬 큰 영향을 미친다. 뇌는 '신경가소성'이라는 성질을 지니고 있는데, 욕구와 노력 등 비선천적인 요소에 따라 뇌의 신경망이 새롭게 형성되어 암기에 적합한 뇌로 바뀌어가기 때문이다. 다시 말해 암기력은 타고나야 한다는 믿음 탓에 자신의 능력을 과소평가하는 것이다.

사람은 타인이 아닌 자신에 관한 것, 그리고 바꿀 수 있는 것에 집중함으로써 성장한다. 따라서 암기법을 공부하기에 앞서 가장 먼저 갖춰야 하는 생각이 있다. 타고난 머리에 대해서는 잊는 것이다. 선천적 요소는 바꿀 수 없을 뿐더러 그저 부모님으로부터 물려받은 요소일 뿐이다. 엄청나게 좋은 머리로 태어나지 못했다고 탓할 시간에 방법을 다듬고 노력을 더 쏟는 것이 암기를 더 잘 할 수 있는 방법이다. 내가 '현재' 할 수 있는 유일한 일은 '지금부터' 내 머리의 잠재력을 올바른 방향으로 깨우는 것이다.

암기, 재능 아닌 방법

이렇게 보면 암기력이 좋다는 것은 머리가 좋다는 말과 동의어가 아니라, 어떤 이유로든 사고하는 방법이 좋다는 말과 같음을 알 수 있다. 생각해보자. 내가 오늘부터 달리기를 시작해서 조금이라도 더 빨리 뛰고 싶다면 어떻게 해야 할까? 달리기를 하기에 적합한 몸 상태를 만들고 자세를 교정하고 전문적인 코칭과 관리를 받으면 된다. 다시 말해 좋은 방법과 노력에 집중하라는 뜻이다.

암기력도 마찬가지다. 암기는 뇌가 움직이는 것이기 때문에 뇌와 몸의 상태를 암기에 적합하게 만들고 좋은 방법을 배우면 적어도 지금보다는 암기 속도가 빨라지고 정확하게 오래 기억할 수 있다.

결국 재능이 결과에 미치는 영향보다 그 재능을 잘 발굴하고 좋은 방향으로 키워나가는 것이 중요한 것이다. 따라서 내 주변에서 보던 머리 좋은 친구, 암기력이 뛰어난 친구들은 어떤 이유로든 나보다 '먼저' 좋은 방법을 생각해낸 것에 불과하다. 나도 이제부터 그 방법을 배우고 열심히 노력하면, 내 잠재된 암기력을 깨울 수 있다.

전구를 발명하는 것과 그것을 사용하는 것은 다른 문제다. '어떻게 하면 어두운 방을 밝힐 것인가?'라고 물었을 때 전구를 발명해야 한다거나 전기설비를 개발해야 한다고 답하는 사람은 없을 것이다. 단순히 전구를 끼우고 스위치 누르는 법을 배우면 된다는 답으로 충분하다. 암기도 마찬가지다. 방을 밝히자고 에디슨이 될 필요

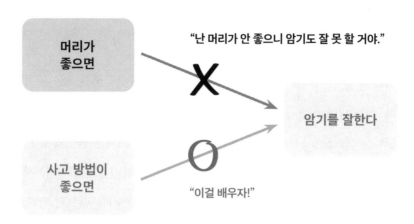

가 없듯이, 암기를 잘하려고 천재가 될 필요는 없다. 우리가 해야 할 일은 그런 똑똑한 사고법을 엿보고 배우는 것이다.

다만 잘하는 것과 1등이 되는 것은 구별하자

여기서 한 가지 오해해서는 안 되는 점이 하나 있다. 우리는 종종 무언가를 잘하는 것과 그 분야의 1등이 되는 것을 혼동한다. 잘 생각해보면 우리가 1등이 되길 '원하는' 경우는 많아도 그렇게 '되어야' 하는 경우는 그리 많지 않다.

가장 극심한 경쟁의 장이라고 할 수 있는 시험에서조차도 마찬가지다. 수능시험이나 성인들이 치는 자격시험에서 1등을 해야 한다거나 만점을 목표로 하는 사람이 몇이나 있는가? 아마 거의 없을 것이다. 원하는 점수대를 두고 이를 달성하는 것이 가장 합리적인 목표가 될 것이다.

그런데 우리는 어릴 적부터 '일정한 수준이 되는 것'과 '1등이 되는 것'을 구별하지 않은 탓에, 암기력을 높인다고 할 때에도 무의식적으로 1등하는 친구들, 또는 내가 보기에 굉장히 잘 외우는 사람의 능력과 비교하는 경향이 있다. 그러나 암기를 잘하기 위해서는 그런 과하게 높은 기준치는 버려야 한다.

지금껏 10년 넘게 암기를 잘하는 사람들을 쭉 봐왔다. 평범한 많은 사람들이 제대로 된 방법과 꾸준한 노력을 병행하니 암기력이 수직 상승했다. '암기력의 왕'이 될 필요는 없다. 다만 내가 원하는 목표를 달성하는 데 필요한 만큼 효율적인 사람, 과거의 나보다 암기를 잘 하는 사람이 되는 것으로 충분하다.

이것만은 꼭!

▸ 암기는 머리가 좋아야 잘할 수 있는 것이 아니다.
▸ 좋은 암기법을 아는 사람이 암기를 잘하는 것이다.
▸ 방법만 잘 배운다면 누구든 암기를 잘할 수 있다.

기억보다 재현이 중요하다

무언가를 떠올리는 네 가지 단계

암기력이란 일반적으로, 무언가를 보지 않고도 마치 머릿속에 그것이 보이는 것처럼 얘기할 수 있는 힘으로 뭉뚱그려 이해되고 있다. 그러나 정확하게 설명하면 다음처럼 말할 수 있다.

암기력은 세부적으로 네 가지로 구분된다. ①기억할 대상이 있을 때Object, ②이를 다른 형태로 바꿔서Encoding 머릿속에 저장하고Storage, ③다시 필요할 때 그 기억의 단서Retrieval cue를 빠르게 찾아서 ④원래의 형태로 복원Retrieval해내는 힘이다.

이전에는 이 요소를 크게 구별하지 않았겠지만 이제는 구별해서 이해해야 한다. 효과적으로 암기를 하려면 대상을 머릿속에 어떻게

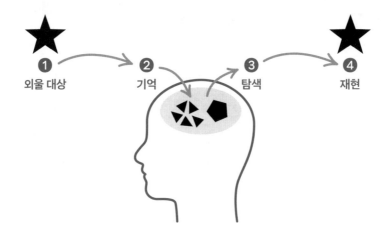

① 외울 대상 → ② 기억 → ③ 탐색 → ④ 재현

집어넣을지, 그것을 어떻게 찾을지 그리고 상대방이 원하는 형태로 어떻게 복원해낼지부터 각각을 나눠야 한다. 여기서 크게 앞부분(① +②)을 '기억'이라고 하고, 뒷부분(③+④)을 '재현'이라고 말한다. 공부법에서는 기억을 '인풋', 재현을 '아웃풋'이라고 한다.

이제 기억과 재현의 개념을 다시 보자.

기존에 '기억'에서는 무언가를 외우는 방법 그 자체에만 집중했다. 이제는 외우는 방법과 과정뿐 아니라 외우기 전에 내 앞에 있는 대상이 외워야 하는 것이 맞는지부터 따져봐야 한다. '재현'에서는 머릿속에서 그 지식을 찾을 때 상대방이 원하는 형태에 맞춰서 복원하는 연습을 해야 한다는 점을 의식해야 한다. 그냥 무작정 외우는 것이 아니라 기억과 재현의 방법에 맞게 나눠서 알맞게 적용해야 하는 것이다.

과정을 나눠야 암기의 효율이 높아진다

예를 들어보자. 감기에 걸린 것 같아 병원에 가면 의사가 무엇을 물어보는가? 진단도 없이 감기약을 바로 주는 것이 아니라 열은 나는지, 콧물은 나는지, 가래는 있는지, 숨 쉬는 게 불편하지는 않은지, 몸살 기운은 있는지를 물어볼 것이다. 이렇게 묻는 이유는 정확한 원인을 찾아서 그에 맞는 약을 처방하는 것이 효과적이기 때문이다. 코감기에 걸렸는데 목감기 약을 주거나 심장병 약을 준다면 효과가 없을 것이다.

암기력도 마찬가지다. 과정을 나누지 않고 순서 없이 무작정 외우면 암기가 잘되지 않을 때 내가 어떤 과정을 보강해야 암기력이 좋아지는지 알 수도 없고, 시간과 에너지를 헛되게 들일 우려가 있다. 이것이 기억과 재현을 구별해야 하는 가장 큰 이유다. 기억을 잘 하는 방법과 재현을 잘하는 방법은 엄연히 다르다. 부족한 부분이 있다면 각 과정에 맞는 적합한 방법을 가려서 써야 한다.

암기법에 대해서 정확히 모른다면 단지 많이, 자주, 반복해서 보는 것이 답이라고 생각할 수 있다. 나중에 더 자세히 살펴보겠지만, 기억력은 단순하게 보면 반복하는 것만으로도 유지Retention가 되기는 한다. 그러나 '기억 유지'는 유지할 기억이 있다는 것을 전제로 한다. 애초에 머릿속에 유지할 어떤 정보나 지식이 없다면 그것은 아무런 의미가 없는 것이다. 반복 이전에 지식을 머릿속에 집어넣는 과정을 반드시 거쳐야 한다. 즉 어느 단계에서 어떤 방식을 써야 효율적인지 모르는 상태에서는 아무리 반복해도 머리에 별로 남는 것이 없다는 의미다. 한편 머릿속에 지식이나 정보가 들어 있기는 한데 그것을 찾을 수 없는 상태도 아무것도 외우지 않은 것과 마찬가지라 할 수 있다.

다음과 같은 말은 수험생들 사이에서 흔하게 들을 수 있다.

"공부할 때는 엄청 의욕적으로 여러 번 봐서 외워진 것 같았는데 막상 문제를 풀어보니 기억도 잘 안 나고 다 틀려서 너무 좌절스러워요."

이 경우는 ①애초에 장기기억에 정보를 저장하는 데에 실패했을 수도 있고, ②일단 기억하는 일에는 성공했으나 너무 시간이 오래 지나거나 다른 이유로 기억을 유지하는 것에 실패했을 수도 있다. 또는 ③외울 대상을 잘못 선정하여 정작 재현에 필요한 정보는 머리에 별로 남아 있지 않은 경우일 수 있고, ④정보는 머릿속에 모두 들어 있으나 탐색과 재현에 대한 연습이 부족하여 시험장에서 그 정보를 찾아내고 재현해내는 것에 실패했을 수도 있다.

①은 기억하는 방법을 배움으로써, ②는 적절한 시기에 기억을 반복함으로써, ③은 기억 전략을 수립함으로써, ④는 재현 상황을 상정하고 훈련함으로써 해결할 수 있다.

이것만은 꼭!

▸ 암기는 기억과 재현으로 나뉜다.

▸ 기억은 대상의 형태를 바꾸어 머릿속에 집어넣는 것이다.

▸ 재현은 기억을 필요한 형태의 모습으로 복원하는 것이다.

정보의 출입구, 감각기억

기억과 관련하여 뇌는 크게 세 부분으로 나뉘어 있다. 사람은 눈, 코, 입, 귀 등의 감각을 통해 정보를 얻고 이를 즉각적으로 기억한다. 이렇게 파악된 정보가 머무는 곳을 '감각기억'이라고 한다. 즉 감각기억이란 시각이나 촉각, 청각, 후각 등 인간의 감각을 통해 받아들인 정보가 머무르는 뇌 속의 장소를 의미한다. 감각기억의 용량은 무제한이지만 보관되는 기간은 1~4초 정도로 매우 짧다. 이를테면, 책을 읽는 행위는 실제로는 머릿속의 감각기억에 저장된 활자의 모양을 해독하는 과정이라고 보면 된다.

1차 선별소, 작업기억

감각기억에 있는 정보는 뇌의 다음 부분으로 옮겨져 처리된다. 여기서 오래 기억을 해야겠다고 판단한 정보는 뇌의 또 다른 장소에 저장이 되고, 불필요하다고 판단되는 정보는 망각된다(오늘 보고 들은 모든 것을 기억할 수 있다는 것은 어떤 의미에서는 축복이지만 어떤 의미에서는 악몽이 될 수 있다. 안 좋은 기억을 생각해보라).

이렇게 감각기억 이후에 망각과 저장 중 어느 행동을 할지 결정하는 곳, 대부분의 정보를 처리하는 곳을 '작업기억'이라고 한다. 작업기억은 잠시 정보가 머물다 간다고 하여 '단기기억'이라 부르기도 한다(양자는 인지심리학상으로는 차이가 있지만 여기서는 상론하지 않는다). 다시 말해, 작업기억 내지 단기기억은 감각기억을 통해 인지한 정보를 처리하는 동안 처음 들어온 기억들을 보관하는 장소를 의미한다.

여기에 보관된 기억은 길게는 수십 초 안에 망각된다. 방금 읽은 부분인데 페이지를 넘기자마자 대부분 기억나지 않는 경험이 있을 것이다. 바로 이 과정이 망각에 해당한다. 전에는 작업기억 또는 단기기억에서 7±2의 개수만큼의 정보를 보관할 수 있다고 했으나, 최근에는 서너 개 정도의 정보만을 보관할 수 있다는 것으로 이론이 수정되었다.

장기기억과 인코딩

감각기억과 작업기억을 거친 정보 중 망각되지 않은 것은 '장기기억'으로 옮겨진다. 장기기억의 용량과 저장 기간은 무제한이라고 알려져 있다.

이때 작업기억 속의 정보를 장기기억으로 옮기는 방법을 인지심리학에서는 '부호화^{Encoding}'라고 한다. 우리가 지금 '암기법'이라 부르며 배우는 것이 바로 단기기억 속의 정보를 장기기억 속으로 인코딩하는 방법이다.

지금까지는 의식적으로 뇌를 컨트롤하고 사용하는 방법을 몰랐기 때문에 내가 익숙한 방식과 습관대로 정보를 입력했고, 대량의 정보를 기억해야 하는 경우에도 반복해서 외우는 것 말고 기대할 만한 뾰족한 방법이 없었다. 그러나 그것보다 훨씬 효율적인 방법이 있

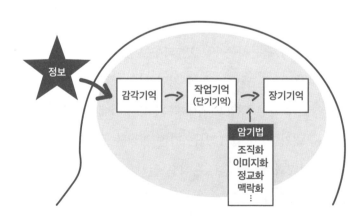

다. 의식적으로 새로운 좋은 인코딩 습관을 만들 수 있다. 그리고 그 방법이 당신의 암기에 새로운 전환점을 마련해줄 것이다.

기억의 인코딩, 즉 암기법은 크게 다섯 가지로 나뉜다.

첫째는 정보를 망각하기 전에 의식적으로 반복하는 '되뇌기' 내지 '시연Rehearsal'이다. 가장 많이 쓰는 방법이다. 친구 집주소나 심부름 거리 등을 외우려고 머릿속으로 반복하고 또 반복해본 경험이 있을 것이다.

둘째는 임의로 또는 의미를 부여해서 정보에 단위를 부여해 묶는 '조직화Organization'다. 휴대폰 번호나 계좌번호 사이에 '-'자가 들어가 있는 것은 정보를 일정 단위로 나누고 묶음으로써 인식이나 기억의 편의를 위한 것이다.

셋째는 외우고자 하는 대상의 이미지를 마음속으로 만들어 기억하는 '이미지화Mental Imagery'다. '심상화'라고도 한다. 말보다 그림이나 형상 등을 훨씬 기억하기 쉬운데 이와 같은 방식이라고 하면 이해가 빠를 것이다.

넷째는 기억하고자 하는 정보만 외우는 것이 아니라 보조적으로 그 정보가 나오게 된 맥락도 함께 기억하는 '맥락화Context'의 방법이다. 특정 장소에 가면 특정 기억이 나는 것이 이에 해당한다.

다섯째는 내가 이미 알고 있는 기존 지식을 통해 새로운 정보를 이해하는 '정교화Elaboration'다. 흔히 무언가를 '이해'했다고 하는 경우가 이에 해당한다.

한편 내가 기존에 알고 있던 정보와 새로운 정보 사이에 큰 연관성이 없음에도 활자나 이미지, 발음 등을 활용해 '강제로' 기존 지식과 새로운 정보를 연결하는 방식도 있다. 각종 음식점 등에서 바로 가게 이름이 떠오르는 전화번호를 쓰는 경우를 떠올려보자. 이것이 여섯째 방법, '변환법'이다. 기존 정보를 통해 새로운 정보를 기억한다는 점에서 정교화와 비슷한 듯하지만, 정교화에 비해서는 그 효율성이 떨어진다. 나아가 발음 변환법의 특수한 경우로 '두문자 Acronyms'가 있다. 내가 외우고자 하는 정보들의 머릿글자를 따면서 내가 기존에 알고 있던 정보와 결합시키는 것이다.

이 여섯 가지 외에도 '기억궁전법' 내지 '장소법'이라는 방식도 있는데, 이는 앞서 본 이미지화와 맥락화, 변환법을 합친 것으로, 암기법의 기초 단위를 이루는 것은 아니다. 여기 소개한 방법들은 다음 장에서부터 차례대로 알아보고 시도해볼 것이다.

기억의 세 단계 과정

사람의 기억 체계가 이처럼 감각기억과 작업기억, 장기기억으로 나뉘기 때문에 정보를 받아들이는 과정도 이와 관련하여 몇 단계로 나눌 수 있다.

①첫 번째 단계는 바로 감각기억으로 정보가 수용되는 단계, 즉 감각기관을 통한 '인지'다. ②두 번째 단계는 머릿속에 있는 기존 정

보를 통해 새로운 정보를 새롭게 장기기억 속으로 저장하는 '이해'
다. ③세 번째 단계는 이해 외의 의식적 방법으로 새로운 정보를 장
기기억 속으로 인코딩 하는 '암기'다.

대개 처음부터 대뜸 반복을 하거나 의식적으로 암기를 하려고 하
지만, 뇌와 기억의 구조를 고려한다면 정보를 먼저 인지하고, 이해
하려고 노력한 후에, 이해되지 않은 것만을 모아 의식적으로 암기하
는 것이 훨씬 효율적이다.

이것만은 꼭!

▸ 기억의 구조: 감각기억→작업기억(단기기억)→장기기억
▸ 암기법이란 단기기억 속 정보를 장기기억으로 옮기는 것
▸ 암기법의 종류: 시연, 조직화, 이미지화, 맥락화, 정교화, 변환법

인지심리학의 연구와 암기법

사람이 어떻게 사고하고, 외부로부터 정보를 받아들일 때 뇌 속에서 어떤 처리과정에 따라 정보가 저장되고 망각되는지 등을 연구하는 학문을 인지심리학이라고 한다.

그간 암기법에 관한 책에는 크게 두 종류가 있었다. 첫째는 인지심리학에 따라 뇌의 작동 원리와 처리 과정을 집중적으로 밝힌 책이고 둘째는 개인의 암기 노하우를 모아 실제 사례를 들어 구체적인 암기법을 알려주는 책이다. 이 중 암기 노하우를 알려주는 책은 저자의 경험에 크게 의존했다. '세계 기억력 챔피언십'을 비롯한 각종 '기억력 대회'에서 수상한 이들은 주로 변환법 중심의 책을, 그런 수상 경력이 없더라도 공부 분야에서 탁월한 성과를 거둔 이들은 자신이 크게 효과를 본 방법들, 특히 기억궁전법(내 머릿속에 있는 '기억의 궁전'이라는 곳에 내가 외우고 싶은 것들의 이미지를 배치하는 방법)을 중심으로 소개를 해왔다.

　이전 책들은 뇌의 작동원리와 구체적인 암기법이 분리되어 있던 탓에, 원리적인 접근이 쉽지 않았다. 조금이라도 책에 실린 예와 달라지는 경우 그 책에 실린 암기법을 써먹을 수 없었던 것이다. 나아가 인지심리학 또는 교육심리학 분야에서는 변환법이나 기억궁전법과 같은 것은 애초에 '암기법Mnemonics'이라고 따로 분류하여 기존의 연구 체계 속에서 이해하려 시도하지 않았다.

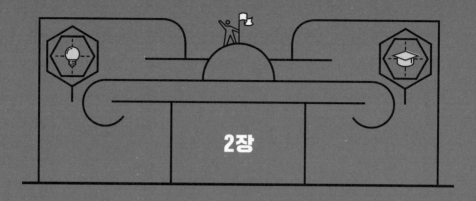

2장

공부하는 사람이 알아야 할
기억의 기술

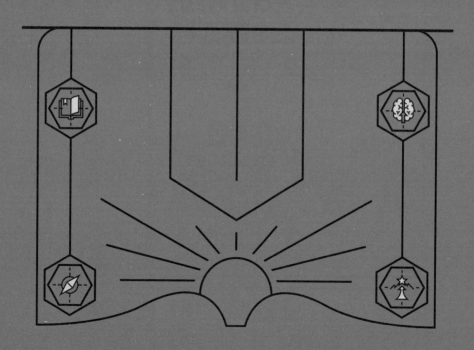

1

(구분하고 묶으면
단순해진다)

조직화
Organization

외울 대상의 수를 줄여야 한다

단기기억의 용량과 조직화의 필요성

첫 번째로 설명할 암기법은 '조직화'다. 조직화란 외울 대상들이 여러 개 있을 때 그것들을 일정한 규칙이나 패턴을 가진 조직 체계로 바꾸어 기억하는 방법이다. 외울 대상들을 단순한 묶음으로 만드는 덩이짓기(청킹Chunking)에서 복잡한 다층 구조로 만드는 방법까지 다양한 방법이 있는데, 쉽게는 외울 내용을 보기 좋게 정리하는 것이라고 할 수 있다.

일반적으로 정리라고 하면 단순히 외울 것을 새로운 곳에 옮겨 써 보는 정도로 행하는 경우가 많은데, 여기서 말하는 정리는 그런 의미가 아니다. 반드시 외우고자 하는 것들을 자기 나름의 기준으로

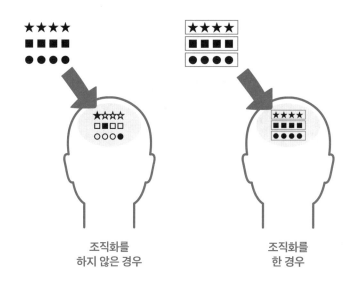

조직화를
하지 않은 경우

조직화를
한 경우

재분류하는 과정까지 포함하는 것이어야 한다.

한편 정리하는 데에는 시간이 들기 때문에, 바로 되뇌기 방법을 통해 외우는 게 더 낫지 않을까 하는 의문이 들 수 있다. 그러나 조직화는 다음과 같은 두 가지 이유 때문에 반드시 필요하다.

첫째, 단기기억 속에 들어온 정보는 별다른 행동이 없다면 수십 초 안에 소멸되는데, 사람의 두뇌는 한 번에 서너 개 정도의 정보만 기억할 수 있다(전통적 이론에서는 7±2개). 따라서 외울 대상의 개수가 많은 경우에는 그것들을 묶어서 외울 대상의 개수 자체를 줄이는 것이 기억에 효율적이다.

둘째, 단기기억 속의 정보는 장기기억 속에 있는 기존 지식과 연

결될 때 효과적으로 장기기억으로 옮겨갈 수 있는데(뒤에서 볼 '정교
화'), 외울 대상들이 어떤 특징을 지녔는지 파악해 공통점이나 패턴,
유형에 따라 묶는 과정에서 기존 지식과 새로운 지식의 연결 또는
연결을 위한 시도가 일어나므로 이 역시 기억에 있어 효과적이다.

묶음 안에 들어갈 정보는 몇 개가 적당한가

간혹 조직화를 할 때 그 조직 속에 들어가는 정보의 양은 어느 정도
가 적당한지 질문을 받는데, 조직화는 그 묶음에 들어가는 내용의
양에는 크게 영향받지 않는다.

조직화는 컴퓨터로 바꾸어 생각해보면 폴더를 만들어서 그 안에
파일들을 집어넣는 것과 같다. 세부적인 지식이나 정보를 머릿속에
바로 집어넣기 전에 그 정보들을 분류해서 폴더를 만들어두는 개념
이다.

컴퓨터를 켜서 원하는 파일을 찾을 때 어느 폴더에 있었는지를 먼
저 떠올린 후에 그 폴더 안에서 다시 세부 폴더를 찾고 또 확장자명
이나 아이콘 모양, 파일명 등을 보며 원하는 파일을 찾지 않는가?
사람의 머리 역시 마찬가지다. 원하는 정보를 탐색하는 과정은 이처
럼 순차적으로 이루어진다.

조직화 단계에서는 외울 것을 몇 가지 항목으로, 어떤 기준으로
분류할 것인지가 중요하고, 세부적인 정보를 외우는 행위는 그다음

단계 또는 다른 암기법을 적용하는 영역에 해당한다. 여기서는 폴더를 만드는 것이 가장 중요하다고만 생각해도 좋다. 지금 단계에서 폴더 안에 들어갈 정보의 숫자나 양까지 의식할 필요는 없다. 폴더에 아무리 많은 파일이 들어가 있어도 지금 단계에서는 그것은 한 개의 폴더로 인식이 될 뿐이기 때문이다.

넘버링

암기법이나 공부법에 관한 강연을 할 때 반드시 가장 먼저 강조하는 것이 있다. 바로 '외울 것의 숫자를 세는 것'이다. 이를 '넘버링 Numbering'이라고 하기도 하는데, 별도의 암기법이라기보다는 좋은 암기를 위한, 조직화와 관련이 있는 습관이라고 이해하는 편이 좋다.

전체 숫자를 세는 넘버링의 과정은 세 가지 면에서 큰 장점이 있다. 첫째, 넘버링 과정에서 외우고자 하는 대상 전체를 훑어보기 때문에 자연스럽게 내가 무엇을 외우는지 큰 틀에서 파악할 수 있다.

둘째, 넘버링 과정을 통해 정보 전반을 훑으면서 효율적인 기억 전략을 수립할 수 있다. 많은 사람이 아무런 전략 없이 대뜸 눈앞에 있는 단어나 문장 등을 외우는데, 효율적인 암기를 하기 위해서는 정보의 양과 형태에 따라 방법을 다르게 선택해야 한다. 셋째, 넘버링 과정에서 붙인 숫자 자체가 기억을 이끌어내는 단서가 되기도 한다. 예를 들어 물리 과목에서 '역학적 에너지'에 대해 공부를 했다고 할 때 대뜸 그 구체적인 내용인 '보존력이나 중력에 의한 역학적 에너지 보존', '탄성력에 의한 역학적 에너지 보존'을 떠올리기는 어렵다. 하지만 '역학적 에너지의 세부 내용에는 세 가지가 있다'는 정도만 기억해두어도 세부 내용을 떠올리기가 훨씬 편하다. 재현력을 높이기 위해서도 평소 무언가를 외울 때 곧바로 그 대상을 외우려 하지 말고 구체적 질문의 형태로 'OO은 O개다'라고 생각하는 습관을 갖도록 하자. 이는 뒤에서 보겠지만, 기억의 탐색에서 엄청난 위력을 발휘한다.

수학에서도 암기가 중요한 이유

언뜻 계산이나 사고가 필요한 영역에서는 암기가 필요하지 않은 것처럼 오해가 되기도 한다. 가령 공부의 영역에서는 수학이나 물리가 있고, 공부 외의 영역에서는 바둑이나 장기, 체스 같은 두뇌 스포츠가 있다.

하지만 교육학 등 현대의 공부법 이론들에 따르면 이는 큰 오해다. 이러한 영역에서도 기본 유형과 그에 대한 접근법은 암기의 대상이고, 이를 응용하는 부분에서 비로소 사고력이나 계산력이 작용한다. 즉 이과 과목에서 어떤 문제를 보면 우리 뇌는 '이 문제는 어떻게 풀까?'라고 작동하는 것이 아니라 '이 문제는 기존에 풀었던 문제 중 어떤 유형과 비슷할까?', '이 문제는 어떤 풀이법을 바꾸면

풀릴까?'라고 생각을 한다.

수학을 예로 들어보자. 난이도 순으로 개념과 예제, 유제, 연습문제, 응용문제로 나뉜다고 하면, 지식을 얼마나 제대로 익혔는지에 따라 차이는 있지만 적어도 유제까지는 문제와 해답을 외우는 것이 좋다.

맨땅에 헤딩을 하듯 정말로 개념만 익힌 상태에서 자신의 머리로 풀이법을 발견하는 것이 아니라, 검증된 공통 풀이법부터 확실하게 외운 다음에, 그것을 오랜 시간 동안 사고의 작업대(작업기억의 개념을 떠올려볼 것) 위에 올려놓고 풀이 과정을 이해하고 체화하는 것이 중요하다.

수학에 있어서도 기본적인 유형과 문제, 해설을 익히는 과정까지는 모두 선암기, 후이해의 대상인 것이다. 이 과정에서 왜 그러한 풀이법을 사용하는지, 같은 유형의 문제에 같은 풀이 과정을 적용했을 때 전혀 오류 없이 다 풀리는지, 그보다 더 나은 풀이법은 없는지 등을 끊임없이 생각하게 된다. 조직화의 원리는 이러한 기본적인 문제들을 유형별로 나누어 그 유형 전체에 적용되는 접근법을 공부하는 과정에서 활용된다.

이렇게 기본적인 문제 유형에 대한 접근법과 풀이법을 모두 '외우고' 이해(=암기)한 후부터 연습문제와 응용문제 등을 '풀어'본다(=사고). 이때는 해답을 보지 않고 풀어보는 것, 다시 말해 사고를 하는 것이지만, 개념을 통해 응용해나가는 것이 아니라 기존에 외워둔 기본적인 풀이법을 어떻게 '변형'시켜 난이도가 더 심화된 문제를 풀 것인지를 생각하면 된다.

이를 영어로는 직관Intuition이라고 한다. 정확히는 변형이나 응용이라고 하는 편이 더 나은 것 같은데, 결과적으로 그 응용 내지 변형되는 부분은 직관이 어떻게 작용하는지에 달려 있다고 하여 이와 같이 부르는 것으로 추측된다. 이는 아인슈타인, 파인만 등의 천재들도 사용하는 방식으로 알려져 있다.

이제 수학을 잘 못하는 학생들에게 '문제와 해설을 외우라'는 말과 '절대로 수학은 답지를 보지 말고 스스로 풀어봐야 한다'는 말이 서로 충돌하지 않는 의미이고, 나아가 수학이나 물리 같은 소위 '이과형 과목'에서도 암기가 필요한 이유는 무엇인지, 암기가 필요한 영역이 어디인지 이해할 수 있을 것이다. 기본 유형에 대한 전형적 풀이법을 익히는 과정까지는 암기가 필요하고, 그 후부터 사고가 필요하다.

이 점은 법학에서는 거꾸로 적용된다. 법학은 흔히 암기 과목으로 알려져 있지만, 이는 기본 유형에 대한 접근법을 익히고 나서 필수적으로 뒤따르는 사고과정을 도외시한, 잘못된 생각이다(물론 애초에 아무런 조직화나 유형화 없이 각 문제에 대한 풀이법을 외우는 경우도 많다). 국문으로 하는 수학으로 생각해도 크게 틀리지 않다. 대부분의 법학 수험생들이 법학을 암기 과목으로 잘못 이해해서(특히 서술형 시험에서 모범답안 등을 달달 외우는 경우가 있지만) 이러한 방법으로 공부했을 때 고배를 마시는데, 그럴 수밖에 없는 이유가 이 때문이다.

논리 구조와 수식을 구별해서 외워야 하는 이유

'수학이나 물리, 법학에서 기본적인 문제 유형과 해답은 정확하게 외워야 한다.'고 이해했을 때, 한 가지 문제가 있다. 수식이나 기호, 정식定式 등을 처음부터 무작정 외우는 것이다.

이러한 것들은 모두 일정한 사고나 논리를 '간단히' 바꾸어 표현한 것에 불과하고, 암기의 대상이 아니다. 맥락화 부분에서도 다시 보겠지만 오히려 정말로 외워야 하는 것은 일정한 답이 도출되는 논리 과정 그 자체. 해답의 논리 구조는 언제나 바로바로 떠올릴 수 있도록 확실하게 외워야 하는 대상이지만, 수식은 그러한 논리 구조를 힌트로 이끌어내는 2차적인 정보에 불과하다. 쉽게 설명하자면, 수학 등은 수식이 아니라 해설의 논리 구조를 기억해두면 자연스럽게 수식이 떠오르게 된다는 의미다.

조직화와 정교화의 관계

한편, '정교화'는 기존 지식을 이용하여 새로운 정보를 분해하고 재조합하는 방식이다. 이를 통해 새로운 정보와 기존 지식이 연결되고 기억이 강화된다.

기존에는 조직화를 정교화와 분리하여 설명했고 이 책도 그러한 방식에 따라 설명하고 있지만, 실은 두 개념은 암기 효과에 있어 서로 중첩되는 부분도 있다. 넘버링 부분에서 설명한 것처럼 조직화를 통해 얻은 분류 체계가 장기기억 속에 입력됨으로써 그 세부적인 내용들을 이해하는 정교화의 도구가 되는 경우도 있기 때문이다(이에 대한 상세한 설명은 뒤에 나올 '맥락화'의 '부호화 특수성 이론' 부분을 보라).

정교화를 통해 세부 내용에 대한 이해도가 증가할 경우, 그 정보들의 조직 또는 정보 전체에 대한 이해도도 증가한다. 단순하게 주어진 활자나 규칙을 통해 조직화를 하는 것이 아니라, 나의 장기기억 체계에 따라 정보 재분류를 할 수 있게 되기 때문이다. 요컨대 조직화와 정교화는 상호보완적인 관계에 있다고 할 수 있다.

이것만은 꼭!

▶ 한 번에 서너 개 정도만 기억할 수 있다.
▶ 여러 개를 묶어서 외울 대상의 숫자를 줄여야 한다.
▶ 공통점 등 유형을 파악해서 의미를 부여하면 더욱 강력해진다.

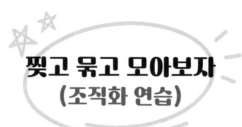

기초 예시

다음을 외워보자.

948716658741

preoccupying

Grundrecht

    이런 대상은 임의로, 또는 규칙이나 특정 기준을 가지고 묶었을 때 더 쉽게 외울 수 있다. 규칙과 기준을 가지고 묶으면 그렇지 않을 때보다 훨씬 더 잘 기억할 수 있다.

94 / 87 / 16 / 65 / 87 / 41

pre / occupy / ing

Grund / recht

참고로 시중에 판매되는 단어책들 중 어근을 활용해 단어를 분류하고 설명하는 책이 많은데, 이 책들도 조직화 원리를 따른 것이라 할 수 있다. 만약 내가 보는 책이 특별히 어근으로 나뉘어 있지 않다면 위와 같이 묶어보는 것만으로도 큰 효과를 거둘 수 있다. 이와 같은 조직화 방법을 청킹Chunking이라고 한다.

패턴이 있는 경우

023136792

0821059837123

위 대상들을 외워보자. 눈치가 빠른 사람들은 전화번호임을 알았을 것이다. 이처럼 조직화에서는 패턴을 발견하는 게 중요하다.

02-313-6792

082-10-5983-7123

다음은 어떤가.

OL7YOK5

lykKR

비밀번호를 만들기 위해 숫자와 이니셜, 또는 아이디를 만들기 위
해 이니셜과 정보를 결합시킨 것이라는 추측을 할 수 있다.

0705 + LYK

lyk(이윤규) + KR(Korea)

문자의 경우도 패턴을 찾기만 한다면 조직화 및 암기는 쉽다. 다음
숫자도 외워보자. 이번에는 전화번호는 아닌 것 같은데 무엇일까?

13253749

12씩 증가하는 숫자의 배열이다. 이와 같은 규칙 내지 패턴을 찾
을 수 있다면 역시 기억하기 쉽다. 13과 +12만을 기억하면 되기 때
문이다.

13 / 25 / 37 / 49

다음과 같은 경우도 생각해보자.

314729

이것은 앞의 두 숫자를 합친 것이 다음 숫자인 경우이다.

3+1=4   7+2=9

물론 이렇게 복잡한 경우는 3, 1, 7, 2를 외워야 하지만 전체 숫자
를 한 번에 외우는 것보다는 편리하다.

이미지를 기억할 때도 조직화를 시도하면 좋다. 다음을 보라.

우선 기억해야 할 이미지 개수를 세는 것이 좋다. 앞서 설명한 '넘버링'이다. 이미지가 몇 개였는지를 기억한 후에 구체적인 그림을 기억한다.

그다음 비슷하게 생긴 그림끼리 묶는다. 위 그림에서는 각 동물들을 각각 조류, 어류, 포유류로 분류하고 세 덩어리로 묶어보도록 하자. 이때는 형광펜이나 볼펜 등을 이용해서 표시하는 것이 좋다.

이 방법들은 다른 곳에서도 굉장히 많이 쓰이는, 좋은 암기법의 기초 중의 기초라고 할 수 있으니 꼭 기억해두자.

단어를 외울 때

단어를 외울 때도 조직화 원리를 적용할 수 있을까? 물론이다. 다음
한자들을 보라.

江 강 강

汚 오염될 오

沙 모래 사

泡 거품 포

灼 사를 작

炒 볶을 초

이 한자들은 삼수(물)변 氵과 불 화 火를 부수로 쓰는 한자들이다.

江 (물이 합쳐진) 강 강

汚 (물이) 오염될 오

沙 (물이 사라졌을 때 드러나는) 모래 사

泡 (물) 거품 포

灼 (불로) 사를 작

炒 (불로) 볶을 초

이처럼 한자의 경우 부수별로 공부하는 편이 효율적이다. 많은 경우 부수는 뜻을, 나머지 부분은 발음을 담당한다.

한자와 다르게 영어 단어는 발음으로 묶어 효율적으로 기억할 수 있다. 다음을 보라.

ant(개미) - aunt(아주머니) : 앤트

bass(베이스) - base(기초) : 베이스

flour(밀가루) - flower(꽃) : 플라워

이처럼 같은 발음 하나를 기억함으로써 두 가지 다른 단어를 떠올릴 수도 있다.

공부해야 할 정보나 지식을 그룹(조직)으로 만드는 것도 기억에 도움이 되지만, 그것을 다른 그룹과 비교·대조하는 것도 기억을 선명하게 해준다.

fake

imitation

artificial

이 단어들은 모두 '가짜'라는 의미를 갖고 있다.

여기서 반대말의 집단을 묶어서 함께 기억해두면 여러 단어를 손쉽게 기억할 수 있다.

요즘에는 종이로 된 사전들, 특히 영영사전을 잘 보지 않지만, 과거에는 이런 식의 정리가 된 영영사전들로 공부를 하는 것이 영어 실력을 가장 빨리 늘릴 수 있는 방법으로 여기기도 했다. 유행은 바뀌지만, 효율은 바뀌지 않으므로 한 번쯤 시도해보는 것이 어떨까?

생활 속 정보 기억할 때

생활 속 정보를 기억할 때도 조직화는 유용하다. 다음 레시피를 보고 기억해보자.

카르보나라	봉골레 스파게티	홍합 스파게티
스파게티 200g, 베이컨 20g, 달걀노른자 2개, 페코리노 치즈 또는 파마산 가루 치즈 2큰술, 후추 적당량	스파게티 200g, 바지락 30개 또는 모시조개 20개, 달지 않은 화이트와인 4큰술, 마늘 4개, 올리브오일 8큰술, 이탈리언 파슬리 적량(없으면 생략)	스파게티 200g, 홍합 30개, 화이트와인 4큰술, 마늘 2쪽, 청양고추 1개, 올리브오일 적당량

먼저 공통점을 찾아 묶는다.

카르보나라	스파게티 200g	베이컨 20개	달걀노른자 2개	페코리노 치즈	후추
봉골레 스파게티	스파게티 200g	바지락 30개	화이트와인 4큰술	마늘 4개	올리브오일
홍합 스파게티	스파게티 200g	홍합 30개	화이트와인 4큰술	마늘 2쪽 청양고추 1개	올리브오일

그다음 한 번 더 공통점을 찾아 묶자. 첫 번째 단계에서 요리명과

재료로 나눴다면, 이번에는 재료들을 '면', '육수 역할을 하는 것', '향신료 역할을 하는 것' 등으로 나눠 묶는 것이다. 이때 각 정보들을 같은 선상에 배치해보자. 비슷한 위치에 배치하면 나중에 떠올리기 더 편하다.

		면	스프	향신료	향기	
1	카르보나라	스파게티 200g	베이컨 20g	후추	페코리노 치즈	달걀노른자 2개
2	봉골레 스파게티	스파게티 200g	올리브오일	마늘 4개	바지락 30개	화이트와인 4큰술
3	홍합 스파게티	스파게티 200g	올리브오일	마늘 2쪽 청양고추 1개	홍합 30개	화이트와인 4큰술

조직화를 활용해 세 가지 레시피를 효율적으로 기억하기 위해 나는 육수 역할을 하는 올리브오일과 베이컨을 같이 놓고, 향신료 역할을 하는 마늘과 후추를 함께 놓았다. 그리고 해산물의 비린내를 잡고 향을 돋우는 재료로는 화이트와인과 함께 달걀과 치즈를 묶었다. 마지막에 숫자를 매기는 것(넘버링)도 빼놓지 않고 했다.

엑셀을 활용할 때

실생활에서 대량의 정보를 정리할 때 엑셀 프로그램을 많이 사용한다. 이때도 조직화가 매우 효율적이다. 다음은 클래식 음악 관련 책들을 정리하기 위해 엑셀 프로그램을 사용한 경우다.

①일단은 기억하고 정리하고 싶은 정보(내가 읽었던 클래식 음악 관련 책)를 모두 적는다.

	A	B	C
1	고전	베토벤: 장엄미사	성악곡
2	고전	하이든: 피아노 소나타	기악곡
3	고전	모차르트: 피가로의 결혼	오페라
4	고전	하이든: 천지창조	성악곡
5	낭만	브람스: 피아노 협주곡 1번 D단조	협주곡
6	낭만	슈트라우스: 네 개의 마지막 노래	성악곡
7	낭만	리스트: 피아노 협주곡	협주곡
8	낭만	푸치니: 토스카	오페라
9	낭만	라벨&라흐마니노프: 피아노 협주곡	협주곡
10	낭만	말러: 교향곡 5번	교향곡
11	낭만	그리그&슈만: 피아노 협주곡	협주곡
12	낭만	베르디: 라 트라비아타	오페라
13	낭만	바그너: 발퀴레	오페라
14	르네상스	조스캥 데 프레: 미사곡	성악곡
15	바로크	바흐: 골드베르크 변주곡	기악곡
16	바로크	바흐: B단조 미사	성악곡
17	바로크	헨델: 메시아	성악곡
18	중세	힐데가르트 폰 빙엔: 신의 숨결 위의 깃털	성악곡
19	현대	페르트: 벤저민 브리튼을 추모하는 성가	성악곡
20	현대	크럼: 검은 천사들	실내악곡

②그룹으로 묶을 수 있는 규칙이나 기준을 떠올려보자. 시대, 작곡가, 음악 양식 등으로 나눌 수 있겠다. 여기서 나는 시대별로 그룹을 만들어 묶은 후, 엑셀 프로그램에 있는 기능인 '오름차순 정렬' 또는 '그룹 정렬'을 하여 해당 정보를 정리했다. 각 그룹별로 다른 색상으로 칠하고 숫자를 매겨 기억하고 떠올리기 편하게 표시했다.

	A	B	C
1	고전	베토벤: 장엄미사	성악곡
2	고전	하이든: 피아노 소나타	기악곡
3	고전	모차르트: 피가로의 결혼	오페라
4	고전	하이든: 천지창조	성악곡
5	낭만	브람스: 피아노 협주곡 1번 D단조	협주곡
6	낭만	슈트라우스: 네 개의 마지막 노래	성악곡
7	낭만	리스트: 피아노 협주곡	협주곡
8	낭만	푸치니: 토스카	오페라
9	낭만	라벨&라흐마니노프: 피아노 협주곡	협주곡
10	낭만	말러: 교향곡 5번	교향곡
11	낭만	그리그&슈만: 피아노 협주곡	협주곡
12	낭만	베르디: 라 트라비아타	오페라
13	낭만	바그너: 발퀴레	오페라
14	르네상스	조스캥 데 프레: 미사곡	성악곡
15	바로크	바흐: 골드베르크 변주곡	기악곡
16	바로크	바흐: B단조 미사	성악곡
17	바로크	헨델: 메시아	성악곡
18	중세	힐데가르트 폰 빙엔: 신의 숨결 위의 깃털	성악곡
19	현대	페르트: 벤저민 브리튼을 추모하는 성가	성악곡
20	현대	크럼: 검은 천사들	실내악곡

　여기까지 정리해둔 후에 세부적인 내용은 다른 스킬을 사용하여 외운다.

리포트나 책을 읽을 때

조직화는 리포트나 논문, 책 등을 쓰면서 필요한 자료들을 분류하거나 책에서 필요한 부분들을 빠르게 찾고자 할 때도 사용할 수 있다.

　보통은 포스트잇의 색상이나 위치를 구별하지 않고 그때그때 나중에 펼쳐보고자 하는 부분에 포스트잇을 붙이지만, 색상에 의미를 부여하고 붙이는 위치를 다르게 하면 더 빠르게 원하는 정보를 찾을 수 있다. 예를 들어 위쪽에 붙은 포스트잇은 모르는 것, 아래쪽에 붙은 포스트잇은 복습할 것으로, 색상이 진할수록 더 시급한 것으로 나눌 수도 있다. 필요한 내용을 색깔이나 위치를 다르게 해서 포스트잇을 붙여두면 재빨리 해당 부분을 찾을 수 있다.

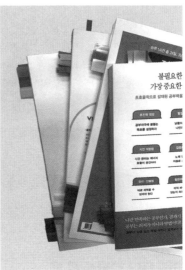

컴퓨터 폴더 또는 파일, 즐겨찾기 등을 정리할 때

컴퓨터의 '폴더'나 구글 크롬의 '새 그룹에 탭 추가' 기능도 조직화의 원리를 사용하는 대표적인 예다.

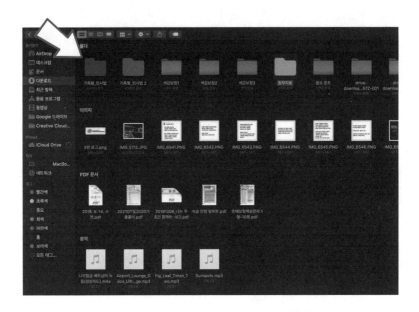

조직화를
공부에 적용하면

기출문제를 분석하는 경우

조직화는 수험 공부에도 사용되는 방법일까? 물론이다. 기출문제를 분석할 때 조직화가 어떻게 활용되는지 살펴보자. 먼저 시중에 나와 있는 기출문제집을 교재로 활용하는 경우를 예로 들어보겠다.

다음 교재는 수능 기출문제집이다. 중고등학교 내신이나 수능시험을 다룬 문제집에는 크게 수능시험에 출제됐던 문제, 교육청 주관 모의고사 문제(일명 학평), 수능출제기관인 평가원 주관 모의고사 문제(일명 모평), 그외 사설기관에서 창작·출제하는 문제가 함께 실려 있는 경우가 많다. 기출문제를 분석하는 단계에서는 수능 기출문제만, 모평 문제만 골라 풀면서 조직화를 해야 한다.

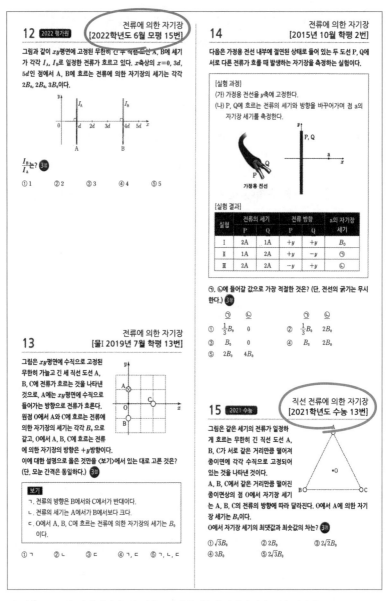

12 2022 평가원

전류에 의한 자기장
[2022학년도 6월 모평 15번]

그림과 같이 xy평면에 고정된 무한히 긴 두 직선 도선 A, B에 세기가 각각 I_A, I_B로 일정한 전류가 흐르고 있다. x축상의 $x=0$, $3d$, $5d$인 점에서 A, B에 흐르는 전류에 의한 자기장의 세기는 각각 $2B_0$, $2B_0$, $3B_0$이다.

$\dfrac{I_B}{I_A}$는? 3점

① 1 ② 2 ③ 3 ④ 4 ⑤ 5

13

전류에 의한 자기장
[물I 2019년 7월 학평 13번]

그림은 xy평면에 수직으로 고정된 무한히 가늘고 긴 세 직선 도선 A, B, C에 전류가 흐르는 것을 나타낸 것으로, A에는 xy평면에 수직으로 들어가는 방향으로 전류가 흐른다. 원점 O에서 A와 C에 흐르는 전류에 의한 자기장의 세기는 각각 B_0로 같고, O에서 A, B, C에 흐르는 전류에 의한 자기장의 방향은 $+y$방향이다. 이에 대한 설명으로 옳은 것만을 〈보기〉에 있는 대로 고른 것은? (단, 모눈 간격은 동일하다.) 3점

보기
ㄱ. 전류의 방향은 B에서와 C에서가 반대이다.
ㄴ. 전류의 세기는 A에서가 B에서보다 크다.
ㄷ. O에서 A, B, C에 흐르는 전류에 의한 자기장의 세기는 B_0이다.

① ㄱ ② ㄴ ③ ㄷ ④ ㄱ, ㄷ ⑤ ㄱ, ㄴ, ㄷ

14

전류에 의한 자기장
[2015년 10월 학평 2번]

다음은 가정용 전선 내부에 절연된 상태로 들어가 있는 두 도선 P, Q에 서로 다른 전류가 흐를 때 발생하는 자기장을 측정하는 실험이다.

[실험 과정]
(가) 가정용 전선을 y축에 고정한다.
(나) P, Q에 흐르는 전류의 세기와 방향을 바꾸어가며 점 a의 자기장 세기를 측정한다.

[실험 결과]

실험	전류의 세기		전류 방향		a의 자기장 세기
	P	Q	P	Q	
Ⅰ	2A	1A	$+y$	$+y$	B_0
Ⅱ	1A	2A	$+y$	$-y$	㉠
Ⅲ	2A	2A	$-y$	$+y$	㉡

㉠, ㉡에 들어갈 값으로 가장 적절한 것은? (단, 전선의 굵기는 무시한다.) 3점

	㉠	㉡
①	$\frac{1}{3}B_0$	0
②	$\frac{1}{3}B_0$	$2B_0$
③	B_0	0
④	B_0	$2B_0$
⑤	$2B_0$	$4B_0$

15 2021 수능

직선 전류에 의한 자기장
[2021학년도 수능 13번]

그림은 같은 세기의 전류가 일정하게 흐르는 무한히 긴 직선 도선 A, B, C가 서로 같은 거리만큼 떨어져 종이면에 각각 수직으로 고정되어 있는 것을 나타낸 것이다. A, B, C와 같은 거리만큼 떨어진 종이면상의 점 O에서 자기장 세기는 A, B, C의 전류의 방향에 따라 달라진다. O에서 A에 의한 자기장 세기는 B_0이다.

O에서 자기장 세기의 최댓값과 최솟값의 차는? 3점

① $\sqrt{3}B_0$ ② $2B_0$ ③ $2\sqrt{2}B_0$
④ $3B_0$ ⑤ $2\sqrt{3}B_0$

자료 | 《2023 수능대비 마더텅 수능기출문제집 물리학1》 마더텅 편집부 저, 마더텅, 2021.12.31.

수능시험 관련 기출문제집과 달리 성인 시험의 기출문제집은 편저자가 여러 시험에 출제된 문제들을 모두 수집한 다음, 재분류하고 구성해 집필한다. 가령 A 시험을 준비하는 수험생이 해당 시험의 a 과목 기출문제집을 샀다면, 그 기출문제집에는 A 시험에 출제됐던 문제뿐 아니라 B, C, D 시험에서 출제됐던 문제가 모두 있는 경우가 많다. 시험이 달라도 출제자가 거의 동일하기 때문에 유사한 B, C, D 시험의 기출문제에서 A 시험에 도움이 될 만한 정보, 문제의 변형 정도나 문제가 출제되는 최대 범위 등을 분석해볼 수 있다.

하지만 A 시험을 치는 사람이 기출문제를 풀면서 공부한다면 우선 A 시험의 기출문제만 골라 풀어야 한다. 공부가 진행될수록 결국에는 책 전체는 보게 되겠지만 처음에는 나눠 보는 것이 시험의 경향을 빠르게 파악하고, 중요한 것 위주로 효율적인 공부를 할 수 있다는 면에서, 방대한 분량에 압도되거나 지치지 않게 의욕과 동기를 관리한다는 면에서 유리하다. 또 시험공부 중 최종 정리를 할 때도 해당 시험만을 대상으로 하고 실전 연습을 해야, 그 시험 수준에 맞는 현장감을 키울 수 있다. 무엇보다 지식을 계층적으로 기억할 수 있기 때문에 막판에 공부한 것을 빠르게 재현하는 데 유리하다는 점에서도 이 방법을 권한다.

다음은 민사집행법에 관한 책이다. 이 책에도 법무사 시험문제와 법무사무관 시험문제가 섞여 있다. 만약 법무사 시험을 준비하는 수험생이라면 단원별로 쭉 페이지를 넘기며 '법무사'라고 표시된 문

제만 찾아 별도로 체크한다. 내가 치는 시험문제를 따로 표시할 때
는 형광펜이나 볼펜, 포스트잇 등을 사용해 표시해두는 것이 좋다.

15. 공유자의 우선매수권

[문 1] 부동산 공유지분에 대한 경매에 관한 설명 중 가장 옳지 않은 것은?
(2013 법무사)

① 부동산 공유지분에 대한 경매개시결정 이후 다른 공유자에 대한 통지를 빠
뜨렸다고 하여 경매개시결정의 효력이 영향을 받는 것은 아니다.

② 공유물 전부에 대하여 경매절차가 진행되는 경우, 그 공유물의 일부 지분
권자는 다른 공유자의 공유지분에 대하여만 우선매수권을 행사할 수 있다.

③ 부동산 공유지분의 최저매각가격은 전체 부동산의 평가액을 채무자의 지
분비율로 나눈 가격으로 정함을 원칙으로 한다.

④ 공유자의 채무자 공유지분에 대한 우선매수신고는 집행관이 매각기일을
종결한다는 고지를 하기 전까지 할 수 있다.

⑤ 공유자가 채무자 공유지분에 대한 우선매수신고를 한 경우 최고가매수신
고인을 차순위매수신고인으로 본다.

[문 2] 부동산경매절차에서 공유자우선매수권에 대한 설명 중 가장 옳지 않은
것은? (2014 법무사무관)

① 공유물지분경매에서 공유자우선매수제도는 호가경매, 기일입찰, 기간입찰
모두에 적용된다.

② 공유자우선매수신고는 선박이나 항공기, 자동차, 건설기계의 공유지분 또는
공유물분할판결에 기초한 공유물 전부에 대한 경매에는 적용되지 않는다.

③ 甲이 남편인 乙과 부동산을 공유하던 중 乙의 사망으로 乙의 재산을 상속
한 경우, 乙이 생전에 위 부동산의 공유지분에 설정한 근저당권의 실행으
로 진행된 매각절차에서 甲이 위 부동산의 공유자로서 우선매수를 한 경우
라면 위 부동산을 우선매수할 자격이 있다.

15. 공유자의 우선매수권

[문 1] 부동산 공유지분에 대한 경매에 관한 설명 중 가장 옳지 않은 것은?
(2013 법무사)

① 부동산 공유지분에 대한 경매개시결정 이후 다른 공유자에 대한 통지를 빠뜨렸다고 하여 경매개시결정의 효력이 영향을 받는 것은 아니다.

② 공유물 전부에 대하여 경매절차가 진행되는 경우, 그 공유물의 일부 지분권자는 다른 공유자의 공유지분에 대하여만 우선매수권을 행사할 수 있다.

③ 부동산 공유지분의 최저매각가격은 전체 부동산의 평가액을 채무자의 지분비율로 나눈 가격으로 정함을 원칙으로 한다.

④ 공유자의 채무자 공유지분에 대한 우선매수신고는 집행관이 매각기일을 종결한다는 고지를 하기 전까지 할 수 있다.

⑤ 공유자가 채무자 공유지분에 대한 우선매수신고를 한 경우 최고가매수신고인을 차순위매수신고인으로 본다.

[문 2] 부동산경매절차에서 공유자우선매수권에 대한 설명 중 가장 옳지 않은 것은? (2014 법무사무관)

① 공유물지분경매에서 공유자우선매수제도는 호가경매, 기일입찰, 기간입찰 모두에 적용된다.

② 공유자우선매수신고는 선박이나 항공기, 자동차, 건설기계의 공유지분 또는 공유물분할판결에 기초한 공유물 전부에 대한 경매에는 적용되지 않는다.

③ 甲이 남편인 乙과 부동산을 공유하던 중 乙의 사망으로 乙의 재산을 상속한 경우, 乙이 생전에 위 부동산의 공유지분에 설정한 근저당권의 실행으로 진행된 매각절차에서 甲이 위 부동산의 공유자로서 우선매수를 한 경우라면 위 부동산을 우선매수할 자격이 있다.

출간된 책을 활용하는 것이 아니라, 직접 기출문제 파일을 다운받아 분류하고 분석하는 경우라면 일단 조직화가 가능하도록 문제별로 묻는 것이 무엇인지를 간단히 적는다. 이러한 작업을 하려면 당연히 해당 교과에 관한 기본적인 지식, 적어도 해설을 읽을 수 있는 정도의 지식은 갖추고 있어야 한다.

기출문제를 분류하는 것은 수능이나 성인 시험이나 전혀 차이가 없다. 우선 3~5년간 출제된 문제 파일을 싹 모은다. 그리고 각 문제별로 출제가 된 단원의 큰 제목이나 세부 제목을 일단 아는 데까지 적어 나간다.

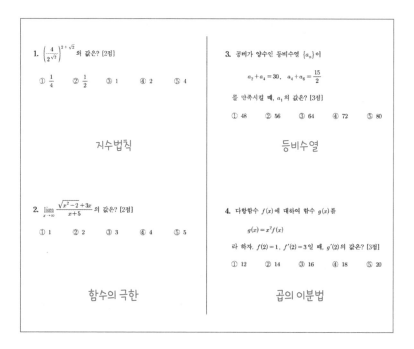

위의 예처럼 기출문제에 표시했다면 이제 새로운 파일을 하나 더 만든다. 표시한 항목에 맞게 문제들을 편집하고 재배치를 하는 것이다. 이때 교과서나 학원 교재의 목차 또는 분류 기준을 참고한다.

◎ 지수의 성질

2021년도 수능 1번

1. $\sqrt{9} \times 3^{\frac{1}{3}}$ 의 값은? [2점]

① 1 ② $3^{\frac{1}{2}}$ ③ 3 ④ $3^{\frac{3}{2}}$ ⑤ 9

2022년도 수능 2번

1. $\left(2^{\sqrt{3}} \times 4\right)^{\sqrt{3}-2}$ 의 값은? [2점]

① $\frac{1}{4}$ ② $\frac{1}{2}$ ③ 1 ④ 2 ⑤ 4

2023년 수능 3번

1. $\left(\frac{4}{2^{\sqrt{2}}}\right)^{2+\sqrt{2}}$ 의 값은? [2점]

① $\frac{1}{4}$ ② $\frac{1}{2}$ ③ 1 ④ 2 ⑤ 4

◎ 지수함수

2022년도 수능 9번

9. 직선 $y = 2x + k$ 가 두 함수

$$y = \left(\frac{2}{3}\right)^{x+3} + 1, \quad y = \left(\frac{2}{3}\right)^{x+1} + \frac{8}{3}$$

의 그래프와 만나는 점을 각각 P, Q라 하자. $\overline{PQ} = \sqrt{5}$ 일 때, 상수 k 의 값은? [4점]

① $\frac{31}{6}$ ② $\frac{16}{3}$ ③ $\frac{11}{2}$ ④ $\frac{17}{3}$ ⑤ $\frac{35}{6}$

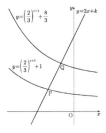

2023년도 수능 23번

21. 자연수 n 에 대하여 함수 $f(x)$ 를

$$f(x) = \begin{cases} |3^{x+2} - n| & (x < 0) \\ |\log_2(x+4) - n| & (x \geq 0) \end{cases}$$

이라 하자. 실수 t 에 대하여 x 에 대한 방정식 $f(x) = t$ 의 서로 다른 실근의 개수를 $g(t)$ 라 할 때, 함수 $g(t)$ 의 최댓값이 4가 되도록 하는 모든 자연수 n 의 값의 합을 구하시오. [4점]

이렇게 분류하고 보면 어느 파트에서 어떤 형식으로 문제가 나오는지, 어떤 난이도로 나오는지, 경향과 난이도는 어떻게 변하는지를 효율적으로 습득할 수 있다.

성인 시험도 방법은 같다. 다만 성인 시험의 경우, 유사시험들의 기출문제까지 함께 분석한다면 더 정확하게 출제 범위와 난이도, 경향을 파악할 수 있다.

다양한 성인 시험에서 다뤄지는 과목 '형법'이 좋은 예가 된다. 다음 페이지의 위에서부터 순서대로 '경찰공무원시험', '경찰간부후보생시험', '법원행정고등고시', '변호사시험'의 형법 과목 기출문제 중 직무유기에 해당하는 것이다.

같은 과목 시험이어도 경찰공무원시험에서는 직무유기에 관한 문제가 '공무원 직무' 측면에서 출제되지만, 경찰승진시험이나 법원행정고등고시, 변호사시험에서는 그보다는 폭넓은 관점에서 직무유기를 다루고 있음을 확인할 수 있다.

이렇듯 성인 시험의 기출문제를 분석할 때 조직화를 적용하면 특정 시험에서는 특정 단원이 집중적으로 출제되는 반면, 다른 시험에서는 해당 단원이 거의 출제되지 않는 것을 알 수 있다.

1. 공무원의 직무에 관한 죄

순경20(2)-20. 국가의 기능에 대한 죄의 설명으로 가장 적절하지 <u>않은</u> 것은?
(다툼이 있는 경우 판례에 의함)

① 직무유기죄는 공무원이 정당한 이유 없이 그 직무수행을 거부하거나 그
'직무를 유기한 때'에 성립하며, 직무집행의 의사로 자신의 직무를 수행한
경우라도 그 직무집행의 내용이 위법한 것으로 평가된다면 직무유기죄가
성립한다. X

② 검찰의 고위 간부가 특정 사건에 대한 수사가 계속 중인 상태에서 해당 사
안에 관한 수사 책임자의 잠정적인 판단 등 수사팀의 내부 상황을 확인한
뒤 그 내용을 수사 대상자 측에 전달한 행위는 공무상 비밀누설에 해당한
다. O

③ 형식적·외형적으로는 직무집행으로 보이나 실질적으로는 정당한 권한 외
의 행위를 한 경우도 직권남용권리행사방해죄에 해당한다. O

④ 공무원이 직무와 관련하여 뇌물수수를 약속하고 퇴직 후 이를 수수하는 경
우에는, 뇌물약속과 뇌물수수가 시간적으로 근접하여 연속되어 있다고 하
더라도, 뇌물수수죄는 성립하지 않는다. O

〈직무유기〉

경감21-35. 직무유기죄와 직권남용죄에 대한 설명으로 옳지 <u>않은</u> 것은? (다툼
이 있는 경우 판례에 의함)

① 직무유기죄는 그 직무를 수행하여야 하는 작위의무의 존재와 그에 대한 위
반을 전제로 하고 있는 바, 공무원이 정당한 이유 없이 그 직무수행을 거부
하거나 그 직무를 유기한 때 즉시 성립하는 즉시범이다. X

② 직무유기죄는 공무원이 추상적 성실의무를 태만히 하는 일체의 경우에 성
립하는 것이 아니라 직장의 무단이탈, 직무의 의식적인 포기 등과 같이 국
가의 기능을 저해하고 국민에게 피해를 야기시킬 가능성이 있는 경우에 한
하여 성립한다. O

법행 20-32. 다음 설명 중 옳지 <u>않은</u> 것을 모두 고른 것은?

가. 형법 제122조에서 정하는 직무유기죄에서 '직무를 유기한 때'란 공무원이 법령, 내규 등에 의한 추상적 성실의무를 태만히 하는 일체의 경우에 성립하는 것이 아니라 직장의 무단이탈, 직무의 의식적인 포기 등과 같이 국가의 기능을 저해하고 국민에게 피해를 야기시킬 가능성이 있는 경우를 가리킨다. O

다. 어떠한 형태로든 직무집행의 의사로 자신의 직무를 수행한 경우에는 그 직무집행의 내용이 위법한 것으로 평가된다는 점만으로 직무유기죄의 성립을 인정할 것은 아니고, 공무원이 태만, 분망, 착각 등으로 인하여 직무를 성실히 수행하지 아니한 경우나 형식적으로 또는 소홀히 직무를 수행하였기 때문에 성실한 직무수행을 못한 것에 불과한 경우에도 직무유기죄는 성립되지 아니한다. O

라. 직무유기죄는 그 직무를 수행하여야 하는 작위의무의 존재와 그에 대한 위반을 전제로 하고 있는 바, 그 작위의무를 수행하지 아니함으로써 구성요건에 해당하는 사실이 있었고 그 후에도 계속하여 그 작위의무를 수행하지 아니하는 위법한 부작위상태가 계속되는 한 가벌적 위법상태는 계속 존재하고 있다고 할 것이며 형법 제122조 후단은 이를 전체적으로 보아 일죄로 처벌하는 취지로 해석되므로 이를 즉시범이라고 할 수 없다. O

변시 3-6. 甲의 행위에 대하여 ( )안의 범죄가 성립하는 것(O)과 성립하지 않는 것(X)을 올바르게 조합한 것은? (다툼이 있는 경우에는 판례에 의함)

ㄴ. 기초지방자치단체장 甲은 파업에 참가한 소속 공무원들에 대하여 광역지방자치단체 인사위원회에 징계의결요구를 할 의무가 있음에도 불구하고, 법률 검토 등을 거쳐 그 징계의결요구를 하지 아니하고 자체적으로 가담 정도의 경중을 가려 자체 인사위원회의 징계의결요구를 하거나 훈계처분을 하도록 지시하였다. (직무유기죄)

---

* 순서대로 '경찰공무원시험', '경찰간부후보생시험', '법원행정고등고시', '변호사시험'의 형법 과목 기출문제 중 직무유기에 해당하는 것이다.

여기서 잠깐 중요하게 언급하고 싶은 것이 있다. 수험생의 대부분이 학원 강의를 들으면서 공부를 하는데, 기출문제의 조직화는 학원 강의로 공부하는 수험생들에게 특히 중요하다. 중요한 강의를 선별하게 해주기 때문이다.

학원 강의에서 다루는 것들을 무비판적으로 받아들이면 공부하고 기억해야 할 양이 지나치게 많아진다. 그러나 스스로 기출문제부터 조직화하면 강의 중 어떤 부분이 필요한지, 어느 강도로 공부를 해야 하는지도 파악하게 된다.

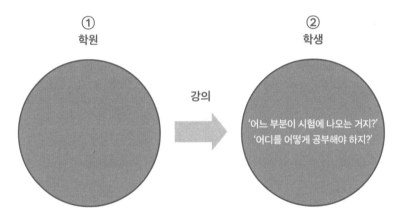

무비판적으로 강의 내용을 받아들여서는 안 된다.

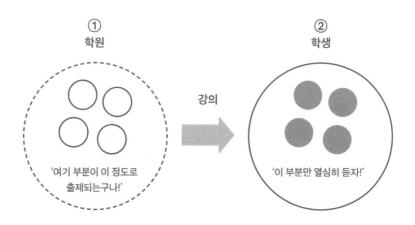

**기출문제의 조직화를 통해 어떤 부분의 공부가 필요한지 가려낸 후,
학원 강의를 들어야 한다.**

언뜻 이런 과정은 시간이 상당히 많이 드는 일처럼 보일 것이다. 게다가 학원 교재 중에는 맨앞에 기출일람표가 실린 경우도 많기 때문에 이 과정이 불필요하게 여겨질 수도 있다.

하지만 '다른 사람이' 정리한 것은 그 사람의 기억이자 그 사람의 정보일 뿐이다. 직접 기출문제를 조직화하고 분석하는 과정을 통해 정리하는 것은 '내 장기기억 속에 있는 지식을 사용해서 의미를 부여하는 과정'이기 때문에 내 기억이자 내 정보로 만드는 데 훨씬 도움이 된다. 시간 낭비가 아니라 되려 시간을 절약하게 하는 일인 것이다.

목차를 재편해보자

시험 합격의 목적으로 책을 읽을 때는 반드시 전체 목차를 복사해서 옆에 두고 읽어야 한다. 목차는 세부적인 내용을 담는 폴더가 되어 주기 때문이다. 즉 조직화가 이미 되어 있는 것이다.

앞에서도 설명했지만, 조직화는 '내 나름의 기준'으로 재분류를 할 때 의미가 있다. 기존 목차를 바꾸지 않고 본다고 하더라도 나 스스로 그와 같은 분류를 곱씹어 생각해보는 과정이 필요하다. 이를 기억하고 이미 주어진 책의 전체 목차를 다시 조직화하는 예를 하나 살펴보도록 하자.

양쪽에 걸쳐 제시된 목차는 중학교 역사 교재에 있는 목차다. 자세히 보면 기존 목차를 다시 조직화할 수 있다. 다음 페이지처럼 말이다.

시대별로 나눈다면 크게 네 파트를 공부하는 것으로 이해할 수 있고 중요도도 한눈에 알아볼 수 있다. 실제 공부할 때도 교재에 있는 목차를 자기 나름의 기준대로 조직화해보자. 목차를 복사한 종이에 직접 표시하거나 새롭게 목차를 타이핑한 다음 출력해, 계속 옆에 두면서 책을 봐야 내가 읽는 부분이 어느 부분인지 인식하고 기억하면서 공부할 수 있다.

다른 예도 살펴보자. 다음 목차의 조직화는 어떤가.

이 경우는 같은 수준의 목차가 아닌 것이 잘못 들어와 있는 바람에 조직화가 잘 되지 않는다. 1에서 4까지는 OO사회로 분류를 하다가, 돌연 5와 7에서 한 단계 낮은 수준의 이질적인 내용이 나오기 때문이다. 어떤 의도에서든 이런 책은 제대로 기억하기가 굉장히 어렵다.

이 목차들을 제대로 조직화한다면 해당 목차에서 5~7부분이 다음과 같이 되어야 한다. 즉 기존의 5와 7은 6의 하위 단계의 내용으로 재편이 되어야 한다.

---

4. 근세 사회

5. 근대사회
  1) 근대사회의 태동
  2) 외세의 침략적 접근과 개항

5) 근대의 경제와 사회
6) 근대의 문화
7) 민족 독립 운동

6. 현대사회

세부 내용을 조직화해보자 1

책의 목차를 조직화하여 우리가 공부해야 하는 전체 내용의 흐름과 구조를 파악하고 머릿속에 입력했다면 이번에는 세부 내용을 기억할 차례다. 이번에도 마찬가지 조직화 원리로 기억할 수 있다.

목차가 있는 글 또는 소제목 등의 표제를 붙여 본문 내용을 구성한 글은 목차 제목 또는 소제목을 보는 것만으로도 글들이 어떤 덩어리로 나뉘어 인식된다. 소제목에 색(형광펜)이나 기호(색펜)로 표시를 해두면 더 잘 기억할 수 있다(이는 뒤에서 살펴볼 '이미지화' 부분에서 더 상세하게 다룬다). 주의할 점은 칠하거나 표시하는 것 자체로 만족하는 것이 아니라 앞뒤로 내용을 보면서 머릿속에서도 조직화가 되었는지 확인하는 것이다.

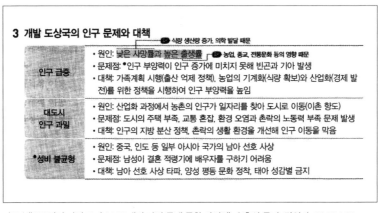

자료 |《100명의 사회 교사 1000개의 사회 문제 중학 사회2》송훈섭 등저, 김영사, 2020.1.20

위의 예처럼 구성된 글을 보면 '개발 도상국의 인구 문제'는 크게 '인구 급증', '대도시 인구 과밀', '성비 불균형'의 세 가지로 나누어 생각할 수 있음을 알 수 있다. 이를 보면서 세 가지 덩어리가 내 머릿속에도 입력되었는지 반드시 떠올려보라.

다른 경우도 하나 보기로 하자. 다음 예는 수험교재로는 전형적이지 않는 구성으로 내용을 전개한다. 요즘의 중고등 교과서나 참고서, 교재는 전형적이거나 딱딱한 구성이나 전개에서 벗어나 시각적으로 잘 꾸며져 있는 경우가 많다. 참고서와 교재의 보여주는 형식이 바뀌었다고 하더라도 조직화의 원리는 그대로 적용된다.

예시에서는 사역동사가 가장 큰 조직을 이루고, 그 아래로 크게 네 덩어리의 조직이 있는 것을 알 수 있다. ①Study Point, ②Stuty More, ③Check Check, ④실전문제가 바로 그것이다.

그런데 Study More에는 '사역동사의 종류'라는 설명이 작게 쓰여 있으므로, 그보다 먼저 나오는 Study Point는 결국 '사역동사의 개념'에 관한 것이라고 알 수 있고, 사역동사 파트에서는 개념, 종류, 문제(작은 연습문제와 실전문제)로 다시 조직화가 된다.

이렇게 조직화 과정을 거치지 않으면 자신이 어떤 내용을 어떤 흐름으로 공부하고 있는지 전혀 의식하지 못하고 진행하게 되어 공부의 길을 잃기 쉽다. 그러면 처음에는 '사역동사'에 대해 어렵다는 느낌을 받고, 나아가 영어 공부 자체가 어렵다는 인상으로 굳어지게 된다. 조직화를 한다면 구체적으로 사역동사의 종류, 그중에서도 'let'을 쓰는 경우가 쉽게 이해된다거나 어렵다거나 등으로 기억한 것과 아닌 것을 찾고 부족한 부분은 집중적으로 보강할 수 있게 된다.

❶ 사역동사

| • My mom **made** me **clean** my room. | 나의 엄마는 내가 내 방을 청소하게 하셨다. |
| • We **had** people **shout** "Go, Go, Tigers!" |
| 우리는 사람들이 "파이팅, 파이팅, Tigers!"라고 외치게 했다. |

Study Point

make, have, let과 같은 사역동사는 목적어에게 어떤 동작을 하게 하는 동사로, 목적격 보어로 동사원형을 쓴다.

Study More

(1) 사역동사의 종류

① make: (억지로) ~하게 하다 (강제성)
  • Nothing couldn't **make** him **change** his mind. (아무것도 그가 그의 마음을 바꾸게 하지 못했다.)
② have: ~하게 하다 (명령·권유)
  • Kevin **had** his brother **sweep** the floor. (Kevin은 그의 남동생이 마루를 쓸게 했다.)
③ let: ~하는 것을 허락하다 (허락)
  • My father **let** me **stay** overnight at my friend's house.
  (나의 아버지는 내가 나의 친구의 집에서 자는 것을 허락하셨다.)

  주의 '허락하다'라는 의미의 동사 allow는 목적격 보어로 to부정사를 쓴다.
  • My father **allowed** me **to stay** overnight at my friend's house.

Check Check

• What makes you ❶ ▨▨▨▨ so? (무엇이 네가 그렇게 생각하게 하니?)
• The old woman let us ❷ ▨▨▨▨ in her house. (노부인은 우리가 그녀의 집에 들어가는 것을 허락했다.)
• Paul helped Jane ❸ ▨▨▨▨ the table. (Paul은 Jane이 탁자를 옮기는 것을 도왔다.)

Answers ❶ think ❷ come ❸ (to) move

01 다음 중 어법상 **틀린** 것은?

① Let me introduce myself to you.
② Our parents had us go to bed early.
③ This dress makes me look beautiful.
④ She helps her sister to do homework.
⑤ The teacher got the students do volunteer work.

자료 | 《100발 100중 기출문제집 2학기 기말고사 중2 영어》 에듀원 편집부 저, 에듀원, 2021.9.13

세부 내용을 조직화해보자 2

이번에는 대체로 줄글로 이루어져 있는 교과서를 살펴보자. 이 경우에도 조직화하는 원리는 같다.

[지도상 유의점] 인구가 많은 것 자체가 문제가 아니라 인구를 지탱할 수 있는 사회적·경제적 여건에 비해 인구가 많은 경우 인구 과잉 문제가 나타남을 인식하도록 지도한다.

개발 도상국에서는 어떤 인구 문제가 나타날까?

세계 인구가 빠르게 증가하는 데 영향을 주는 국가는 아프리카, 남아메리카, 아시아에 있는 개발 도상국이다. 개발 도상국에서는 제2차 세계 대전 이후 생활 수준이 향상되고 의료 기술이 발달하면서 인구가 빠르게 증가하고 있다. 하지만 낮은 경제 수준에 비해 인구가 빠르게 증가하고 있어 식량 부족, 일자리 부족, 빈곤과 기아 등의 문제가 나타나고 있다.

이에 따라 개발 도상국은 인구 증가를 억제하고자 출산 억제 정책을 추진하고 있으며, 인구 부양력을 증대하고자 경제 성장과 식량 증산에 많은 노력을 기울이고 있다.

한편 개발 도상국에서는 도시 자체의 높은 인구 성장, 공업 발달에 따른 이촌 향도 현상 등으로 말미암아 도시 인구가 폭발적으로 증가하고 있다. 이로 말미암아 도시가 수용할 수 있는 인구보다 더 많은 인구가 도시에 집중되어 주택 부족, 교통 혼잡, 범죄 증가 등 도시의 생활 환경이 나빠지고 각종 도시 문제가 발생하고 있다.

에티오피아는 650만 명이, 수단은 120만 명이 아사 직전 상태로 아프리카에서 가장 심각하며 사하라 사막 이남 지역에만 2,800만 명 정도가 기근에 시달리고 있다. 또한 이 지역들은 여전히 내전 상태에 있어 기아 인구는 더 늘어날 추세이다.

개발 도상국의 도시 인구 급증(인도 콜카타) ▶
좁은 골목에 불량 주택이 다닥다닥 붙어 있으며, 마을에는 학교, 병원 시설이 거의 없다. 수도 시설이 잘 갖추어져 있지 않아 40여 가구가 공동으로 수도를 사용하기도 한다.

서남아시아와 북부 아프리카의 인구 성장이 가장 빠르고 중남부 아프리카, 동남아시아, 남아시아 순이다. 지난 60년간 개발 도상국의 인구는 3배 이상 증가했다. 반면 일찍이 산업화를 이룬 서부 유럽은 1930년에는 세계 인구의 14%였으나, 현재는 6% 수준이다.

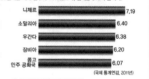

니제르	7.19
소말리아	6.40
우간다	6.38
잠비아	6.20
콩고 민주 공화국	6.07

(국제 통계연감, 2011년)

◆ 국가별 합계 출산율(2010년)
합계 출산율은 여자 1명이 가임 기간(15~49세) 동안 낳을 것으로 예상되는 평균 출생아 수이다.

자료 |《2009 개정 교육과정 중학교 사회① 교과서》지학사, p.125

우선 스스로 해당 내용의 목차를 만든다는 생각으로 단락별 내용을 요약하고 소제목을 붙여보자. 그렇게 요약하고 만든 소제목을 다음처럼 책 한 쪽에 메모를 한다. 그 후에 조직화를 하면 된다.

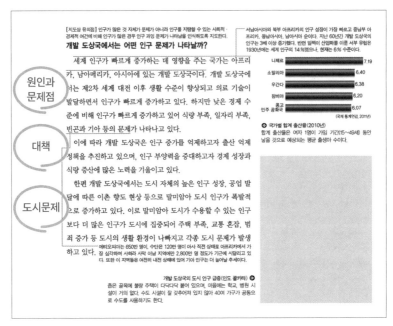

자료 |《2009 개정 교육과정 중학교 사회① 교과서》 지학사, p.125

'개발 도상국에서는 어떤 인구문제가 나타날까?'라는 제목 아래에 원인과 문제점, 대책, 도시 문제라는 세 가지 하위 조직이 존재하는 것을 알 수 있다. 이는 82쪽에 있는 예시의 세부 목차와 일치한다.

세부 내용을 조직화해보자 3 - 규칙이 없는 경우

앞선 예시들처럼 문단 자체가 일정한 단위로 나뉘는 경우가 아니라, 내용들이 별다른 규칙이나 패턴 없이 나열된 경우라면 어떻게 외워야 할까?

다음은 '한국표준질병사인분류'의 내용을 정리한 것이다.

질병의 종류

대표적인 질병에는 ①각막염 ②외이염 ③뇌수막염 ④구내염 ⑤두통 ⑥두개골 골절 ⑦중이염 ⑧청력 소실 ⑨뇌경색 ⑩결막염 ⑪알츠하이머 ⑫백내장 등이 있다.

이 경우에도 내용 속에 숨겨진 기준을 찾거나 내가 임의로 기준을 만들어 조직화를 하면 된다. 이때 같은 분류에 속하는 것끼리 묶은 후 선이나 색상 등을 이용해 구분되게 표시한다.

특히 이 방법은 성인 시험에서 법학이 시험 과목인 경우에 유용하다. 교수가 저술한 책이든 강사가 저술한 책이든 상관없이 많은 책들이 판례들을 나열한 형태가 많고, 이 책들을 주된 교재로 삼기 때문이다.

질병의 종류

대표적인 질병에는 ①각막염 ②외이염 ③뇌수막염 ④구내염 ⑤두통 ⑥두개
골 골절 ⑦중이염 ⑧청력 소실 ⑨뇌경색 ⑩결막염 ⑪알츠하이머 ⑫백내장
⑬치매 등이 있다.

머리, 뇌 관련 : 뇌수막염, 뇌경색, 두개골 골절, 두통, 알츠하이머, 치매
눈 관련 : 각막염, 결막염, 백내장
귀 관련 : 외이염, 중이염, 청력 소실
입 관련 : 구내염

판례 외우기①-재판례

법학 시험에 대해 이야기를 한 김에 판례를 외우는 방법에 대해서
도 설명해보려 한다.

그 전에 판례는 두 종류로 나뉜다는 점을 먼저 알아야 한다. 하나
는 '선례'이고, 다른 하나는 '재판례'다. 먼저 '선례'란 재판에 적용
될 법률 기타 재판의 근거가 불명확하여 다의적으로 해석될 소지가
있거나, 애초에 그것이 존재하지 않아 법관의 유추해석이나 보충이
필요한 경우에, 법원이 그에 대한 결론으로 내리는 판단을 말한다.

예를 들어 형법 제21조 제1항을 보자.

제21조(정당방위) ①현재의 부당한 침해로부터 자기 또는 타인의 법익法益을 방위하기 위하여 한 행위는 상당한 이유가 있는 경우에는 벌하지 아니한다.

이에 대한 '판례의 태도(선례라고 해야 정확하다)'는, "정당방위가 성립하려면 침해행위에 의하여 침해되는 법익의 종류, 정도, 침해의 방법, 침해행위의 완급과 방위행위에 의하여 침해될 법익의 종류, 정도 등 일체의 구체적 사정들을 참작하여 방위행위가 사회적으로 상당한 것이어야 한다."는 것이다.

즉 법원은 제21조 제1항에 다음과 같은 말이 들어가는 것으로 보는 것이다.

제21조(정당방위) ①현재의 부당한 침해로부터 자기 또는 타인의 법익法益을 방위하기 위하여 한 행위는 [그 침해행위에 의하여 침해되는 법익의 종류, 정도, 침해의 방법, 침해행위의 완급과 방위행위에 의하여 침해될 법익의 종류, 정도 등 일체의 구체적 사정들을 참작하여 사회적으로] 상당한 이유가 있는 경우에는 벌하지 아니한다.

반면 '재판례'란 이러한 법률 규정 등을 바탕으로 법원이 구체적인 사건에 대하여 내린 최종적인 결론을 의미한다. 위의 예에서는 제21조 제1항의 해석론(정당방위란 ~~한 것이다)을 말하는 것이 아니라, 구체적인 행동이 제21조 제1항에 비추어 정당방위에 해당하는지 해당하지 않는지를 보는 것이다.

피고인이 그 소유의 밤나무 단지에서 피해자 (갑)이 **밤 18개**를 부대에 주워 담는 것을 보고 부대를 빼앗으려다 반항하는 피해자의 **뺨**과 팔목을 때려 상처를 입혔다면 위 행위가 비록 피해자의 절취 행위를 방지하기 위한 것이었다 하여도 긴박성과 상당성을 결여하여 **정당방위라고 볼 수 없다.**

다시 말해, 나열되어 있는 수많은 판례 중에 먼저 선례를 골라내고 판례만을 따로 추린 후에 그 재판례들을 묶어주는 상위의 유형별 특징을 찾아내어 집합군을 만드는 것이 중요하다. '키워드' 암기는 그다음의 문제인데, 대게는 아무런 조직화 없이 키워드만을 암기해서 실패하게 된다.

많은 수험생들이 힘들어하는 형법각론의 횡령죄 부분을 예로 들어 보기로 한다.

횡령죄에 관한 판례

①노동조합 임원인 피고인이 사용자단체로부터 조합원들의 출퇴근 편의를 위하여 통근차량의 구입 및 유지에 사용하도록 용도가 제한된 자금을 수령한 후 그와 용도가 다른 조합간부 등의 유류비로 지급한 경우(O), ②甲이 A회사와 "판매대금은 매일 본사에 송금하여야 하고 본사의 계좌로 입금된 매출 총이익의 30∼33%는 본사에게 귀속하고, 나머지는 가맹점에 귀속한다."라는 내용의 가맹점계약을 체결하고 편의점을 운영하다가 물품판매 대금을 본사로 송금하지 아니하고 임의로 소비한 경우(X), ③발행인으로부터 일정한 금액의 범위 내에서 액면을 보충·할인하여 달라는 의뢰를 받고 액면 백지인 약속어음을 교부받아 보관중이던 자가 발행인과의 합의에 의하여 정해진 보충권의 한도를 넘어 보충을 한 경우(X), ④채권자가 그 채권의 지급을 담보하기 위하여 채무자로부터 수표를 발행·교부받아 이를 소지한 경우(X), ⑤주식회사의 설립업무 또는 증자업무를 담당한 자와 주식인수인이 사전 공모하여 주금납입취급은행 이외의 제3자로부터 납입금에 해당하는 금액을 차입하여 주금을 납입하고 납입취급은행으로부터 납입금보관증명서를 발급받아 회사의 설립등기절차 또는 증자등기절차를 마친 직후 이를 인출하여 위 차용금채무의 변제에 사용하는 경우(X), ⑥타인으로부터 용도가 엄격히 제한된 자금을 위탁받아 집행하는 경우,… (후략)

유형화는 먼저 민법상 전형계약, 그중에서 소위 '노무공급계약'의 종류에 따라 하는 것이 바람직하다. 위임, 도급, 고용의 세 가지로 나눠 보면 되는데, 세 가지는 자유도의 정도에 따른 상대적 구별이라는 점을 생각하면 죄의 성립 여부를 연결시키기가 쉽다.

이에 따라 연습장이나 포스트잇에 다음과 같이 정리를 해보자.

1. 횡령죄 O

(1) 고용의 경우

  → 용도가 정하여진 금원의 소비

(2) 도급의 경우

  → 찾을 수 없음

(3) 위임의 경우

  → 상법상 위탁판매, 양자간 명의신탁, 동산양도담보

  → (특별한 경우) 채권양도, 착오송금, 보이스피싱

  → (단체에 대한 경우) 조합재산 처분, 회사재산 처분

2. 횡령죄 X

  → 3자간 명의신탁, 보이스피싱 일부 경우, 불법원인 경우, 민사상 채무불
  이행에 불과한 경우

이렇게 조직화를 하고 보면 정말로 확실히 외워야 할 부분은 죄가 되지 않는 부분들이라는 점도 알 수 있다. 나머지 부분은 구체적인 키워드를 외우는 것이 아니라 키워드를 보고 고용과 위임 중 어느 유형에 해당하는 지만을 판단할 수 있다면 정오를 판단할 수 있게 된다. 즉 애써 외우지 않아도 되는 부분이라는 것이다.

2

(그림으로
기억하기)

↓

이미지화
Mental Imagery

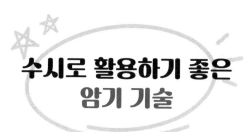

수시로 활용하기 좋은
암기 기술

활자 = 익숙한 암호

'이미지화'는 외우고 싶은 대상이 활자일 때, 활자가 의미하는 이미지도 함께 떠올려 활자와 이미지를 동시에 기억하는 방법이다. 그렇다고 정말 그 활자가 의미하는 것에 관한 이미지를 떠올려 기억하는 것이 아니라, 내가 마음속으로 재조합한 이미지나 아주 단순한 이미지를 떠올려 기억하는 것을 말한다. 그래서 이미지화는 다른 말로 마음속의 이미지라고 하여 심상화 또는 멘탈 이미지Mental Image라고 부른다.

이미지로 기억하라고 하면 이미지의 디테일한 부분까지 떠올려야 한다고 생각하는 경우가 많다. 그러나 외우고 싶은 대상을 기억하고

출력하는 데는 단순한 형태로도 충분하다.

가뜩이나 외울 것도 많은데 왜 이런 수고스러운 작업을 또 해야 하는지 궁금할 수도 있겠다. 그 이유는 감각기억과 단기·장기기억 의 인식 속도 차이 때문이다. 공부하는 사람에게 활자는 굉장히 익 숙하긴 하지만, 그 활자가 지닌 의미를 떠올리기 위해서는 (의식하든 하지 않든) 장기기억을 통해 해석하는 별도의 과정을 반드시 거쳐야 한다. 때문에 감각기억보다 처리 속도가 늦을 수밖에 없다. 말하자 면 활자는 매우 친숙한 '암호'라고 할 수 있다.

반면 이미지는 감각기억으로 받아들여지는 시각 정보다. 처리 속 도가 활자보다 빠르다. 따라서 활자보다는 그와 관련된 이미지로, 또는 활자와 함께 관련된 이미지를 저장하는 것이 기억에 유리한 것이다.

예를 들어 뜨거운 것에 데었을 때를 생각해보자. 뜨겁다고 피부로 느끼는 것과 그것을 말로 바꾸어 표현하는 것 중에 무엇이 더 빠를까? 당연히 전자다. 전자는 감각기억을 통해 정보를 인지하는 작용에 해당하고, 후자는 장기기억 속에서 정보를 탐색해 재현해내는 작업에 해당한다. 차이가 유의미하게 느껴지지 않는다면 뜨거운 것을 만진 후에 영어로 표현하는 경우를 떠올려보자. 속도 차이가 확연히 느껴질 것이다.

그렇다면 냄새나 음향, 맛 같은 것도 기억에 도움이 되지 않을까? 맞다. 어떤 장소나 상황을 기억할 때 그 당시 들었던 음악이나 맡았던 향기가 도움이 되기도 한다. 그러나 시험을 볼 때 우리에게 필요한 것은 '활자'다. 그런 의미에서 감각기억 중 암기법과 관련해서 실제 유의미하게 사용되는 것은 시각기억뿐이다.

이미지화와 이중부호처리

많은 양의 활자 정보를 동시다발적으로 장기기억으로 옮기기란 매우 어렵다. 굳이 더 설명하지 않아도 우리는 학창 시절이나 공부를 하는 동안 이 어려움을 이미 경험한 바 있다.

하지만 활자 정보와 시각 정보(이미지)를 동시에 장기기억화하는 일은 크게 어렵지 않고, 오히려 기억에 도움이 된다. 활자 정보와 시각 정보를 처리할 때 사용하는 뇌의 영역이 서로 달라 동시에 그 영역들을 사용할 수 있기 때문이다. TV와 유튜브만 봐도 바로 알 수 있다. 사람들이 즐겨보는 예능 프로그램에는 '반드시'라고 해도 좋을 정도로 자막이 등장한다. 뉴스에서는 앵커나 아나운서가 말로만 정보를 전달하는 것이 아니라 관련된 사진이나 영상, 이미지를 꼭 함께 보여준다. 프레젠테이션을 할 때 시각 자료를 활용하는 이유도 같은 맥락이다.

이상을 '이중부호처리'라고 한다. 하나의 정보를 이미지와 활자의 이중부호로 장기기억화한다는 의미다.

여러 번 언제든 사용하기 좋다

외울 대상을 선정하고(대상 선정은 '기억의 전략' 부분에서 자세히 다룬다) 조직화를 거친 후에는 세 가지 선택지가 남는다. 이미지화, 정교화, 시연이다. 이중 시연은 맨 마지막 선택지로, 다른 방법들을 사용하기 어려울 때 사용한다. 적용할 수 있다면 다른 방법들이 효율이 훨씬 좋기 때문이다.

그러나 이미지화는 어느 한 단계에서 한 번만 사용하는 것이 아니라, 조직화나 정교화 이후에도 여러 번 사용할 수 있다. 요컨대 이미지화는 활자 정보를 기억해야 하는 단계라면 여러 번, 언제든 사용할 수 있는 것이다.

이미지화 하는 것에 숙달되었다면 마음속으로 이미지를 떠올리는 것으로도 충분하지만, 그렇지 않다면 연습장이나 포스트잇 같은 곳에 직접 그려보면서 떠올린 이미지와 암기 대상을 일치시키는 연습을 해야 한다. 그 과정에서 사고가 더욱 다듬어지는 효과도 있다.

필사는 효율적인가

뭔가를 외울 때 직접 손으로 써가며 외우는 사람들이 있다.

필사는 시각과 촉각, 때로는 청각까지 활용하는 만큼 효과가 굉장히 크다는 점을 부정할 수 없다. 그러나 필사는 제대로 된 암기법으로 '머리를 사용하고 있는' 경우에만 좋다. 필사하는 행동을 통해 촉각이나 청각 같은 감각을 자극하여 암기의 효과를 강하게 해주기 때문이다.

말하자면, '되뇌기' 수준의 암기에서 필사하는 경우와 '조직화'를 하며 필사하는 경우는 그 효과가 기억의 지속성에서 엄청난 차이가 난다.

따라서 외울 양이 적을 때만 '되뇌기+필사'를 하는 것이 좋고, 그 외의 경우라면 뒤에서 볼 '조직화+맥락화+정교화'를 활용하면서 '사고를 정리하는 용도'로 천천히 필사를 하거나, '암기법을 돕는다는 용도'로 매우 빠르게 휘갈기는 필사를 하는 것이 좋다.

이것만은 꼭!

▸ 활자보다 이미지가 훨씬 기억하기 쉽다.

▸ 이미지화는 다른 기억의 기술과 동시에 사용한다.

▸ 숙달되기 전까지는 직접 그려보며 연습한다.

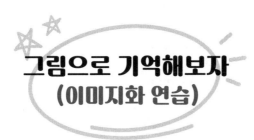

그림으로 기억해보자
(이미지화 연습)

기초 예시

다음 글과 그림을 외워보자.

독수리, 연필, 오리, 과자, 강아지, 귤

어느 쪽이 더 떠올리기 쉬운가? 이미지 쪽이 훨씬 쉽게 기억나는 것을 알 수 있을 것이다.

큰 차이를 못 느끼겠다면 조금 더 복잡한 것을 보자. 아래 제시된 글과 그림 중 어느 쪽이 더 기억하기 쉬운지 확인해보라.

카페 출입문은 여닫이문으로, 그 위에는 손글씨로 된 간판이 걸려 있고, 왼편에는 카페의 메뉴가 붙어 있다. 카페 출입문 좌우로는 창문이 하나씩 달려 있고, 출입문 밖에는 네 개의 테이블과 아홉 개의 의자가 놓여 있다.

기억하기 좋은 이미지는?

다음 세 가지 이미지를 보자. 세 가지 모두 같은 내용을 기억하기 위해 고안한 이미지다.

호박, 사람

①호박(과) 사람

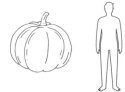

②호박(을 쓴) 사람

③호박(배를 탄) 사람

①호박과 사람, ②호박을 쓴 사람, ③호박배를 탄 사람 중 어느 것이 가장 기억에 잘 남는가? ①보다는 ②가, ②보다는 ③이 더 기억에 남을 것이다. 평범한 이미지보다는 우스꽝스럽거나 특이한 이미지가 주는 각인력이 더 크기 때문이다.

따라서 무언가를 이미지로 기억할 때에는 가급적 기억에 진하게 남는 우스꽝스럽거나 괴기하거나 공포스러운 이미지 같은 것들을 떠올리면 좋다.

인포그래픽, 교과서 등의 이미지

외워야 할 서술이 많은데 관련된 그림 자료가 있다면 이 자료를 이용하는 편이 당연히 기억하기 훨씬 쉽다.

5대 강력범죄 발생 현황을 보면 광주광역시가 1위, 뒤를 이어 제주도가 2위 울산광역시가 3위, 경상북도가 4위, 인천이 5위, 전남이 6위, 경기가 7위, 충북이 8위, 강원이 9위, 서울이 10위, 대구가 11위, 대전이 12위, 부산이 13위, 경남이 14위, 충남이 15위, 전북이 16위를 나타내고 있습니다. 충남과 전북이 인구 10만 명당 전국에서 가장 적은 5대 강력범죄 발생 현황을 보여주고 있습니다.

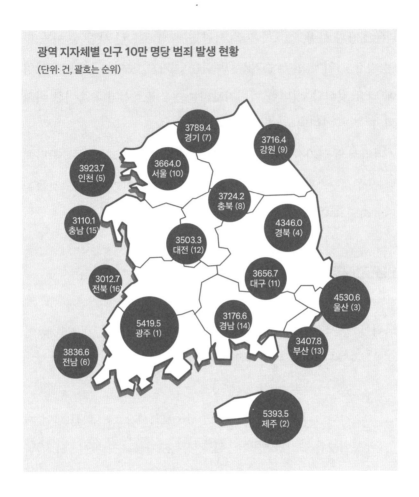

광역 지자체별 인구 10만 명당 범죄 발생 현황
(단위: 건, 괄호는 순위)

3789.4
경기 (7)

3716.4
강원 (9)

3923.7
인천 (5)

3664.0
서울 (10)

3724.2
충북 (8)

3110.1
충남 (15)

4346.0
경북 (4)

3503.3
대전 (12)

3012.7
전북 (16)

3656.7
대구 (11)

4530.6
울산 (3)

5419.5
광주 (1)

3176.6
경남 (14)

3407.8
부산 (13)

3836.6
전남 (6)

5393.5
제주 (2)

앞쪽의 글을 지도에 위와 같이 표시하면 한눈에 정보를 이해하고 볼 수 있다. 이 원리를 활용한 것이 바로 '인포그래픽'이다. 인포그래픽은 각종 교과서와 수험서, 신문, 뉴스, 잡지 등에 많이 활용되고 또 자주 볼 수 있다.

이미지화를 공부에 적용하면

형광펜 표시로 교재를 기억해보자

'포토그래픽 메모리'라는 개념이 있다. 주변에서 이런 기억력을 가진 사람을 본 적도 있고, 필자도 매우 흐릿한 흑백사진의 느낌이긴 하지만 그런 기억력을 '사용'하고 있다.

일본에서는 이를 전문적으로 훈련시키는 기관도 있고, 이 방법을 혼자서 시도하는 사람도 있다. 공개된 내용에 따르면 눈을 책 양쪽 면 한가운데 놓고 페이지를 빠르게 넘기면서 페이지 전체를 사진 찍듯 기억하려 노력하면 된다고 한다. 구체적인 과정은 생략된 추상적인 설명인데, 여기서 그 방법의 (시험공부에 필요한 부분인) 첫 단계를 설명해보겠다.

대상을 사진처럼 기억하기 위해서는 무엇보다 이미지화를 잘 활용해야 한다. 활자를 있는 그대로 읽고 이해한 후 외우는 것이 아니라, 위치와 맥락을 기억하여 재현하는 것이 포인트다.

예를 들어 다음과 같은 책이 있다고 해보자. 이 책은 다양한 층위의 소제목으로 내용이 구성된, 이미 조직화된 교재라할 수 있다. 하지만 앞서 설명한 것처럼 '나의 기준으로' 조직화 또는 재분류가 가

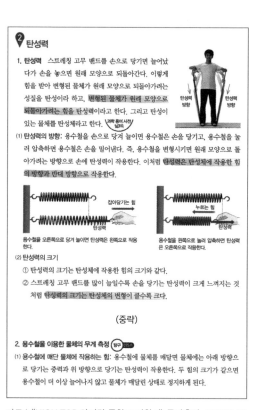

자료 | 《HIGH TOP 하이탑 중학교 과학 1》 동아출판, 2022.9.15.

능한 것인지 먼저 확인하는 것이 필요하다(이를 습관으로 들이자).

이번 설명에서는 조직화 과정을 통해 내용을 어느 정도 익힌 상황으로 가정하겠다.

조직화 후, 다시 소제목을 보며 차례대로 형광펜으로 표시해보자. 조직화와 이미지화를 동시에 하는 것이다. 이때 머릿속에 교재의 내용을 넣을 폴더를 만든다고 상상해보자.

맨 먼저 가장 상위 개념의 소제목부터 형광펜으로 칠한다. 어떤

❷ 탄성력

1. 탄성력 스트레칭 고무 밴드를 손으로 당기면 늘어났다가 손을 놓으면 원래 모양으로 되돌아간다. 이렇게 힘을 받아 변형된 물체가 원래 모양으로 되돌아가려는 성질을 탄성이라 하고, 변형된 물체가 원래 모양으로 되돌리려는 힘을 탄성력이라고 한다. 그리고 탄성이 있는 물체를 탄성체라고 한다.

(1) 탄성력의 방향: 용수철을 손으로 당겨 늘이면 용수철은 손을 당기고, 용수철을 눌러 압축하면 용수철은 손을 밀어낸다. 즉, 용수철을 변형시키면 원래 모양으로 돌아가려는 방향으로 손에 탄성력이 작용한다. 이처럼 탄성력은 탄성체에 작용한 힘의 방향과 반대 방향으로 작용한다.

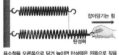

용수철을 오른쪽으로 당겨 늘이면 탄성력은 왼쪽으로 작용한다.

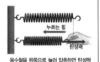

용수철을 왼쪽으로 눌러 압축하면 탄성력은 오른쪽으로 작용한다.

(2) 탄성력의 크기
① 탄성력의 크기는 탄성체에 작용한 힘의 크기와 같다.
② 스트레칭 고무 밴드를 많이 늘일수록 손을 당기는 탄성력이 크게 느껴지는 것처럼 탄성력의 크기는 탄성체의 변형이 클수록 크다.

(중략)

2. 용수철을 이용한 물체의 무게 측정

(1) 용수철에 매단 물체에 작용하는 힘: 용수철에 물체를 매달면 물체에는 아래 방향으로 당기는 중력과 위 방향으로 당기는 탄성력이 작용한다. 두 힘의 크기가 같으면 용수철이 더 이상 늘어나지 않고 물체가 매달린 상태로 정지하게 된다.

색깔로 표시해도 무방하다.

'탄성력'이라는 파트에는 크게 두 가지 내용, 두 가지 폴더가 있다는 것을 확인하자. 첫 번째 폴더는 '탄성력'이고, 두 번째 폴더는 '용수철을 이용한 물체의 무게 측정'이다. 장기기억 속에 폴더를 만든다는 감각을 기억하자.

이제 다른 색 형광펜을 꺼내어 하위 개념의 소제목을 칠한다.

앞의 조직화 부분을 참고한다면 '1. 탄성력' 다음에 생략된 소제

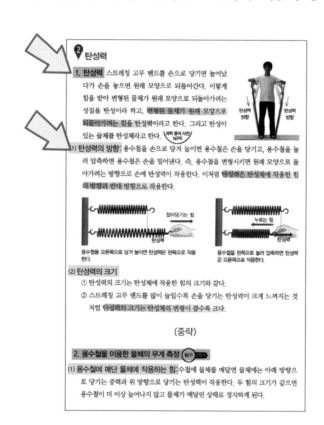

목이 있음을, 그것이 '개념'이라는 것을 알 수 있을 것이다. 탄성력 부분의 세부 내용은 세 가지다. 첫째는 탄성력의 개념, 둘째는 탄성력의 성질, 셋째는 탄성력의 크기다(예시처럼 '탄성력의 개념'으로 메모하는 것도 방법이다).

지면의 한계상 다 보여주지는 못하지만, 그다음의 '2. 용수철을 이용한 물체의 무게 측정'도 마찬가지 방법으로 정리한다.

이번에는 중고등학생 수준에 비해 내용 체계가 훨씬 복잡한 전공 서적을 살펴보자. 앞서 소개한 방법과 동일하다. 다만 더 많은 색으로 여러 단계를 거친다는 점에서만 차이가 있을 뿐이다.

---

9 계약의 무권대리 : 추인권과 철회권

1. 본인의 추인 또는 추인거절

(1) 추인의 의의

무권대리행위는 원칙적으로 무효이다(다만 표현대리가 성립하여 유효가 될 수 있음은 前述한 바와 같다). 이는 대리권이 존재하지 않아 그 효과를 인정할 수 없는 경우이므로, 본인이 효과귀속을 원하는 경우 그 효과를 시인하지 못할 이유가 없다. 따라서 민법은 본인이 무권대리행위의 효과를 자신에게 귀속시키는 의사표시를 할 수 있는 것으로 정하고 있다(제130조).

제130조(무권대리) 대리권없는 자가 타인의 대리인으로 한 계약은 본인이 추인하지 아니하면 본인에 대하여 효력이 없다.

이를 추인이라고 한다. 추인은 형상권 즉, 단독행위이고 그 행사에 상대방이나 무권대리인의 동의를 요하지 않는다.

(2) 추인의 방식

1) 추인의 상대방　　추인은 무권대리행위의 상대방(무권대리행위의 직접 상대방 뿐 아니라 무권대리행위로 인한 권리·법률관계의 승계인도 포함한다) 또는 무권대리인 어느 쪽에 대하여도 할 수 있으나, 무권대리인에게 추인한 경우 상대방이 이를 알 때까지 추인의 효과를 주장할 수 없다(제132조). 따라서 상대방은 본인이 무권대리인에게 추인의 의사표시를 하였음을 알기 전까지는 철회권(제134조)을 보유한다.

제132조(추인, 거절의 상대방) 추인 또는 거절의 의사표시는 상대방에 대하여 하지 아니하면 그 상대방에 대항하지 못한다. 그러나 상대방이 그 사실을 안 때에는 그러하지 아니하다.

2) 추인의 방법　　추인은 묵시적으로도 할 수 있다. 무권대리로 인한 매매계약상 대금을 수령한 경우, 무권대리로 인한 밀린 금전의 반환을버를 요청한 경우, 무권대리인이 기준 계약을 해제하여 받은 돈으로, 새로 매수한 부동산의 등기명의를 본인 앞으로 경료한 경우 등과 같이 무권대리행위의 유효가 전제되어야만 행하여지는 행위를 한 경우 의사해석상 묵시적 추인이 포함된 것으로 인정될 수 있다. 그러나 단지 무권대리행위에 대하여 장기간 이의를 하지 아니한 것만으로 묵시적 추인이 있다고 할 수 없다. 묵시적 추인을 인정하기 위해서는 본인이 그 행위로 처하게 된 법적 지위를 충분히 이해하고 그럼에도 진의에 가하여 행위의 결과가 자기에게 귀속된다는 것을 승인한 것으로 볼만한 사정이 있어야 하기 때문이다.

3) 일부에 대한 추인　　무권대리행위의 일부에 대해서도 추인을 할 수 있는가? 우선 상대방의 동의가 있는 경우에 일부 추인을 할 수 있음은 의문이 없으나, 상대방의 동의가 없는 경우에는 상대방이 원치 않는 법률관계의 구속을 받게 되는 경우가 있을 것이므로 이를 적용하기 힘들 것이다. 반대로 무권대리행위의 추인은 의사표시 전부에 대해 행하여야 하고, 그 일부에 대하여 추인을 하거나 그 내용을 변경하여 추인을 하였을 경우 상대방의 동의가 없는 한 무효라는 데도 볼 취한다.

4) 입증책임　　추인이 있다는 사실은 본인에의 효과귀속을 주장하는 측에서 이를 증명하여

같은 방식으로 조직화와 이미지화를 거치면 아래와 같이 된다.

9 계약의 무권대리 : 추인권과 철회권

1. 본인의 추인 또는 추인거절

(1) 추인의 의의

무권대리행위는 원칙적으로 무효이다(다만 표견대리가 성립하여 유효가 될 수 있음은 前述한 바와 같다). 이는 대리권이 존재하지 않아 그 효력을 인정할 수 없는 경우이므로, 본인이 효과귀속을 원하는 경우 그 효력을 시인하지 못할 이유가 없다. 따라서 민법은 본인이 무권대리행위의 효과를 자신에게 귀속시키는 의사표시를 할 수 있는 것으로 정하고 있다(제130조).

> 제130조(무권대리) 대리권없는 자가 타인의 대리인으로 한 계약은 본인이 이를 추인하지 아니하면 본인에 대하여 효력이 없다.

이를 추인이라고 한다. 추인은 형성권 즉, 단독행위이고 그 행사에 상대방이나 무권대리인의 동의를 요하지 않는다.

(2) 추인의 방식

1) 추인의 상대방   추인은 무권대리행위의 상대방(무권대리행위의 직접 상대방 뿐 아니라 무권대리행위로 인한 권리·법률관계의 승계인도 포함한다) 또는 무권대리인 어느 쪽에 대하여도 할 수 있으나, 무권대리인에게 추인한 경우 상대방이 이를 알 때까지 추인의 효과를 주장할 수 없다(제132조). 따라서 상대방은 본인이 무권대리인에게 추인의 의사표시를 하였음을 알기 전까지는 철회권(제134조)을 보유한다.

> 제132조(추인, 거절의 상대방) 추인 또는 거절의 의사표시는 상대방에 대하여 하지 아니하면 그 상대방에 대항하지 못한다. 그러나 상대방이 그 사실을 안 때에는 그러하지 아니하다.

2) 추인의 방법   추인은 묵시적으로도 할 수 있다. 무권대리로 인한 매매계약상 대금을 수령한 경우, 무권대리로 인한 빌린 금전의 반환유예를 요청한 경우, 무권대리인이 기존 계약을 해제하여 받은 돈으로 새로 매수한 부동산의 등기명의를 본인 앞으로 경료한 경우 등과 같이 무권대리행위의 유효가 전제되어야만 행하여지는 행위를 한 경우 의사해석상 묵시적 추인이 포함된 것으로 인정할 수 있다. 그러나 단지 무권대리행위에 대하여 장기간 이의를 하지 아니한 것만으로 묵시적 추인이 있다고 할 수 없다. 묵시적 추인을 인정하기 위해서는 본인이 그 행위로 처하게 된 법적 지위를 충분히 이해하고 그럼에도 진의에 기하여 행위의 결과가 자기에게 귀속된다는 것을 승인한 것으로 볼만한 사정이 있어야 하기 때문이다.

3) 일부에 대한 추인   무권대리행위 일부에 대해서도 추인을 할 수 있는가? 우선 상대방의 동의가 있는 경우에 일부 추인을 할 수 있음은 의문이 없으나, 상대방의 동의가 없는 경우에는 상대방이 원치 않는 법률관계의 구속을 받게 되는 경우가 있을 것이므로 이를 허용하기 힘들 것이다. 판례도 무권대리행위의 추인은 의사표시 전부에 대해 행하여져야 하고, 그 일부에 대하여 추인을 하거나 그 내용을 변경하여 추인을 하였을 경우 상대방의 동의가 없는 한 무효라는 태도를 취한다.

4) 입증책임   추인이 있다는 사실은 본인에의 효과귀속을 주장하는 측에서 이를 증명하여

여기서 주의할 점이 있다. 소제목에 형광펜을 칠한다는 것에만 몰두할 것이 아니라, 이 표시 과정이 끝난 후에 반드시 잠시 책을 덮고 어느 위치에 어떤 색이 있었는지를 떠올려봐야 한다. '칠하고', '책을 덮고', '떠올려보기', 이 과정이 한 덩어리로, 습관처럼 실행하면 좋다. 이때 위치와 색상이 대략적으로 기억난다면 이미지화는 성공이다.

소제목 아래 세부 내용까지 바로 기억나지는 않는데 성공이라고? 의아할 수도 있다. 대부분이 그럴 것이다. 걱정하지 마라. 이 부분은 뒤에서 살펴볼 맥락화 등을 통해 기억을 세밀하게 만드는 작업을 할 것이다. 앞서 사진기 기억력의 첫 단계만 설명한다고 한 것은 바로 그런 의미다. 조직화와 이미지화는 기억의 전체틀을 잡아주는 역할을 한다.

또 다른 주의점은 서로 다른 층위의 소제목은 반드시 다른 색으로 칠해야 한다는 것이다. 한 가지 색상의 형광펜으로 서로 다른 층위의 제목에 모두 칠하면 이미지화를 하는 의미가 사라진다. 비슷한 색상으로 표시하면 뇌가 색상이 아니라 활자로 생각해야 하기 때문에 효율이 굉장히 떨어진다.

다음은 형광펜을 잘못 칠한 예시다.

상하관계에 있는 소제목들을 모두 같은 색으로 칠하면, 무엇이 더 상위 개념의 소제목인지 알기 어려워 기억이 쉽지 않다.

---

❷ 사용자측 대항행위

1. 직장폐쇄

1) 의의

① 직장폐쇄는 사용자가 노동쟁의를 자기에게 유리하게 만들기 위하여 근로자들에게 하여 직장을 폐쇄하여 노무수령을 거부하는 사용자측의 쟁의행위이다.

② 근로자의 쟁의권(헌법 제33조에 근거)과 달리 헌법적 보장규정이 없다. [, 19]

③ 근로자측의 쟁의행위로 노사간에 힘의 균형이 깨어지고 오히려 사용자측이 현저히 불리한 압력을 받는 경우에 사용자측에 그 압력을 저지하고 힘의 균형을 회복하기 위한 대항·방위 수단으로 직장폐쇄권을 인정하는 것이 형평의 원칙에 맞는다(대판). [10, 15]

2) 직장폐쇄의 성립(법 제46조)

① 사용자는 노동조합이 쟁의행위를 개시한 이후에는 직장폐쇄를 할 수 있다(제46조 제1항. [변출, 16]

② 직장폐쇄를 할 경우 미리 행정관청 및 노동위원회에 각각 신고하여야 한다(제46조 제1항). [변출, 16]
   → 위반시 500만 원 이하의 과태료(법 제96조) [10]

3) 정당성

① 대항적·방어적인 것만 정당하며, 선제적·공격적 직장폐쇄는 정당성이 없다(판례).

② 직장폐쇄는 사용자와 근로자의 교섭태도와 교섭과정, 근로자의 쟁의행위의 목적과 방법 및 그로 인하여 사용자가 받는 타격의 정도 등 구체적인 사정에 비추어 쟁의행위에 대한 방어수단으로서 상당성이 있어야만 사용자의 정당한 쟁의행위로 인정 될 수 있다(대판). [변출, 19]

③ 조합파괴를 목적으로 조합원에 대해서만 행하는 직장폐쇄는 정당성 없다.

④ 직장폐쇄의 개시 자체는 정당하더라도 어느 시점 이후에 근로자가 쟁의행위를 중단하고 진정으로 업무에 복귀할 의사를 표시하였음에도 사용자가 직장폐쇄를 계속 유지함으로써 근로자의 쟁의행위에 대한 방어적인 목적에서 벗어나 공격적 직장폐쇄로 성격이 변질되었다고 볼 수 있는 경우에는 그 이후의 직장폐쇄는 정당성을 상실한다. → 근로자의 업무에 복귀할 의사는 반드시 조합원들의 찬반투표를 거쳐 결정되어야 하는 것은 아니지만 사용자가 경영의 예측가능성과 안정을 이룰 수 있는 정도로 집단적·객관적으로 표시되어야 한다(대판). [19]

4) 정당한 직장폐쇄의 효력

① 사용자는 직장폐쇄 대상자에 대한 임금지급의무(휴업수당지급의무)를 면한다. [변출, 19]

② 사용자의 사업장에 대한 물권적 지배권이 전면적으로 회복된다(대판). [19]

③ (정당하게 직장점거중이더라도) 사용자는 근로자에게 직장에서 퇴거할 것을 요구할 수 있다. → 정당한 직장폐쇄 후 퇴거요구에 불응하는 것은 퇴거불응죄에 해당한다(대판). [변출, 19]

④ 근로자에 대하여 직장에서 철수할 것 요구할 수 있어도, 기숙사나, 조합사무실 등 기본적인 생활근거지에 대한 출입을 제한하지는 못한다. [10, 11]

5) 직장폐쇄가 정당성을 상실한 경우

① 취로희망자의 노무수령을 거부한 경우에는 임금전액을 지급하여야 한다.

② (정당하게 직장점거한 근로자들이) 퇴거요구에 불응하더라도 퇴거불응죄가 성립하지 않는다. [10, 13]

상하관계에 있는 소제목들을 같은 색으로 칠한 경우

다음 예시도 보자. 소제목들을 표시하는 데 사용한 색을 본문을 강조하는 때에도 동일하게 사용한 경우다. 마찬가지로 무슨 색이 어떤 것을 의미하는지 알기 어렵다.

II. 복합·순환 모형

■ 버크, 크리스텐슨와 훼슬러의 교사발달 순환 모형(Burke, Christensen, & Fessler, 1984)

- 버크, 크리스텐슨와 훼슬러는 교사의 발달을 순환적·역동적 관점으로 보고 교사발달 순환 모형(Teacher Career Cycle Model : TCCM)을 제시하였다.
- 교직주기 : 한 개인이 교사가 되기 위해 준비하고 교직에 입문하여 교사로 성장하고 퇴직하기까지의 일련의 과정이다.
- 이전의 연구자들이 교직발달을 몇 개의 단계를 거쳐 순차적으로 이루어지는 직선적인 발달로 간주함으로써 교직발달에 영향을 주는 복합적인 요인들을 충분히 설명하지 못했다는 한계를 지적하면서, 교사발달 순환 모형을 통해 교직 전체에 걸쳐서 순환적으로 이루어지는 교사의 발달에 대해 설명하였다.
- 즉, 이들은 교사의 발달단계가 반드시 이전 단계에서 다음 단계로 순차적으로 옮겨 가는 것이 아니며 다음 단계가 이전 단계보다 항상 질적으로 높은 단계이거나 혹은 더 가치 있는 단계라고 가정하지 않았다.
- 교직순환모형은 교사의 발달은 개인적 환경과 조직적 환경의 영향을 받아 순환적이고 역동적으로 이루어진다는 것을 강조한다. 이러한 환경적 요인들은 교사로 하여금 직업적인 성장을 추구하도록 격려하는 역할을 할 수도 있지만 때로는 교사의 발달에 부정적으로 작용할 수도 있다.
- 교사 개인마다 상황에 따라 교직발달의 다양한 경로를 경험하기 때문에 모든 교사들에게 일률적으로 제공되는 교육보다는 교직발달을 위한 개별화된 교육과 지원이 필요하다.

교사발달 순환 모형

교직 이전 단계 (pre-service)		• 교사 역할수행을 위한 준비 시기 • 일반적으로 교사가 되기 위해 받는 교육은 대학 수준에서 이루어진다. • 그러나 이미 교사가 된 경우에라도 대학원 등 상급학교에 진학하거나 주임교사나 원감, 원장 등 새로운 역할을 수행하기 위한 자격연수를 받는 경우도 이에 해당된다.
교직 입문 단계 (induction)		• 교직 생활에 적응해 나가는 시기 • 교사로 임용된 초기 몇 년 동안의 시기로, 일상적인 활동 즉 유아교육기관에서의 하루 일과, 교육활동 등에 익숙해져 가는 시간이다. • 이 시기 교사는 매일 직면하게 되는 문제들을 해결해 나가면서 유아, 학부모, 원감 및 원장으로부터 인정받기 위해 노력하면서 교사로서 생존해 간다. • 경력이 있는 교사라도 담당하게 되는 학급 연령이 달라지거나 다른 학교로 옮겨 간 경우 이 단계를 다시 경험하게 된다.
능력 구축 단계 (competency building)		• 교수능력 향상을 위해서 노력하는 시기 • 새로운 교구와 교수전략을 시도하며 새로운 아이디어를 얻고자 각종 워크숍이나 학술대회에 참여하여 대학원에 진학하기도 한다. • 교직 생활이 주는 도전에 직면하여 더 나은 교사가 되기 위해서 노력을 아끼지 않는다. • 가 저도 초임교사 시절에 힘들었던 것 같아요. 그런데 저는 어느 정도 교사 생활에 적응했을 때 계속 발전하고 싶어 전문서적을 읽고, 연수도 다녔어요. 배운 것을 활용해서 수업을 계획하고 실행, 평가하면서 혼자 열심히 노력했어요. 주임 교사 때는 대학원도 다녔고, 저의 능력을 향상시키기 위해 노력을 많이 했던 것 같아요.[16]

개념 층위에 관계없이 색상을 사용해 표시한 경우

다음은 상하관계에 있는 것들을 잘못 묶은 경우다. 색을 잘못 칠한 것은 아니지만, 애초에 조직화를 잘못하여 이 역시 내용을 기억하기 힘들다.

가) 공동소송인 중 1명의 소송행위

공동소송인 중 1명이 상대방에게 한 소송행위의 효력에 관하여는 67조 1항이 규정하고 있다.

> 제67조(필수적 공동소송에 대한 특별규정) ① 소송목적이 공동소송인 모두에게 합일적으로 확정되어야 할 공동소송의 경우에 공동소송인 가운데 한 사람의 소송행위는 모두의 이익을 위하여서만 효력을 가진다.

위 조항의 취지는 결국 공동소송인 중 1명의 소송행위가 자신을 제외한 다른 공동소송인들에게 유리한 것이라면 자신을 포함한 모두에게 효력이 있고, 불리한 것이라면 자신을 포함한 모두에게 효력이 없다는 것이다.

다른 공동소송인들에게도 유리한 소송행위에 주장, 부인, 항변, 증거의 제출, 답변서의 제출의무의 이행, 자백간주나 취하간주를 막기 위한 출석 등이 포함된다는 점에 이견이 없다. 다만, 유사필수적 공동소송의 경우 공동소송인 1명의 소의 취하가 가능하기 때문에, 공동소송인 1명의 출석으로 전원에 대하여 취하간주의 제재가 방지되는지 여부에 관하여 견해가 대립하나 이를 부정하는 견해가 통설이다.

다른 공동소송인들에게 불리한 소송행위에는 자백, 청구의 포기·인낙, 화해[1061]가 포함된다. 위와 같은 불리한 소송행위라도 공동소송인 전원이 하면 효력이 있다. 반대견해도 있지만, 고유필수적 공동소송의 공동소송인 1명의 취하는 여기에 포함된다는 것이 통설·판례의 입장이다.

> 대법원 2002. 1. 23. 자 99스49 결정
> 상속인들이 상속재산의 분할을 구하는 상속재산분할심판의 소의 형태는 이른바 교유필요적 공동소송이라고 할 것이고, 고유필요적 공동소송에서 일부 청구인에 의한 소 취하의 효력을 인정하게 되면 그 소의 당사자로서 나머지 일부의 청구인들만이 남게 되어 부적법한 소가 되고, 그에 따라 나머지 청구인들의 소송수행의 이익을 해치게 되므로, 고유필요적 공동소송에서 일부 청구인이 소를 취하하더라도 그 효력은 생기지 않는다고 보아야 할 것이다.

유사필수적 공동소송의 공동소송인들은 각자 자신의 소를 취하할 수 있다.

나) 공동소송인 중 1명에 대한 소송행위

상대방이 공동소송인 중 1명에게 한 소송행위는 다른 공동소송인들에게 유리한지 불리한지를 묻지 않고 모든 공동소송인에 대하여 유효하다.

> 제67조(필수적 공동소송에 대한 특별규정)
> ② 제1항의 공동소송에서 공동소송인 가운데 한사람에 송인 모두에게 효력이 미친다.

상하관계를 잘못 파악하고 색으로 표시한 경우

이런 예시들은 '내가 암기를 열심히 했다'는 자기만족을 느끼기 위한 것이거나 이미 머릿속에 있는 것, 또는 기억하고 싶다는 희망을 표시한 것과 다름없다.

교재를 문제집처럼 만들고 기억하는 법

비문학과 영어, 수학을 제외한 나머지 수능 과목들, 계산문제를 제외한 대부분의 성인 시험의 과목들은 책 자체를 문제와 답으로 만들 수도 있다. 이는 교재와 문제집을 묶어 한 권으로, 두 권의 책을 동시에 떠올릴 수 있게 하는 이미지화 방법이다.

미술과 과학의 만남

미술과 과학은 우리의 세계를 재현하고 해석하며, 진리를 추구한다는 점에서 유사한 면이 있다. 미술과 과학은 별개의 것이 아니라 역사적, 문화적으로 밀접한 관계를 맺고 있는 것이다. 16세기 르네상스 시대에 다빈치와 뒤러는 풍부한 상상력과 사실적 소묘력의 미술을 통해 과학 발전에 기여하였으며, 17세기 뉴턴은 당시 화가들의 색채 이론을 접하면서 근대적 광학 이론과 색채론을 제창하였다.

17세기 후반에 발명된 현미경은 눈에 보이지 않는 미시 세계를 보여주었으며, 19세기에 발견된 X-ray는 아직까지도 많은 미술가들에게 큰 영감을 주고 있다. 이후 사진기와 인쇄술의 발달은 미술을 재현의 의무에서 해방시켰고, 20세기의 상대성 이론, 홀로그래피, 컴퓨터, 유전 공학 등은 계속해서 새로운 예술 형태를 만들어내고 있다.

문제에는 검은색 밑줄을, 답에는 파란색 밑줄을 긋는 간단한 방법만 써도 손쉽게 교과서를 문제집으로도 동시에 활용할 수 있다. 책을 읽어 나가다가 검은색 밑줄을 보면 잠시 눈을 멈추고 머릿속으로 파란색 밑줄로 표시한 것과 같은 답이 떠오르는지 확인해보자.

미술과 과학의 만남

미술과 과학은 우리의 세계를 재현하고 해석하며, 진리를 추구한다는 점에서 유사한 면이 있다. 미술과 과학은 별개의 것이 아니라 역사적, 문화적으로 밀접한 관계를 맺고 있는 것이다. 16세기 르네상스 시대에 다빈치와(①) 뒤러는(②) 풍부한 상상력과 사실적 소묘력의 미술을 통해 과학 발전에 기여하였으며, 17세기 뉴턴은(③) 당시 화가들의 색채 이론을 접하면서 근대적 광학 이론과 색채론을 제창하였다.

17세기 후반에 발명된 현미경은(④) 눈에 보이지 않는 미시 세계를 보여주었으며, 19세기에 발견된 X-ray는(⑤) 아직까지도 많은 미술가들에게 큰 영감을 주고 있다. 이후 사진기와(⑥) 인쇄술의 발달은 미술을 재현의 의무에서 해방시켰고, 20세기의 상대성 이론,(⑦) 홀로그래피,(⑧) 컴퓨터,(⑨) 유전 공학(⑩) 등은 계속해서 새로운 예술 형태를 만들어내고 있다.

3. 다음 중 미술과 과학의 유사점에 대한 설명으로 옳지 않은 것은?
   ① 2차 세계대전을 통해 허무주의가 팽배해졌다.
   ② 다빈치와 뒤러는 풍부한 상상력과 사실적 소묘력의 미술을 통해 과학 발전에 기여했다.
   ③ 현미경은 눈에 보이지 않는 미시 세계를 보여주었다.
   ④ 홀로그래피를 통해 새로운 예술 형태가 만들어졌다.

문제집에는 지문에서 틀린 부분에는 파란색 윗줄을, 해설 부분에는 밑줄을 긋는 식으로 표시하여 기억을 강화시킬 수도 있다.

⑤ 불법원인급여 후 급부를 이행받은 자가 급부의 원인행위와 별도의 약정으로 급부 그 자체 또는 그에 갈음한 대가물을 반환하기로 특약하는 것은 무효이다.

[해설]
틀림. 제746조의 취지는 국가가 위법행위에 조력하지 않겠다는 의미이지, 임의로 반환하는 것까지 막는 것은 아니기 때문이다. 따라서 불법원인급여물에 대한 임의반환의 특약은 유효하다.

틀린 부분에 파란색 윗줄을, 맞는 해설 부분에 밑줄을 그으면 기억이 제대로 작동하는지 확인할 수 있을 뿐 아니라, 꼭 외워야 하는 부분만을 추려서 반복 암기할 수 있는 효과가 있다.

⑤ 불법원인급여 후 급부를 이행받은 자가 급부의 원인행위와 별도의 약정으로 급부 그 자체 또는 그에 갈음한 대가물을 반환하기로 특약하는 것은 무효이다.

[해설]
틀림. 제746조의 취지는 국가가 위법행위에 조력하지 않겠다는 의미이지, 임의로 반환하는 것까지 막는 것은 아니기 때문이다. 따라서 불법원인급여물에 대한 임의반환의 특약은 유효하다.

많은 수험생들이 이런 원리를 모른 채로 단권화를 하거나 막판 회독을 하는데, 그러면 크게 효과를 보지 못한다.

소설 지문을 읽을 때

취미로 읽는 것이든, 수능 국어시험 또는 친족상속법 시험을 치는 것이든 소설을 읽을 때는 복잡한 인물관계를 빨리 파악하거나 외워야 한다. 어떻게 하는 것이 효율적일까?

※ 다음 글을 읽고 물음에 답하시오.

[앞부분 줄거리] 4·3 때 아버지를 잃고 홀어머니 밑에서 어렵게 공부하여 교사가 된 '나'는 어려운 처지에서 열심히 공부하는 제자 휘진의 등록금을 내주는 등 많은 도움을 준다. 어느 날 '나'는 고마움을 표시하기 위해 교무실로 찾아온 휘진의 아버지가, '나'의 아버지를 죽인 토벌대원인 박춘보임을 알게 된다.

좀 가까이 걸어가다 말고 나는 주춤 발걸음을 멈췄다. ⊙가슴이 미칠 듯 뛰놀기 시작했다. 혹시 내가 잘못 본 게 아닐까? 다시 한 번 눈여겨보았으나 영락없이 그 사람이었다. 무슨 일로 찾아왔을까? 설마 나를 찾아온 것은 아닐 테지. 그러나 내 책상 귀퉁이에는 노인이 가져온 듯한 보따리가 놓여져 있었다. 내 얼굴을 알 리 없는 노인은 건성 이쪽을 바라보며 초조하게 두 손을 맞비비고 있었다.

⊙본디 바탕색이 무엇인지 모르게 허여멀겋게 탈색된 여름잠바 밑으로 뻗어 있는 바싹 마른 삭정이 같은 두 팔, 불거진 광대뼈 아래 양볼은 우묵하게 주저앉고 눈 가장자리도 푹 꺼져 있었다. 게다가 살갗은 볕에 타서 검은 흙

빛이었다. 뜨거운 여름 해에 물기를 다 빼앗긴 듯이 노인은 더운 교무실 안에서도 땀 한 방울 흘리지 않았다.

그이가 바로 휘진의 아버지, 박춘보 씨였다. 박춘보 씨라는 이름도 바로 그날, 그이가 더덕뿌리 보따리를 놓고 돌아간 다음에 휘진의 환경조사서를 펼쳐 보고서야 알았던 것이다. 서로 말을 주고받아본 것도 물론 그날이 처음이었다.

충분한 연습 없이 머릿속으로 바로 그리기는 어렵고 처음에는 메모가 필요하다. 하지만 다음과 같이 서로의 관계를 '도식화'시키면 훨씬 기억하기 쉽다.

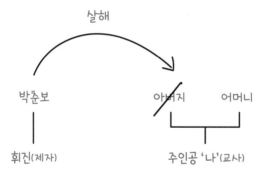

시험을 칠 때, 이런 메모가 시간만 잡아먹는 거라고 생각할 수도 있다. 하지만 그렇게 생각해서는 안 된다. 시험장에서 지문을 한 번만 읽고 모두 외울 수 없기 때문에 결국 다시 돌아와 읽어보는 과정

이 필요하다, 이때 줄글을 다시 읽고 해독하는 것과 이미지를 보고
바로 인식하는 것은 속도에서 매우 큰 차이가 난다. 그렇기 때문에
당장 이미지를 그리는 데 소모한 시간보다 그것을 그리지 않고 다
시 돌아와 줄글을 읽고 이해하는데 걸리는 시간이 곱절은 더 든다.

비문학 지문을 읽을 때(위상으로 읽기)

잘 의식하지 못하는 부분이지만, 시험장에서도 암기가 일어나고 또
필요하다. 시험은 기억을 끄집어내는 아웃풋과 재현만이 중요한 것
같지만, 오히려 주어진 문제나 지문에서 빠르게 필요한 정보를 취득
하고 효율적으로 기억을 해내야 문제도 효율적으로 풀 수 있다.

　비문학류의 문제가 특히 그렇다. 상황이 그림으로 묘사되지 않는,
비문학과 같은 글은 어떻게 기억할 수 있을까?

　최근의 3D 애니메이션은 섬세한 입체 영상을 구현하여 실물을 촬영한 것
같은 느낌을 준다. 실물을 촬영하여 얻은 자연 영상을 그대로 화면에 표시
할 때와 달리 3D 합성 영상을 생성, 출력하기 위해서는 모델링과 렌더링을
거쳐야 한다.

　모델링은 3차원 가상 공간에서 물체의 모양과 크기, 공간적인 위치, 표면
특성 등과 관련된 고유의 값을 설정하거나 수정하는 단계다. 모양과 크기를
설정할 때 주로 3개의 정점으로 형성되는 삼각형을 활용한다. 작은 삼각형
의 조합으로 이루어진 그물과 같은 형태로 물체 표면을 표현한다. 이 방법

으로 복잡한 굴곡이 있는 표면도 정밀하게 표현할 수 있다. … (중략)

공간에서의 입체 정보, 이 데이터를 활용하여 물체를 어디에서 바라보는가를 나타내는 관찰 시점을 기준으로 2차원의 화면을 생성하는 것이 렌더링이다. 전체 화면을 잘게 나눈 점이 화소인데, 정해진 개수의 화소로 화면을 표시하고 각 화소별로 밝기나 색상 등을 나타내는 화솟값이 부여된다. 렌더링 단계에서는 화면 안에서 동일 물체라도 멀리 있는 경우는 작게, 가까이 있는 경우는 크게 보이는 원리를 활용하여 화솟값을 지정함으로써 물체의 원근감을 구현한다. … (중략)

모델링과 렌더링을 반복하여 생성된 프레임들을 순서대로 표시하면 동영상이 된다. 프레임을 생성할 때, 모델링과 관련된 계산을 완료한 후 그 결과를 이용하여 렌더링을 위한 계산을 한다. 이때 정점의 개수가 많을수록, 해상도가 높아 출력 화소의 수가 많을수록 연산 양이 많아져 연산 시간이 길어진다. … (중략)

CPU의 그래픽 처리 능력을 보완하기 위해 개발된 그래픽처리장치(GPU)는 연산을 비롯한 데이터 처리를 독립적으로 수행할 수 있는 장치인 코어를 수백에서 수천 개씩 탑재하고 있다. GPU의 각 코어는 그래픽 연산에 특화된 연산만을 할 수 있고 CPU의 코어에 비해서 저속으로 연산한다. 하지만 GPU는 동일한 연산을 여러 번 수행해야 하는 경우, 고속으로 출력 영상을 생성할 수 있다. 왜냐하면 GPU는 한 번의 연산에 쓰이는 데이터들을 순차적으로 각 코어에 전송한 후, 전체 코어에 하나의 연산 명령어를 전달하면, 각 코어는 모든 데이터를 동시에 연산하여 연산 시간이 짧아지기 때문이다.

위 글은 수능 국어 과목에서 나왔던 지문이다. 이런 비문학 글은 내용이 달라지는 부분을 파악해 문단 간의 구조를 이미지로 만들어 기억하면 된다. 다만 다음은 글의 구조를 보여주기 위한 이미지로 실제 시험에서는 머릿속으로만 생각한다.

①모델링	②렌더링
③GPU	

　최근의 3D 애니메이션은 섬세한 입체 영상을 구현하여 실물을 촬영한 것 같은 느낌을 준다. 실물을 촬영하여 얻은 자연 영상을 그대로 화면에 표시할 때와 달리 3D 합성 영상을 생성, 출력하기 위해서는 모델링과 렌더링을 거쳐야 한다.

　모델링은 3차원 가상 공간에서 물체의 모양과 크기, 공간적인 위치, 표면 특성 등과 관련된 고유의 값을 설정하거나 수정하는 단계다. 모양과 크기를 설정할 때 주로 3개의 정점으로 형성되는 삼각형을 활용한다. 작은 삼각형의 조합으로 이루어진 그물과 같은 형태로 물체 표면을 표현한다. 이 방법으로 복잡한 굴곡이 있는 표면도 정밀하게 표현할 수 잇다. 이때 삼각형의 꼭짓점들은 물체의 모양과 크기를 결정하는 정점이 되는데, 이 정점들의 개수는 물체가 변형되어도 변하지 않으며, 정점들의 상대적 위치는 물체 고유의 모양이 변하지 않는 한 달라지지 않는다. … (중략)

　공간에서의 입체 정보, 이 데이터를 활용하여 물체를 어디에서 바라보는가를 나타내는 관찰 시점을 기준으로 2차원의 화면을 생성하는 것이 렌더링이다. 전체 화면을 잘게 나눈 점이 화소인데, 정해진 개수의 화소로 화면을 표시하고 각 화소별로 밝기나 색상 등을 나타내는 화솟값이 부여된다. 렌더링 단계에서는 화면 안에서 동일 물체라도 멀리 있는 경우는 작게, 가까이 있는 경우는 크게 보이는 원리를 활용하여 화솟값을 지정함으로써 물체의 원근감을 구현한다. 표면 특성을 나타내는 값을 바탕으로, 다른 물체에 가려짐이나 조명에 의해 물체 표면에 생기는 명암, 그림자 등을 고려하여 화솟값을 정해줌으로써 물체의 입체감을 구현한다. 화면을 구성하는 모든 화소의 화솟값이 결정되면 하나의 프레임이 생성된다. 이를 화면출력장치를 통해 모니터에 표시하면 정지 영상이 완성된다.

모델링과 렌더링을 반복하여 생성된 프레임들을 순서대로 표시하면 동영상이 된다. 프레임을 생성할 때, 모델링과 관련된 계산을 완료한 후 그 결과를 이용하여 렌더링을 위한 계산을 한다. 이때 정점의 개수가 많을수록, 해상도가 높아 출력 화소의 수가 많을수록 연산 양이 많아져 연산 시간이 길어진다. 컴퓨터의 중앙처리장치(CPU)는 데이터 연산을 하나씩 순서대로 수행하기 때문에 과도한 양의 데이터가 집중되면 미처 연산되지 못한 데이터가 차례를 기다리는 병목 현산이 생겨 프레임이 완성되는 데 오랜 시간이 걸린다.

CPU의 그래픽 처리 능력을 보완하기 위해 개발된 그래픽처리장치(GPU)는 연산을 비롯한 데이터 처리를 독립적으로 수행할 수 있는 장치인 코어를 수백에서 수천 개씩 탑재하고 있다. GPU의 각 코어는 그래픽 연상에 특화된 연산만을 할 수 있고 CPU의 코어에 비해서 저속으로 연산한다. 하지만 GPU는 동일한 연산을 여러 번 수행해야 하는 경우, 고속으로 출력 영상을 생성할 수 있다. 왜냐면 GPU는 한 번의 연산에 쓰이는 데이터들을 순차적으로 각 코어에 전송한 후, 전체 코어에 하나의 연산 명령어를 전달하면, 각 코어는 모든 데이터를 동시에 연산하여 연산 시간이 짧아지기 때문이다.

비문학은 특히나 다시 여러 번 되돌아와 읽을 필요가 있기 때문에 내 '사고의 흔적'을 남겨야 한다.

그런데 이때는 글보다는 기호가 훨씬 효율적이다. 다시 돌아와 빠르게 내용을 떠올리기 위해 '스스로 알아볼 수 있는 표시'를 해두는 것이다.

세부적인 내용이 달라질 때는 문단 오른쪽에 한 줄(-)로, 전개상 완전히 다른 내용이 나올 때에는 문단 왼쪽에 두 줄(=)로 다음처럼 나누어보자.

최근의 3D 애니메이션은 섬세한 입체 영상을 구현하여 실물을 촬영한 것 같은 느낌을 준다. 실물을 촬영하여 얻은 자연 영상을 그대로 화면에 표시할 때와 달리 3D 합성 영상을 생성, 출력하기 위해서는 모델링과 렌더링을 거쳐야 한다.

모델링은 3차원 가상 공간에서 물체의 모양과 크기, 공간적인 위치, 표면 특성 등과 관련된 고유의 값을 설정하거나 수정하는 단계다. 모양과 크기를 설정할 때 주로 3개의 정점으로 형성되는 삼각형을 활용한다. 작은 삼각형의 조합으로 이루어진 그물과 같은 형태로 물체 표면을 표현한다. 이 방법으로 복잡한 굴곡이 있는 표면도 정밀하게 표현할 수 잇다. 이때 삼각형의 꼭짓점들은 물체의 모양과 크기를 결정하는 정점이 되는데, 이 정점들의 개수는 물체가 변형되어도 변하지 않으며, 정점들의 상대적 위치는 물체 고유의 모양이 변하지 않는 한 달라지지 않는다. 물체가 커지거나 작아지는 경우에는 정점 사이의 간격이 넓어지거나 좁아지고, 물체가 회전하거나 이동하는 경우에는 정점들이 간격을 유지하면서 회전축을 중심으로 회전하거나 동일 방향으로 동일 거리만큼 이동한다. 물체 표면을 구성하는 각 삼각형 면에는 고유의 색과 질감 등을 나타내는 표면 특성이 하나씩 지적된다.

공간에서의 입체 정보, 이 데이터를 활용하여 물체를 어디에서 바라보는가를 나타내는 관찰 시점을 기준으로 2차원의 화면을 생성하는 것이 렌더링이다. 전체 화면을 잘게 나눈 점이 화소인데, 정해진 개수의 화소로 화면을 표시하고 각 화소별로 밝기나 색상 등을 나타내는 화솟값이 부여된다. 렌더링 단계에서는 화면 안에서 동일 물체라도 멀리 있는 경우는 작게, 가까이 있는 경우는 크게 보이는 원리를 활용하여 화솟값을 지정함으로써 물체의 원근감을 구현한다. 표면 특성을 나타내는 값을 바탕으로, 다른 물체에 가려짐이나 조명에 의해 물체 표면에 생기는 명암, 그림자 등을 고려하여 화솟값을 정해줌으로써 물체의 입체감을 구현한다. 화면을 구성하는 모든 화소의 화솟값이 결정되면 하나의 프레임이 생성된다. 이를 화면출력장치를 통해 모니터에 표시하면 정지 영상이 완성된다.

모델링과 렌더링을 반복하여 생성된 프레임들을 순서대로 표시하면 동영상이 된다. 프레임을 생성할 때, 모델링과 관련된 계산을 완료한 후 그 결과를 이용하여 렌더링을 위한 계산을 한다. 이때 정점의 개수가 많을수록, 해상도가 높아 출력 화소의 수가 많을수록 연산 양이 많아져 연산 시간이 길어진다. 컴퓨터의 중앙처리장치(CPU)는 데이터 연산을 하나씩 순서대로 수행하기 때문에 과도한 양의 데이터가 집중되면 미처 연산되지 못한 데이터가 차례를 기다리는 병목 현산이 생겨 프레임이 완성되는 데 오랜 시간이 걸린다.

CPU의 그래픽 처리 능력을 보완하기 위해 개발된 그래픽처리장치(GPU)는 연산을 비롯한 데이터 처리를 독립적으로 수행할 수 있는 장치인 코어를 수백에서 수천 개씩 탑재하고 있다. GPU의 각 코어는 그래픽 연상에 특화된 연산만을 할 수 있고 CPU의 코어에 비해서 저속으로 연산한다. 하지만 GPU는 동일한 연산을 여러 번 수행해야 하는 경우, 고속으로 출력 영상을 생성할 수 있다. 왜냐면 GPU는 한 번의 연산에 쓰이는 데이터들을 순차적으로 각 코어에 전송한 후, 전체 코어에 하나의 연산 명령어를 전달하면, 각 코어는 모든 데이터를 동시에 연산하여 연산 시간이 짧아지기 때문이다.

학원 등에서 비문학을 가르칠 때, 학생들에게 요약 훈련을 시키는 경우가 많다. 단락별 중심 문장을 찾는 연습을 하여 문단 간의 관계를 파악하는 것이다. 문단 간의 관계 파악 없이 요약만을 하면 글을 빠르게 읽는(=빠르게 기억하는) 실력이 늘지 않는다.

여기까지 따라왔다면 비문학에서의 요약 연습, 즉 중심 문장 찾기는 '조직화'에서 본 '소제목 없는 글을 분석하는 경우'와 같다는 것을 알 수 있다. 요약을 통해 빠른 시간에 글을 파악(=중심 내용 암기)하는 것이다. 요약하는 방법은 뒤에서 다룰 '맥락화' 부분에서 더 상세히 보기로 하고 여기서는 그 결과만을 보도록 하자.

요약하기의 결과물은 다음과 같다.

1. 서론

2. 생성, 출력 기술
　(1) 모델링
　(2) 렌더링

3. 보조장치-GPU
　(1) 3D 그래픽 처리 과정상 CPU의 한계
　(2) 보완장치로써의 GPU

본래의 예시에 소제목들을 붙이면 다음과 같이 된다.

3D 애니메이션 입체영상 생성, 출력을 위한 기술과 도구

1. 서론

최근의 3D 애니메이션은 섬세한 입체 영상을 구현하여 실물을 촬영한 것 같은 느낌을 준다. 실물을 촬영하여 얻은 자연 영상을 그대로 화면에 표시할 때와 달리 3D 합성 영상을 생성, 출력하기 위해서는 모델링과 렌더링을 거쳐야 한다.

2. 생성, 출력 기술

(1) 모델링

모델링은 3차원 가상 공간에서 물체의 모양과 크기, 공간적인 위치, 표면 특성 등과 관련된 고유의 값을 설정하거나 수정하는 단계이다. 모양과 크기를 설정할 때 주로 3개의 정점으로 형성되는 삼각형을 활용한다. … (중략)

(2) 렌더링

공간에서의 입체 정보, 이 데이터를 활용하여 물체를 어디에서 바라보는가를 나타내는 관찰 시점을 기준으로 2차원의 화면을 생성하는 것이 렌더링이다. 전체 화면을 잘게 나눈 점이 화소인데, 정해진 개수의 화소로 화면을 표시하고 각 화소별로 밝기나 색상 등을 나타내는 화솟값이 부여된다. … (중략)

3. 보조장치-GPU

(1) 3D 그래픽 처리과정상 CPU의 한계

모델링과 렌더링을 반복하여 생성된 프레임들을 순서대로 표시하면 동영상이 된다. 프레임을 생성할 때, 모델링과 관련된 계산을 완료한 후 그 결과를 이용하여 렌더링을 위한 계산을 한다. 이때 정점의 개수가 많을수록, 해상도가 높아 출력 화소의 수가 많을수록 연산 양이 많아져 연산 시간이 길어진다. 컴퓨터의 중앙처리장치(CPU)는 데이터 연산을 하나씩 순서대로 수

행하기 때문에 과도한 양의 데이터가 집중되면 미처 연산되지 못한 데이터가 차례를 기다리는 병목 현산이 생겨 프레임이 완성되는 데 오랜 시간이 걸린다.

(2) 보완장치로서의 GPU

CPU의 그래픽 처리 능력을 보완하기 위해 개발된 그래픽처리장치(GPU)는 연산을 비롯한 데이터 처리를 독립적으로 수행할 수 있는 장치인 코어를 수백에서 수천 개씩 탑재하고 있다. GPU의 각 코어는 그래픽 연산에 특화된 연산만을 할 수 있고 CPU의 코어에 비해서 저속으로 연산한다. 하지만 GPU는 동일한 연산을 여러 번 수행해야 하는 경우, 고속으로 출력 영상을 생성할 수 있다. … (후략)

이처럼 머릿속에서의 요약하기로 실제 글에는 없는 소제목들이 떠오르도록 연습해야 한다.

다만 실전에서는 앞 박스글과 같이 목차를 써넣을 수는 없고, 보다 간단한 숫자나 기호로 바꿔 표시해야 한다(이미지화). 다음은 숫자를 통해 표시해본 것이다.

1.

최근의 3D 애니메이션은 섬세한 입체 영상을 구현하여 실물을 촬영한 것 같은 느낌을 준다. 실물을 촬영하여 얻은 자연 영상을 그대로 화면에 표시할 때와 달리 3D 합성 영상을 생성, 출력하기 위해서는 모델링과 렌더링을 거쳐야 한다.

2-1.

모델링은 3차원 가상 공간에서 물체의 모양과 크기, 공간적인 위치, 표면 특성 등과 관련된 고유의 값을 설정하거나 수정하는 단계이다. 모양과 크기를 설정할 때 주로 3개의 정점으로 형성되는 삼각형을 활용한다. 작은 삼각형의 조합으로 이루어진 그물과 같은 형태로 물체 표면을 표현한다. 이 방법으로 복잡한 굴곡이 있는 표면도 정밀하게 표현할 수 잇다. 이때 삼각형의 꼭짓점들은 물체의 모양과 크기를 결정하는 정점이 되는데, 이 정점들의 개수는 물체가 변형되어도 변하지 않으며, 정점들의 상대적 위치는 물체 고유의 모양이 변하지 않는 한 달라지지 않는다. … (중략)

2-2.

공간에서의 입체 정보, 이 데이터를 활용하여 물체를 어디에서 바라보는가를 나타내는 관찰 시점을 기준으로 2차원의 화면을 생성하는 것이 렌더링이다. 전체 화면을 잘게 나눈 점이 화소인데, 정해진 개수의 화소로 화면을 표시하고 각 화소별로 밝기나 색상 등을 나타내는 화솟값이 부여된다. 렌더링 단계에서는 화면 안에서 동일 물체라도 멀리 있는 경우는 작게, 가까이 있는 경우는 크게 보이는 원리를 활용하여 화솟값을 지정함으로써 물체의 원근감을 구현한다. 표면 특성을 나타내는 값을 바탕으로, 다른 물체에 가려짐이나 조명에 의해 물체 표면에 생기는 명암, 그림자 등을 고려하여 화솟값을 정해줌으로써 물체의 입체감을 구현한다. 화면을 구성하는 모든 화소의 화솟값이 결정되면 하나의 프레임이 생성된다. 이를 화면출력장치를 통해 모니터에 표시하면 정지 영상이 완성된다.

3-1.

모델링과 렌더링을 반복하여 생성된 프레임들을 순서대로 표시하면 동영상이 된다. 프레임을 생성할 때, 모델링과 관련된 계산을 완료한 후 그 결과를 이용하여 렌더링을 위한 계산을 한다. 이때 정점의 개수가 많을수록, 해상도가 높아 출력 화소의 수가 많을수록 연산 양이 많아져 연산 시간이 길어진다. 컴퓨터의 중앙처리장치(CPU)는 데이터 연산을 하나씩 순서대로 수행하기 때문에 과도한 양의 데이터가 집중되면 미처 연산되지 못한 데이터가 차례를 기다리는 병목 현산이 생겨 프레임이 완성되는 데 오랜 시간이 걸린다.

3-2.
CPU의 그래픽 처리 능력을 보완하기 위해 개발된 그래픽처리장치(GPU)는 연산을 비롯한 데이터 처리를 독립적으로 수행할 수 있는 장치인 코어를 수백에서 수천 개씩 탑재하고 있다. GPU의 각 코어는 그래픽 연상에 특화된 연산만을 할 수 있고 CPU의 코어에 비해서 저속으로 연산한다. 하지만 GPU는 동일한 연산을 여러 번 수행해야 하는 경우, 고속으로 출력 영상을 생성할 수 있다. 왜냐면 GPU는 한 번의 연산에 쓰이는 데이터들을 순차적으로 각 코어에 전송한 후, 전체 코어에 하나의 연산 명령어를 전달하면, 각 코어는 모든 데이터를 동시에 연산하여 연산 시간이 짧아지기 때문이다.

비문학 지문의 세부 내용 기억하기

비문학 글의 구조를 파악하는 것이 어느 정도 익숙해졌다면 이번에는 세부 내용을 표시하는 법을 살펴보자. 이번에도 수능시험에 출제된 비문학 지문을 예로 들어보겠다.

자유지상주의자에게 있어서 사회는 개인의 자유가 극대화될 때 정의롭다. 그런데 자유에 대한 자유지상주의자의 입장을 명확하게 이해하기 위해서는 '제약으로부터의 자유'인 '프리덤(freedom)'과 '강제로부터의 자유인'인 '리버티(liberty)'가 동의어가 아니라는 것을 알아야 한다. 프리덤이 강제를 비롯한 모든 제약의 전적인 부재라면, 리버티는 특정한 종류의 구속인 강제의 부재로 이해될 수 있다. 일반적으로 강제는 물리적 힘을 직접적으로 행사하거나 피해를 주겠다고 위협하는 형태로 나타난다.

프리덤과 리버티가 동의어일 수 없는 이유는 다음 사례에서 잘 드러난다. 일부 국가의 어떤 시민은 특정 도시에서 생활하고 일하기 위해서 정부의 허가를 받아야 한다. 이때 정부는 법률에 복종하지 않을 경우 피해를 주겠다고 위협하거나 직접적인 물리력을 행사해 해당 시민의 자유를 제한할 수 있다. 이와 달리 A국 시민은 거주지 이전의 허가가 필요 없어서 국가로부터의 어떠한 물리적 저지나 위협도 받지 않는다고 하자. 그렇다고 해서 모든 A국 시민이 원하는 곳에 실제로 이사 갈 수 있는 것은 아니다. (중략)

자유지상주의자들이 자유를 극대화해야 한다고 말할 때, 이들이 두 가지 자유를 모두 극대화해야 한다고 주장하는 것은 아니다. 자유지상주의자들은 강제를 극소화하는 것, 특히 정부의 강제적인 간섭을 최소화하는 것을 통해 얻는 자유에 초점을 맞추고 있다.

비문학은 특히나 다시 여러 번 되돌아와 읽을 필요가 있기 때문에 내가 읽은 사고의 흔적을 남겨야 한다. 그런데 이때는 글보다는 기호가 훨씬 효율적이다.

예를 들면 □는 정의나 개념, △는 대조적인 정의, 내용은 ___ , 예시는 ⓔ, 내용상 대조적인 것이 나올 때에는 1, 2로 표시했다. 기호는 예를 들었을 뿐이고, 기호는 내가 쓰기 편한 것으로 표시하면 된다.

자유지상주의자에게 있어서 사회는 개인의 자유가 극대화될 때 정의롭다. 그런데 자유에 대한 자유지상주의자의 입장을 명확하게 이해하기 위해서는 '제약으로부터의 자유'인 프리덤(freedom)과 '강제로부터의 자유'인 '리버티(liberty)'가 동의어가 아니라는 것을 알아야 한다. 프리덤이 강제를 비롯한 모든 제약의 전적인 부재라면, 리버티는 특정한 종류의 구속인 강제의 부재로 이해될 수 있다. 일반적으로 강제는 물리적 힘을 직접적으로 행사하거나 피해를 주겠다고 위협하는 형태로 나타난다.

프리덤과 리버티가 동의어일 수 없는 이유는 다음 사례에서 잘 드러난다. 일부 국가의 어떤 시민은 특정 도시에서 생활하고 일하기 위해서 정부의 허가를 받아야 한다. 이때 정부는 법률에 복종하지 않을 경우 피해를 주겠다고 위협하거나 직접적인 물리력을 행사해 해당 시민의 자유를 제한할 수 있다. 이와 달리 A국 시민은 거주지 이전의 허가가 필요 없어서 국가로부터의 어떠한 물리적 저지나 위협도 받지 않는다고 하자. 그렇다고 해서 모든 A국 시민이 원하는 곳에 실제로 이사 갈 수 있는 것은 아니다. (중략) 자유지상주의자들이 자유를 극대화해야 한다고 말할 때, 이들이 두 가지 자유를 모두 극대화해야 한다고 주장하는 것은 아니다. 자유지상주의자들은 강제를 극소화하는 것, 특히 정부의 강제적인 간섭을 최소화하는 것을 통해 얻는 자유에 초점을 맞추고 있다.

3

(**맥락으로
기억하기**)

맥락화
Context

외울 페이지가 많아도 기억할 수 있는 이유

더 많이 외우는데 더 효율적인 이유

'맥락화Context'는 외울 대상이 있을 때 그 대상만을 기억하는 것이 아니라, 그 대상이 포함되는 맥락 전체를 함께 기억해서 그 부분을 손쉽게 떠올리는 방법이다. 떠올리길 원하는 대상이 잘 기억나지 않을 때, 전체적인 맥락을 생각한 다음, 그 전체 맥락과 흐름상 어디에 그 대상이 위치하는지, 그게 무엇이었는지를 하나씩 떠올리다 보면 보다 쉽게 기억이 떠오르는데, 이처럼 그 전체 맥락을 하나의 힌트로 삼아 구체적인 정보를 끄집어내는 것이다.

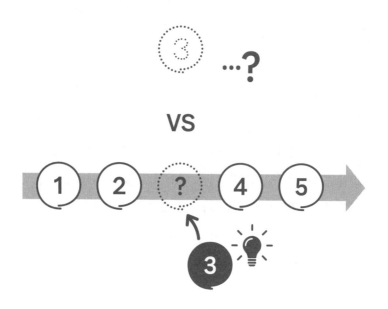

  예를 들어 ③에 해당하는 것을 곧바로 외우는 것이 아니라, ①-②-( )-④-⑤ 안에 ( )에 들어갈 숫자가 무엇인지를 외우는 것이다. 언뜻 외울 대상의 수가 더 많아진 것 같은가? 효율이 떨어지는 것 같은가? 그런데 암기는 재현하지 못하면 기억해도 의미가 없어지는 것이다. 그러니 얼마만큼 빠르게 재현할 수 있는지도 매우 중요하다. 즉 조금 더 많이 외우지만 훨씬 더 빨리 떠올릴 수 있다면 그것이 더 효과적이고 바람직한 것이라고 할 수 있다.

맥락의 종류

기존 암기법에서 활용하는 맥락에는 크게 물리적 맥락과 정서적 맥락이 있다고 설명되어 왔다. '물리적 맥락'이란 실존하는 장소나 공간, 그리고 그 장소나 공간을 구성하는 일체의 물건, 분위기, 상황 등이 외우고자 하는 대상을 떠올리는 데 도움이 되는 경우를 말한다. 예를 들어 병원에서 만난 의사의 얼굴을 병원에서는 쉽게 알아보지만 길거리에서는 기억하기 힘들다.

'정서적 맥락'은 특정한 감정이나 정서가 있을 때 훨씬 기억을 쉽게 떠올릴 수 있는 경우를 말한다. 대화할 때 세세하게 무슨 말을 하는지를 모두 듣지 못하더라도 그 대화 내용을 거의 정확하게 인식하거나 이해하는 경우가 꽤 많을 것이다. 이는 그러한 대화가 이루어지고 있는 상황이나 감정, 정서적인 맥락을 기억에 동원했기 때문이다. 희로애락의 감정이 뚜렷한 사람이 암기력이 좋다는 말이 있었는데, '정서적 맥락'이 존재하기 때문이라고 생각하면 어느 정도 수긍할 수 있다.

한편 우리가 행하는 암기가 공부에 적용하기 위한 것임을 생각한다면 '이성적·논리적 맥락'을 빼놓을 수 없다. 기존 암기법은 무작위 단어나 숫자를 많이, 빠르게 외우는 것을 중점으로 고안되었기 때문에 물리적 맥락과 정서적 맥락을 주로 활용하고 그것들만 예로 들지만, 공부에 있어서는 감정이나 상황보다는 그 외우고자 하는 대상이 문제되는 논리적·이성적 맥락이 훨씬 중요하다. 가령 대부분의 교과목은 시간의 흐름, 큰 것부터 작은 것, 중앙부터 변방, 원칙부터 예외 등의 맥락으로 구성되어 있다.

수학, 물리 등의 공부에 적용되는 논리적 맥락

앞서 조직화에 관해 설명하면서 수학, 물리 등과 (암기 과목으로 잘못 알려진) 법학은 우선 기본적인 문제 유형을 조직화해서 그 풀이법 자체를 외우고, 외운 것을 이해한 후, 응용문제나 연습문제에 '변형하여' 적용하는 연습을 해야 한다고 했다.

그리고 풀이법을 외우는 과정에서도 수식, 기호, 정식定式을 바로 외우지 말고 숨은 논리 구조, 다시 말해 논리적 맥락을 외워야 한다는 점도 역시 설명했다. 이에 관해 여기서 좀 더 상세히 살펴보자.

수학에서 사용하는 수식, 물리에서 사용하는 기호, 법학에서 사용하는 정식 등은 모두 일정한 문장, 논리 등을 간략한 형태로 바꾸어 표현한 것이다. 즉 수학이나 물리 그리고 법학 등에서 외워야 하는 대상은 그 수식이나 기호, 정식을 사용하여 바꾸기 전의 것이다. 그것들은 일련의 논리적 흐름을 지니고 있다. 즉 여기서 말하는 '맥락'에 해당하는 것이다.

이 점을 모르거나 잘못 이해한다면 정말로 구체적인 수식이나 숫자, 기호, 모범답안 따위를 모두 외워버린다. 그리고 매우 운이 좋은 극히 예외적인 경우를 제외하면 대부분이 이내 지치고 그 과목에 대한 흥미 자체를 잃고 만다.

수학, 물리, 법학 등에서는 구체적인 숫자, 수식, 기호 등에만 연연하지 말고 조금 멀리서, 거시적인 시각에서 그 해답의 논리 구조부터 파악하고 외워야 한다. 그리고 그것이 새로운 기억의 방아쇠가 되어 세부적인 내용들을 떠올릴 수 있게 해준다.

조직화, 정교화와의 관계 – 부호화 특수성 원리

암기를 하며 형성된 정보들의 연합도 일종의 맥락으로 볼 수 있다. 암기 정보들의 연합이 이후 기억을 재현하는 과정에서 효과적인 힌트가 되기 때문이다. 참고로 지금까지 배운 '주어진' 맥락을 포함해서 암기(부호화)를 하는 과정에서 '형성한' 정보들도 새롭게 기억의 방아쇠가 되는 것을 통틀어 학문상으로는 '부호화 특수성 원리'라고 한다.

이렇게 보면 맥락화는 외울 대상이 완전히 새로운 정보인지 아닌지에 따라 조직화, 뒤에서 살펴볼 정교화와 관련성을 갖는다고 할 수 있다. 예를 들어 새로운 영어 단어들을 이어서 임의의 스토리(맥락)를 만든다고 생각해보자. 이는 각각의 단어 전체를 임의의 스토리라는 한 덩어리로 묶은 것으로, 일종의 조직화로 볼 수 있다.

한편 이미 알고 있는 정보 중에서 새롭게 기억할 정보와 함께 맥락을 만들 수 있는 요소도 있을 것이다. 이 둘을 연결하는 작업은 뒤에서 볼 정교화(새로운 정보를 기억할 때 본래 알고 있던 정보로 새로운 정보를 분해하고 재구성하여 기억하는 방식)'와 맞닿아 있다 할 수 있다.

암기법 이론에 대해 추가로 언급했을 뿐이라, 여기서 정교화에 대해서는 가볍게 넘어가도록 하자. 일단은 적절한 스토리나 맥락을 만드는 데에 초점을 맞추자.

이것만은 꼭!

▸ 외울 대상을 엮어 스토리를 만드는 것이 효과적이다.
▸ 떠올릴 때는 '어떤 맥락에서 OO였지?'라고 생각한다.
▸ 수학, 물리와 같은 이과 과목 공부에도 맥락이 있다.

맥락화를 공부에 적용하면

우선 '자신의 경험 속 맥락을 활용하는 법'을 살펴보자. 크게 물리적 장소와 감정, 이 두 가지를 활용한다.

장소적 맥락

다음 페이지에 나열된 그림들을 최대한 기억해보자. 자유의 여신상, 피사의 사탑, 콜로세움, 석굴암, 에펠탑, 이곳들이 관광명소라는 공통점은 있지만 무작정 외우면 연결이 쉽지 않아 금세 잊는다.

하지만 다음 페이지 하단처럼 자신의 경험과 기억을 활용, 맥락을 만들면 기억을 떠올리는 정도에서 차이를 느낄 수 있다.

자유의 여신상

피사의 사탑

콜로세움

석굴암

에펠탑

(중학교 수학여행에서 보았던)
석굴암

(대학교 때 어학연수 중 보았던)
자유의 여신상

(첫 해외 여행에서 본) 콜로세움, 피사의 사탑, 에펠탑

정서적 맥락

'정서적 맥락'은 기억을 끄집어내는 데 일정한 상황 속에서의 감정을 활용하는 경우다.

1. 다음 대화에서 ㉠에 들어갈 말로 가장 적절한 것은?

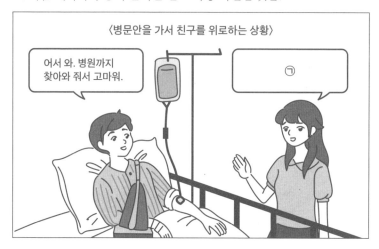

〈병문안을 가서 친구를 위로하는 상황〉

어서 와. 병원까지 찾아와 줘서 고마워.

㉠

위 문제를 보고 ㉠에 들어갈 말로 '안녕, 먹을 것은 있니?'라는 것을 떠올리지 않을 것이다. '몸은 괜찮아?'라는 것이 일반적으로 생각하는 답일 것이다.

이처럼 경험을 통해 우리가 알고 있는, 일정한 상황 속에 누구나 (또는 내가 특별히) 느끼는 감정들이 기억을 끄집어내는 데 도움을 준다. 따라서 책을 읽을 때, 어렵거나 모르는 부분이 나오면 '어렵다',

'싫다', '좋다'는 식으로 메모를 해두는 것도 책 내용을 이해하는 데 도움이 된다.

같은 방법을 영어 리스닝이나 회화에 적용할 수 있다.

먼저 '이미 스토리를 모두 아는 영화'를 한 편 준비한다. 그리고 한글 자막이 아니라 영어 자막으로 본다.

이미 알고 있는 스토리 맥락 안에서 영어 표현이 나오기 때문에 '어떤 경우'에 '어떤 표현'을 사용하는지 보다 쉽고 생생하게 배울 수 있다. 다만 기억은 반복이 필수적인데, 러닝타임이 긴 영화는 반복하는 것이 편하지 않으므로 20~30분 정도 길이의 영드나 미드를 추천한다.

이 방법은 스토리가 있는 모든 대상에 다 적용할 수 있다. 소설이라면, 미리 줄거리나 인물 간의 관계에 대한 요약 정보를 보고 맥락을 파악한 다음에 읽으면 기억이 쉽다. 오페라같이 진입 장벽이 높은 것도 영상을 1.5배속 정도로 미리 보면서 전반적인 맥락을 머릿속에 넣어둔 다음 원래 속도로 보면, 해당 내용을 훨씬 더 잘 기억할 수 있다.

영어 단어장은 왜 비효율적인가

영어 단어를 외울 때 보통 단어장을 많이 본다.

all thumbs	a. 서투른
allege	v. (증거 없이) 주장하다, 우겨대다
alleviate	v. (고통)을 완화시키다, 경감하다
allot	v. 할당하다, 분배하다
allowance	n. 허락, 허가, 용인, 승인, 인가; 용돈; 할당량

그러나 단어장에 좋은 예문이 많다고 해도 그 예문들끼리 서로 맥락이나 관련성이 있는 것은 아니라서 결국 머릿속 저장공간을 서로 달리 사용해야 한다.

그보다는 처음부터 독해 지문에서 모르는 단어만 그 뜻을 '색깔 있는 펜'으로 단어 아래에 표시한 다음 공부하면, 독해 지문이 바로 단어와 단어를 잇는 훌륭한 맥락이 되기 때문에 훨씬 효과가 좋다.

※ 다음 글을 읽고 문제에 답하라.

Welcome to the first Private Equity in Africa' Summit. Today you will hear about the vast array of investment opportunities in this
막대한 집합체 　　　투자 　　　기회
great continent. I hope to see you at some point in the near future
대륙
and to discuss how we can work together to build prosperity in this
번영
unique and extraordinary continent. The progress being made in
독특한 　　비범한 　　　　　도약
building the economies in Rwanda and Sierra Leone is taking place
일어나다
at a remarkable pace. Just the other month, the World Bank names
놀랄 만한
Paul Kagame's administration as the government that had done more
행정부
than any other in the world to improve conditions for investment of business. It's the first time an African country has been the world's top reformer. And Paul Kagame and Ernest Koroma are Just two examples of what is a new generation in Africa of pro-business, pro-reform leaders who are rooting out corruption, providing protection for investors and leading more stable, better governed countries which genuinely see business as a force for good. Now I know from our work together that they are committed to creating the best possible environment for a thriving private sector. That's why it's the right time to be involved in Africa.

　　참고로 나중에 다시 독해 연습을 하거나 단어를 잘 외웠는지 확인할 때는 다음 페이지의 그림처럼 단어 뜻을 적은 볼펜과 색이 같은 셀로판지를 사서 지문을 가리면서 하면 좋다.

※ 다음 글을 읽고 문제에 답하라.

Welcome to the first Private Equity in Africa' Summit. Today you will hear about the vast array of investment opportunities in this
막대한 집합체 　　투자　　　　기회
great continent. I hope to see you at some point in the near future and to discuss how we can work together to build prosperity in this unique and extraordinary continent. The progress being made in building the economies in Rwanda and Sierra Leone is taking place at a remarkable pace. Just the other month, the World Bank names Paul Kagame's administration as the government that had done more than any other in the world to improve conditions for investment of business. It's the first time an African country has been the world's top reformer. And Paul Kagame and Ernest Koroma are Just two examples of what is a new generation in Africa of pro-business, pro-reform leaders who are rooting out corruption, providing protection for investors and leading more stable, better governed countries which genuinely see business as a force for good. Now I know from our work together that they are committed to creating the best possible environment for a thriving private sector. That's why it's the right time to be involved in Africa.

셀로판지를 사서 가리는 것이 귀찮다면 '주석' 방식을 활용해도 된다. 다음 그림처럼 모르는 단어에 1), 2)로 번호를 적어두고 빈칸에 뜻을 적어두는 것이다.

※ 다음 글을 읽고 문제에 답하라.

Welcome to the first Private Equity in Africa' Summit. Today you will hear about the vast[1] array[2] of investment opportunities in this great continent. I hope to see you at some point in the near future and to discuss how we can work together to build prosperity[3] in this unique[4] and extraordinary[5] continent. The progress[6] being made in building the economies in Rwanda and Sierra Leone is taking place[7] at a remarkable[8] pace. Just the other month, the World Bank names Paul Kagame's administration as the government that had done more than any other in the world to improve conditions for investment of business. It's the first time an African country has been the world's top reformer[9]. And Paul Kagame and Ernest Koroma are Just two examples of what is a new generation in Africa of pro-business[10], pro-reform[11] leaders who are rooting out[12] corruption[13], providing protection for investors and leading more stable, better governed countries which genuinely[14] see business as a force for good. Now I know from our work together that they are committed[15] to creating the best possible environment for a thriving[16] private sector[17]. That's why it's the right time to be involved[18] in Africa.

1) 막대한

2) 집합체

3) 번영

4) 독특한

5) 비범한

6) 발전, 도약

7) 일어나다

8) 놀랄 만한

9) 개혁

10) 경제진화적인

11) 개혁 성향의

12) 뿌리 뽑다

13) 부패

14) 진정으로

15) 약속하다

16) 번영하는

17) 민간 부문

18) 참여하다/관여하다

요약하기로 숨겨진 맥락 찾기

모든 책의 저자는 일정한 체계, 즉 맥락을 가지고 책을 쓴다. 특히 수험서는 논리성이라는 맥락으로 집필된다. 수험서의 내용을 잘 이해하려면 글 속에 있는 논리적 맥락을 파악해야 한다.

수험서의 맥락을 수월하게 발견하기 위해 선행되어야 할 연습이 있다. 바로 '요약하기'다. 아래의 글을 요약해보자.

블루마운틴 커피

커피 애호가들의 찬사와 비난이 함께 교차하는 그 유명한 자메이카의 블루마운틴 커피(Blue Mountain Coffee)는 품질이 뛰어나고 그 맛 또한 우수하여 세계 최고의 품질로 손꼽히고 있다. 블루산(Mt. Blue)에서 재배되는 '블루마운틴' 커피는 신맛, 단맛, 쓴맛이 환상적으로 조화를 이루어 인간에게 준 최상의 커피란 별명을 가지고 있다. 영국의 왕실 커피로 알려지면서 더욱 유명해진 커피로 국내에서는 그 진품을 찾기가 어렵다.

요약하기 위해 먼저 문장에서 중요한 단어들을 추려내보자. 주소재인 블루마운틴 커피를 설명하는 다음 단어들, '자메이카 블루마운틴', '세계 최고의 품질', '신맛, 단맛, 쓴맛의 조화' 등을 꼽을 수 있겠다. 다음 페이지의 그림은 추려낸 중요 단어를 중심으로 내용을 간단히 정리한 것이다.

블루마운틴 커피

커피 애호가들의 찬사와 비난이 함께 교차하는 그 유명한 자메이카의 블루마운틴 커피(Blue Mountain Coffee)는 품질이 뛰어나고 그 맛 또한 우수하여 세계 최고의 품질로 손꼽이고 있다. 블루산(Mt. Blue)에서 재배되는 '블루마운틴' 커피는 신맛, 단맛, 쓴맛이 환상적으로 조화를 이루어 인간에게 준 최상의 커피란 별명을 가지고 있다. 영국의 왕실 커피로 알려지면서 더욱 유명해진 커피로 국내에서는 그 진품을 찾기가 어렵다.

1. 산지
자메이카 블루산

2. 찬사
1) 세계 최고
2) 인간이 준 최상의 커피
3) 영국 왕실 커피

3. 이유
신맛, 단맛, 쓴맛의 조화

이렇게 요약하고 보면 한 문단, 짧은 글 속에도 서로 다른 맥락들 (산지/찬사/이유)이 존재한다는 것을 알 수 있다.

다음 글도 요약해보자.

(2) 플라톤의 교육관 목적

플라톤은 사람이 잊었던 이데아를 동경하는 마음이 에로스이며, 현상을 보고 그 원형인 이데아를 '상기'하여, 인식하는 것이 진리라고 한다. 그리고 인간의 이성적 부분의 덕이 지혜이며, 정욕적 부분의 덕을 절제, 이성의 명령에 복종하여 정욕을 억압하는 기개의 덕을 용기라고 하는 것이다. '올바름(dikaiosyne), 또는 정의란 여러 덕이 알맞게 그 기능을 발휘할 때의 상태를 말한다.' 덕론을 통하여 인간 개인의 윤리학을 논하였다. 그러나 정의의 실현은 개인의 덕을 달성하는 것으로 이루어지지 않는다고 하여 사회 전체의 윤리설을 주장하였다. 그것이 그의 '국가(Politeia)'다.

소제목이 있는 글에서 중심 문장을 쉽게 찾는 방법이 있다. 바로 소제목 뒤에 물음표를 쓰고 여기에 해당하는 답을 본문에서 찾는 것이다. 그외 나머지 문장은 맥락의 이해를 돕는 보조 문장으로 생각해도 좋다.

(2) 플라톤의 교육관 목적?

플라톤은 사람이 잊었던 이데아를 동경하는 마음이 에로스이며, 현상을 보고 그 원형인 이데아를 '상기'하여, 인식하는 것이 진리라고 한다. 그리고 인간의 이성적 부분의 덕이 지혜이며, 정욕적 부분의 덕을 절제, 이성의 명령에 복종하여 정욕을 억압하는 기개의 덕을 용기라고 하는 것이다. '올바름(dikaiosyne), 또는 정의란 여러 덕이 알맞게 그 기능을 발휘할 때의 상태를 말한다.' 덕론을 통하여 인간 개인의 윤리학을 논하였다. 그러나 정의의 실현은 개인의 덕을 달성하는 것으로 이루어지지 않는다고 하여 사회 전체의 윤리설을 주장하였다. 그것이 그의 '국가(Politeia)'다.

단락은 나뉘어 있지만 소제목이 없는 글은 어떤 식으로 중심 문장을 찾아 요약해야 할까? 조직화 부분에서 봤지만 한 번 더 연습을 해보자.

잉글랜드 프로축구 프리미어리드EPL 토트넘의 손흥민(28)이 영국 BBC가 선정한 'EPL 올해의 팀'에 이름을 올렸다. BBC는 31일(한국 시간) 축구 전문가 가스 크룩스가 뽑은 프리미어리그 '올해의 팀'을 발표했다. 손흥민은 4-3-3 포메이션에서 왼쪽 측면 공격수로 자리했다.
손흥민과 함께 캘버트 루인, 사디오 마네(리버풀)가 공격진에 포함됐다. 미드필더로는 조던 헨더슨(리버풀), 브루누 페르난데스(맨체스터 유나이티드), 잭 그릴리시(애스턴빌라)가, 수비수로는 트렌트 알렉산더-아널드, 파비슈, 앤드루 로버트슨(이상 리버풀), 타이런 밍스(애스턴빌라)가 이름을 올렸다. 골키퍼는 리버풀의 알리송에게 돌아갔다.

이 경우는 첫 번째 연습에서 했던 방식을 사용한다.

문맥이 달라질 경우에는 / 표시로 문장을 나누고 중심 단어를 찾았다면 밑줄을 치자. 요약한 결과는 빈칸에 메모해둔다.

1) EPL 올해의 팀 선정, 4-3-3 왼쪽 측면 공격수 { 잉글랜드 프로축구 프리미어리드EPL 토트넘의 손흥민(28)이 영국 BBC가 선정한 'EPL 올해의 팀'에 이름을 올렸다. BBC는 31일(한국시간) 축구 전문가 가스 크룩스가 뽑은 프리미어리그 '올해의 팀'을 발표했다. 손흥민은 4-3-3 포메이션에서 왼쪽 측면 공격수로 자리했다.

2) 다른 선수들 { 손흥민과 함께 캘버트 루인, 사디오 마네(리버풀)가 공격진에 포함됐다. 미드필더로는 조던 헨더슨(리버풀), 브루누 페르난데스(맨체스터유나이티드), 잭 그릴리시(애스턴빌라)가, /수비수로는 트렌트 알렉산더-아널드, 파비슈, 앤드루 로버트슨(이상 리버풀), 타이런 밍스(애스턴빌라)가 이름을 올렸다. /골키퍼는 리버풀의 알리송에게 돌아갔다.

목차가 제대로 구성된 교재를 맥락화로 살펴보기

이제 준비는 끝났으니, 본격적으로 맥락을 발견하고 활용하는 연습을 해보자.

첫 번째로 연습해볼 것은 논리적 맥락을 지닌 목차글이다. 다음은 중학교 교과서에 나오는 목차 일부다.

여기서 얼마만큼 많은 시간을 투자하느냐에 따라 세부적인 내용을 기억하는 정도도 달라진다. 여기서는 온 힘을 쏟아 목차 제목 간의 상관관계를 찾아내야 한다. 대개 '시간적 순서', '원칙부터 예외로', '큰 것부터 작은 것'으로 내용 흐름이 전개되는 경우가 많다.

①흔히 1장은 '서론'이므로 별다른 내용이 없다. 따라서 기억할

필요가 없다.

②다음으로 사람에 대한 내용이 II, III, IV에, 사람 외에 생태계에 대한 내용이 V에 있다.

사람

I 생명 과학의 이해
01 생명 과학의 이해

II 사람의 물질대사
02 생명 활동과 에너지
03 물질대사와 건강

III 항상성과 몸의 조절
04 자극의 전달
05 신경계
06 항상성
07 방어 작용

IV 유전
08 유전 정보와 염색체
09 사람의 유전
10 사람의 유전병

사람^C

V 생태계와 상호 작용
11 생태계의 구성과 기능
12 에너지 흐름과 물질 순환, 생물 다양성

그리고 '사람'에 대한 부분은 그 내용이 많으므로 다음 그림과 같이 한 번 더 나누자. IV가 유전(누군가에게서 뭔가를 물려받는 것)이니, II, III은 유전이 아닌 경우라고 생각하면 단순하다.

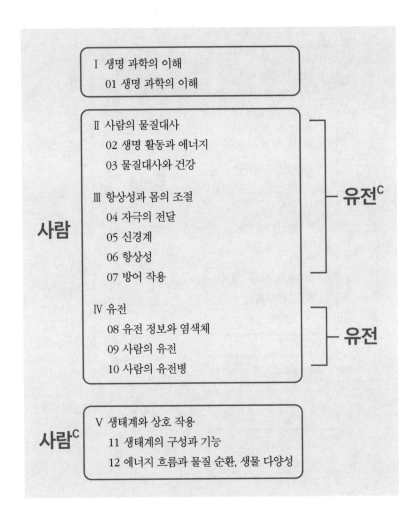

마지막으로 남은 II, III의 관계도 이렇게 나눌 수 있다.

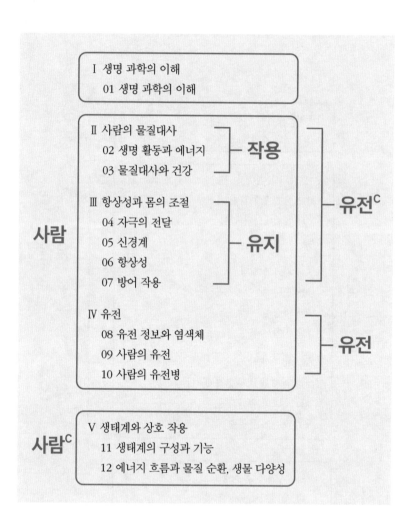

결론적으로 다음과 같이 정리가 된다.

이 책은 '사람 몸속에서의 작용 일반'을 설명하고(II), '사람이 타고난 것(IV)'과 그것을 바탕으로 '몸을 유지하는 것(III)'뿐 아니라, '생태계와 인간의 관계'를 다루는 구나(V). 다만 순서는 '유전'이 '몸의 유지' 다음으로 가 있구나.

목차가 잘못 구성된 교재를 맥락화로 살펴보기

다른 예시를 하나 더 보기로 한다. 아래는 경찰학 교재의 전형적인 목차 중 일부다. 앞서 본 것처럼 맥락화를 통해 목차를 살펴보자.

국가경찰과 자치경찰의 조직 및 운영에 관한 법률

I 경찰청장
II 국가수사본부장
III 시도경찰청장
IV 경찰서장
V 국가경찰위원회
VI 시도경찰위원회

어떤가? 목차 진행의 흐름, 맥락이 자연스러운가? 어떤 맥락으로 목차가 짜여졌는지 알 수 있겠는가? 잘되지 않을 것이다. 왜냐하면 좋은 체계를 갖춘 책이 아니기 때문이다. 수험생들은 무비판적으로 다른 수험생들이 많이 보는 책을 선택하곤 하는데, 많은 사람이 본다고 그 내용이나 체계가 반드시 옳지는 않다.

이럴 경우에는 내가 목차 체계를 바꿔 따로 메모하거나 아래와 같이 고쳐서 책을 읽도록 하자. 참고로 경찰학은 나도 공부해본 적 없는, 처음 보는 과목인데 책에 쓰여 있는 서술(국가경찰과 자치경찰)을 보고 다음과 같이 맥락을 '찾아' 목차를 고쳐보았다. 공부할 내용의 맥락을 찾아 체계를 세우는 일은 반드시 스스로 해야 한다는 것을 명심하자.

국가경찰과 자치경찰의 조직 및 운영에 관한 법률

1. 국가조직
+ 1) 경찰청장
卅 2) 국가수사본부장
Ⅴ 3) 국가경찰위원회

2. 지방조직
卅 1) 시도경찰청장
Ⅵ 2) 시도경찰위원회
Ⅳ 3) 경찰서장

이렇게 머릿속으로 또는 메모로 정리하고 나면 의문이 떠올라야 한다. 맥락상 이상한 부분들이 있을 것이기 때문이다. 경찰 조직을 국가조직과 지방조직으로 나누긴 했는데, 각 조직 내 존재하는 하위

그룹이 다르다는 점이다. 이 부분을 회색으로 표시해보자.

국가경찰과 자치경찰의 조직 및 운영에 관한 법률

1. 국가조직
╪ 1) 경찰청장
╫ 2) 국가수사본부장
Ⅴ 3) 국가경찰위원회

2. 지방조직
╫ 1) 시도경찰청장
　1.5) 시도수사본부장은 왜 없지?
Ⅵ 2) 시도경찰위원회
Ⅳ 3) 경찰서장
　3.5) 경찰서 레벨에는 왜 위원회도 없지?

'왜 이렇지' 싶은 부분들을 해결하지 않으면 나중에 기억을 재현할 때 빠르게 재현되지 않는다. 뭔가 열심히 외우고 공부했는데 막상 시험장에서 갑자기 의문점이 생겨서 문제를 틀린 기억이 모두 한 번은 있을 것이다.

국가경찰과 자치경찰의 조직 및 운영에 관한 법률

Ⅰ 경찰청장
Ⅱ 국가수사본부장
Ⅲ 시도경찰청장
Ⅳ 경찰서장
Ⅴ 국가경찰위원회
Ⅵ 시도경찰위원회

국가 단위
시도 단위
구군 단위

책을 통째로 뜯어 고칠 수는 없으므로 이럴 때는 위 그림과 같이 색으로 구분하거나 나만의 방식으로 내 생각의 흔적을 표시해두고, 책의 순서를 무시하고 사고의 순서대로 읽는 편이 좋다.

세부 내용이 표로 된 책 살펴보기

이번에는 표로 이루어진 책을 살펴보자. 다음은 고등학교 세계사 책의 일부다.

(3) 신석기시대

시기	약 1만 년 전 시작
특징	간석기 사용(돌낫, 돌도끼, 갈돌과 갈판 등), 토기 제작, 의복 제작(베틀과 뼈바늘 이요)
주거	움집을 짓고 정착 생활 시작
신석기 혁명	농경과 목축의 시작(식량 생단 단계로 발전) → 생산력 증대, 인구 증가
신앙	애니미즘, 거석 숭배
사회 변화	혈연적인 씨족 사회(재산 공동 소유, 생산물 공동 분배) → 신석기시대 후기에 일부 지역에서 부족 성립

곧바로 표를 달달 외우려고 하지 말고 다음처럼 생각해보자. 보통의 수험서라면 '(3) 신석기시대' 다음 아래 층위로 '(가) 시기', '(나) 특징' 등으로 쓰였을 것이다. 그런데 이 내용은 글밥이 적은 반면 세부 목차로 나열할 것이 많다 보니 표로 정리된 것이다. 저자가 해당

내용을 조직화를 한 다음, 그것을 표현한 형식이 단지 표일 뿐인 것이다.

주어진 표가 하나의 목차라고 여기고 보면 숨겨진 맥락을 떠올릴 수 있다.

'과거 1만 년 전에 (종전과 달리) 갈아서 만든 간석기를 사용하는 신석기시대가 왔는데, 이때 정착 생활이 시작되면서 한곳에서 머물며 농경과 목축을 하게 되었고, 농경이나 목축이 자연환경의 변화에 의존하다 보니 신앙도 생겼으며, 정주생활로 인해 사회도 형성되었다.'

이렇게 보면 맥락상 포인트는 '1만 년 전', '간석기', '농경 생활', 이 세 가지라는 점을 알 수 있다. 나머지는 이를 원인으로 한 결과에 불과하다.

수학, 물리 등 이과 과목의 경우

맥락을 발견하는 것은 수학이나 물리와 같은 이과 과목의 경우도 마찬가지다.

예를 들어 다음과 같은 기본문제 해설을 보자.

$$\sqrt[3]{96} \times \sqrt[3]{\frac{1}{12}} = \sqrt[3]{96 \times \frac{1}{12}}$$

$$= \sqrt[3]{8}$$

$$= \sqrt[3]{2^3}$$

$$= 2$$

이 해설에서 외워야 할 부분은 무엇일까? 제곱근에 관한 수식일까? 아니다. 그 뒤에 숨은, 활자화되어 있지 않은 논리 구조이다. 위 해설 속에는 다음과 같은 3단계의 논리 구조가 숨어 있다(이해의 편의성을 위해 '제곱근'이라는 용어 대신 사실적인 용어로 '논리 구조'를 택했다).

$$\sqrt[3]{96} \times \sqrt[3]{\frac{1}{12}} = \sqrt[3]{96 \times \frac{1}{12}} \qquad \boxed{① 루트 합치기}$$

$$= \sqrt[3]{8}$$

$$= \sqrt[3]{2^3} \qquad \boxed{② 숫자 맞추기}$$

$$= 2 \qquad \boxed{③ 루트 벗기기}$$

이와 같은 기본문제에 대한 접근법, 즉 논리 구조는 ①루트끼리 합치기, ②루트 안의 숫자를 루트 밖의 숫자와 같게 맞추기, ③루트 벗기기의 3단계로 이루어져 있다.

이번에는 응용문제를 살펴보자.

$$\sqrt[3]{-125} + \sqrt[3]{\sqrt{(-2)^6}} = \sqrt[3]{(-5)^3} + \sqrt[6]{(-2)^6}$$

$$= -5 + |-2|$$

$$= -3$$

먼저 풀어본 기본문제와 비교해보자. 어떠한 공통점을 찾을 수 있는가? 이를 알기 위해서는 역시 숨은 논리적 맥락을 발견하는 작업이 필요하다.

위 문제를 풀 때 다음 그림에서 볼 수 있는 논리 구조를 활용할 수 있다. 앞쪽 기본문제와 달리 '루트 합치기' 단계는 생략할 수 있고, 그리하여 '숫자 맞추어 루트 벗기기'로 접근해 문제를 풀 수 있다. 이 문제는 루트 안에 마이너스 숫자(음수)가 나온다는 점, 절댓값과 겹으로 된 루트가 나온다는 점에서 '응용'되었긴 하지만, 기본적인 풀이 구조, 즉 논리적 맥락은 그대로 유지되고 있다.

$$\sqrt[3]{-125} + \sqrt[3]{\sqrt{(-2)^6}} = \sqrt[3]{(-5)^3} + \sqrt[6]{(-2)^6}$$

② 숫자 맞추기　　　$= -5 + |-2|$

$= -3$　**③ 루트 벗기기**

이제 잠시 책을 덮고 문제들을 떠올려보자. 바로 숫자나 산식이 모두 기억나지는 않겠지만, 어떤 유형, 어떤 논리적 맥락이 있었는지, 무엇이 응용되었는지는 얼추 기억이 날 것이다.

판례 외우기②-선례

앞서 조직화 부분에서 '재판례'를 외우는 방법을 보았다. 여기서는 '선례'를 외우는 방식을 보자.

> 정당방위가 성립하려면 침해행위에 의하여 침해되는 법익의 종류, 정도, 침해의 방법, 침해행위의 완급과 방위행위에 의하여 침해될 법익의 종류, 정도 등 일체의 구체적 사정들을 참작하여 방위행위가 사회적으로 상당한 것이어야 한다.

선례는 논쟁에 대한 법원의 대답이다. 따라서 선례의 암기에서 중요한 부분은 구체적인 단어가 아니라 '어떤 물음에 대한 답인지'를 파악하는 것, 즉 맥락을 아는 것이다.

선례를 외우는 방법은 ①먼저 판례가 서술된 부분의 전후 소제목이나 서술을 이용하여 '쟁점'을 추출한다. ②그다음 쟁점에 대한 '결론'을 정리한다.

> 정당방위가 성립하려면 침해행위에 의하여 침해되는 법익의 종류, 정도, 침해의 방법, 침해행위의 완급과 방위행위에 의하여 침해될 법익의 종류, 정도 등 일체의 구체적 사정들을 참작하여 방위행위가 사회적으로 상당한 것이어야 한다.
>
> 쟁점: 정당방위의 성립 요건
> 결론: 구체적 사정들을 참작, 사회적으로 상당한 방위행위일 것

조금 더 어려운 예시를 보도록 하자.

> 민법 제498조는 "지급을 금지하는 명령을 받은 제3채무자는 그 후에 취득한 채권에 의한 상계로 그 명령을 신청한 채권자에게 대항하지 못한다"라고 규정하고 있다. 위 규정의 취지, 상계제도의 목적 및 기능, 채무자의 채권이 압류된 경우 관련 당사자들의 이익상황 등에 비추어 보면, 채권압류명령 또는 채권가압류명령(이하 채권압류명령의 경우만을 두고 논의하기로 한다)을 받은 제3채무자가 압류채무자에 대한 반대채권을 가지고 있는 경우에 상계로

써 압류채권자에게 대항하기 위하여는, 압류의 효력 발생 당시에 대립하는 양 채권이 상계적상에 있거나, 그 당시 반대채권(자동채권)의 변제기가 도래하지 아니한 경우에는 그것이 피압류채권(수동채권)의 변제기와 동시에 또는 그보다 먼저 도래하여야 한다. (대법원 2012. 2. 16. 선고 2011다45521 전원합의체 판결)

이 선례를 외울 때도 논리적인 전제, 즉 문제의 소재 부분에 해당하는 질문을 찾아야 한다.

위 판결은 〈①제498조의 문언상 제한이 없는데 그대로 적용하면 되는가? → ②아니다. 제한이 있다. → ③어떤 제한인가? → ④두 가지 제한이다. → ⑤양 채권이 상계적상에 있거나…(이하 생략) → ⑥이유는 무엇인가? → ⑦채무불이행을 해서 상계하는 경우는 제외되어야 하므로〉 같은 일련의 논리적 맥락으로 이루어져 있다.

따라서 제498조에 문언상으로는 단지 "그 후에 취득한"이라고만 되어 있을 뿐, '자동채권의 변제기에 아무런 제한이 없다는 점'을 먼저 외우는 것이 중요하다.

민법 제498조(지급금지채권을 수동채권으로 하는 상계의 금지) 지급을 금지하는 명령을 받은 제삼채무자는 <u>그 후에 취득한</u> 채권에 의한 상계로 그 명령을 신청한 채권자에게 대항하지 못한다.

이 방법을 제대로 이해한다면, 법학사례형 시험문제가 사실은 '암기' 시험이 아니라 법조문을 '찾는' 시험이라는 것을 깨닫게 될 것이다. 다툼의 소지가 불명확하거나 불완전한 법조문을 제시한 것이기 때문이다.

연설문, 방송대본 등을 외울 때

방송 대본이나 연설문도 맥락화를 사용하여 외운다. 링컨의 역사적인 '게티스버그 연설'을 보자.

지금부터 87년 전 우리 조상들은 이 신대륙에 자유를 신봉하고, 또 모든 인간은 평등하게 창조되었다는 신조에 헌신하는 새 국민을 탄생시켰습니다.

지금 우리는 그렇게 신봉하고 그렇게 헌신하는 그 국민이 또는 어떤 국민이 오랫동안 지탱할 수 있는가를 시험하는 큰 내전을 치르고 있습니다. 우리는 그 전쟁의 대격전지에 모였습니다. 우리는 이 전쟁터의 일부를, 이 국민이 살 수 있도록 이곳에서 목숨을 바친 분들을 위한 마지막 안식처로 바치기 위해 이곳에 왔습니다. 우리가 그렇게 한다는 것을 지극히 타당하고 당연한 일입니다.

그러나 좀 더 큰 의미에서는 우리는 이 땅을 헌납할 수도, 신성화할 수도, 성역화할 수도 없습니다. 이곳에서 싸운 살아 있는 분과 전사한 분들이 우리가 더하고 덜할 수 있는 미약한 힘을 훨씬 초월해서 이 땅을 성역화해놓았기 때문입니다. 우리가 여기에서 하는 말은 세상 사람들은 별로 주의하지도 않을 것이며, 오랫동안 기억하지도 않을 것이나 그분들이 이곳에서 한 일은 잊지 못할 것입니다. 이곳에서 싸운 분들이 이만큼 숭고하게 성취해놓은, 아직 끝맺지 못한 일들을 위해 살아 있는 우리들은 헌신해야 합니다. 이곳에 모인 우리들은 우리 앞에 남아 있는 위대한 과업에 헌신해야 합니다. 이 명예로운 죽음 때문에 우리는 그분들이 마지막 헌신을 다한 그 대의에 더 한층 헌신하게 되며, 이곳에 모인 우리들은 그분들의 죽음이 헛되지 않도록 숭고하게 결의하며, 이 국민이 하나님의 가호 아래 새로운 자유를 탄생시키며, 국민의, 국민에 의한, 국민을 위한 정치가 지상에서 사라지지 않도록 합시다.

이 연설문은 크게 '87년 전 조상들이 한 일 → 현재 우리의 일(①추모, ②헌신)'의 흐름으로 전개된다는 것을 알 수 있다(세부적인 내용 역시 흐름과 맥락을 찾아 외워나가면 된다). 바로 '시간의 흐름과 대조'라는 맥락으로 파악할 수 있는 것이다.

맥락을 찾게 해주는 단어나 표현, 그리고 맥락이 변하는 지점을 색과 기호로 연설문에 표시하면 다음 그림과 같다.

지금부터 87년 전 우리 조상들은 이 신대륙에 자유를 신봉하고, 또 모든 인간은 평등하게 창조되었다는 신조에 헌신하는 새 국민을 탄생시켰습니다.

지금 우리는 그렇게 신봉하고 그렇게 헌신하는 그 국민이 또는 어떤 국민이 오랫동안 지탱할 수 있는가를 시험하는 큰 내전을 치르고 있습니다. 우리는 그 전쟁의 대격전지에 모였습니다. 우리는 이 전쟁터의 일부를, 이 국민이 살 수 있도록 이곳에서 목숨을 바친 분들을 위한 마지막 안식처로 바치기 위해 이곳에 왔습니다. 우리가 그렇게 한다는 것을 지극히 타당하고 당연한 일입니다.

그러나 좀 더 큰 의미에서는 우리는 이 땅을 헌납할 수도, 신성화할 수도, 성역화할 수도 없습니다. 이곳에서 싸운 살아 있는 분과 전사한 분들이 우리가 더하고 덜할 수 있는 미약한 힘을 훨씬 초월해서 이 땅을 성역화해놓았기 때문입니다. 우리가 여기에서 하는 말은 세상 사람들은 별로 주의하지도 않을 것이며, 오랫동안 기억하지도 않을 것이나 그분들이 이곳에서 한 일은 잊지 못할 것입니다. 이곳에서 싸운 분들이 이만큼 숭고하게 성취해놓은, 아직 끝맺지 못한 일들을 위해 살아 있는 우리들은 헌신해야 합니다. 이곳에 모인 우리들은 우리 앞에 남아 있는 위대한 과업에 헌신해야 합니다. 이 명예로운 죽음 때문에 우리는 그분들이 마지막 헌신을 다한 그 대의에 더 한층 헌신하게 되며, 이곳에 모인 우리들은 그분들의 죽음이 헛되지 않도록 숭고하게 결의하며, 이 국민이 하나님의 가호 아래 새로운 자유를 탄생시키며, 국민의, 국민에 의한, 국민을 위한 정치가 지상에서 사라지지 않도록 합시다.

방송 대본이나 연설문은 진행자, 청자, 주제에 따라 논리와 감정 흐름의 변화가 비교적 명확하기 때문에 맥락 찾기가 어렵지 않다.

이번에는 다른 예를 살펴보자. 다음은 내가 응하기로 한 인터뷰에 대한 답변으로 준비했던 대본이다. 이것 역시 맥락을 의식하면 보다 쉽게 기억할 수 있다.

온라인 수업에 대처하는 법

Q. 학교 휴업 기간 동안, 학생들의 생활이 많이 불규칙해졌습니다. 때문에 온라인 개학에 앞서 느슨해진 생활 패턴을 바로잡는 것이 우선일 텐데요. 변호사님께선 생활 패턴이 무너졌을 때, 어떻게 바로 잡으셨나요? 변호사님의 방법이 있다면 알려주세요.

A. 생활 패턴이 무너졌을 때 바로 잡는 법은 간단합니다. 계획을 촘촘히 세우고 정확히 실행에 옮기기만 하면 됩니다. 다만 지금 그것이 되지 않는 이유는 환경이 바뀌지 않기 때문입니다.

저 같은 경우는 도서관을 다니면서 또는 학교를 다니면서 공부를 하다가도 집에서 부득이하게 공부를 해야 하는 상황이 왔을 때는 마치 학교나 도서관을 가는 것과 똑같이 환경을 만들었습니다. 학교에 가는 시간에 일어나서 아침밥을 먹고 옷을 갈아 입습니다. 교복으로 입고 등교를 했다고 생각하고 책상에 앉습니다. 책상 주변에는 공부에 방해가 되는 것들을 두지 않는 것이 가장 중요합니다. 방에 컴퓨터가 있다면 당분간은 치우는 게 좋습니다. 인강을 들어야 한다면 정해진 시간에만 사용하고 모니터를 치우거나 하는 게 좋습니다. 휴대폰도 공부를 하는 동안은 잠시 엄마에게 맡겨두는 게 좋습니다. 그리고 공부하는 장소와 쉬는 장소를 확실하게 분리해줘야 합니다. 내 방은 당분간은 학교나 독서실이라고 생각해야 합니다.

온라인 수업에 대처하는 법

Q. 학교 휴업 기간 동안, 학생들의 생활이 많이 불규칙해졌습니다. 때문에 온라인 개학에 앞서 느슨해진 생활 패턴을 바로잡는 것이 우선일 텐데요. 변호사님께선 생활패턴이 무너졌을 때, 어떻게 바로 잡으셨나요? 변호사님의 방법이 있다면 알려주세요.

A. 생활 패턴이 무너졌을 때 바로 잡는 법은 간단합니다. 계획을 촘촘히 세우고 정확히 실행에 옮기기만 하면 됩니다. 다만 지금 그것이 되지 않는 이유는 환경이 바뀌지 않기 때문입니다.

 저 같은 경우는 도서관을 다니면서 또는 학교를 다니면서 공부를 하다가도 집에서 부득이하게 공부를 해야 하는 상황이 왔을 때는 마치 학교나 도서관을 가는 것과 똑같이 환경을 만들었습니다. 학교에 가는 시간에 일어나서 아침밥을 먹고 옷을 갈아 입습니다. 교복으로 입고 등교를 했다고 생각하고 책상에 앉습니다. 책상 주변에는 공부에 방해가 되는 것들을 두지 않는 것이 가장 중요합니다. 방에 컴퓨터가 있다면 당분간은 치우는 게 좋습니다. 인강을 들어야 한다면 정해진 시간에만 사용하고 모니터를 치우거나 하는 게 좋습니다. 휴대폰도 공부를 하는 동안은 잠시 엄마에게 맡겨두는 게 좋습니다. 그리고 공부하는 장소와 쉬는 장소를 확실하게 분리해줘야 합니다. 내 방은 당분간은 학교나 독서실이라고 생각해야 합니다.

　형광펜으로 칠한 부분, 인터뷰 질문에 답하기 위한 핵심 표현들이다. 가만히 보면 한 가지 큰 주장과 주장을 뒷받침하는 여덟 가지 대안이 그 내용임을 알 수 있다. 이렇게 표시한 것들을 하나의 맥락으로 떠올리며 기억하면 되는데, 여기서는 '내 일상'이라는 맥락 떠올리며 기억을 다듬을 수 있겠다.

성경, 불경 등 외울 때

성경 역시 맥락화 방식을 이용하면 외우기가 쉽다. 일화 형식은 앞서 소개한 방식으로 충분히 외울 수 있으므로 조금 다른 것으로 예를 하나 들어보기로 한다.

〈히브리서 4:15〉
우리에게 있는 대제사장은 우리의 연약함을 동정하지 못하실 이가 아니요 모든 일에 우리와 똑같이 시험을 받으신 이로되 죄는 없으시리라.

바로 외우려 하지 말고 일단 맥락을 파악해보자. 맥락을 정리하면 다음과 같이 크게 두 부분으로 나뉜다.

①결론: 우리에게 있는 대제사장은 죄는 없으시리라.

(대제사장에겐 죄가 없다)

②이유: 동정심이 있고, 똑같이 시험을 받았다.

일단은 이 부분을 되뇌기와 이미지화를 통해 기억해야 한다. 잠시 멈추고 마음속으로 반복하면서 이미지를 떠올려보는 것이다. 이후에 살을 붙인다.

결론? 대제사장 죄 없음

이유? 동정심 있음. 어디에 동정심? 우리의 연약함

시험도 받음. 어떤 시험? 우리와 똑같은 시험

여기까지 강한 암기가 되면 이제 바꾸어 표현한다. 경전도 마찬가지다.

〈반야심경〉
모든 존재는 텅 빈 것이므로, 생겨나지도 없어지지도 않으며, 더럽지도 않고 깨끗하지도 않으며, 늘지도 않고 줄지도 않느니라

조직화하여 맥락을 정리하면 다음과 같이 된다.

원인 : 모든 존재는 텅 비었다.

결과 : ①존재(생, 없)

②청결정도(더럽, 깨끗)

③양(늘고, 줄고)

결과 ①, ②, ③을 잇는 어떤 맥락이 보이지가 않으므로, 여기서는 이미지를 잘 활용해야 한다. 뭔가가 생겼다가 사라지는 이미지, 동

자승이 청소를 하는 이미지, 신도들이 늘었다 줄었다 하는 이미지 같은 것들을 순서대로 떠올리는 것을 반복한다. 맥락이 잘 보이지도 않고 되뇌기로 외우기 어려울 때는 반드시 이미지화 하는 습관을 들여야 하는 것이다.

여기서 '모든 존재는 텅 빈 것이므로'라고 마음속으로 물었을 때, 이미지 세 개가 떠오르면 성공이다. 여기서 더 추가할 내용은 없으므로, 원래대로 바꿔서 표현하면서 세부적인 내용을 다듬는다.

시를 외울 때

맥락화 방법은 줄글이 아니라 시와 같은 형태의 글을 외우는 경우에도 유용하다.

> 봄 물은 사방 못 속에 넘실거리고,
> 여름 구름 기이한 봉우리 많네.
> 가을 달빛 휘영청 밝기만하고,
> 겨울 산마루네 수려한 소나무 외롭네.
> - 중국 진나라 시인 고개지의 〈사시四時〉

이 시에는 봄, 여름, 가을, 겨울이라는 뚜렷한 시간적 맥락이 존재한다. 그러니 요약하는 느낌으로 핵심 단어를 먼저 파악한다.

（봄）물은 사방（못）속에 넘실거리고,

（여름）구름 기이한（봉우리）많네.

（가을）（달）빛 휘영청 밝기만하고,

（겨울）산마루네 수려한（소나무）외롭네.

- 중국 진나라 시인 고개지의 〈사시四時〉

여기서 머릿속으로 '봄→(연)못/여름→봉우리/가을→달/겨울→소나무'를 뚜렷하게 암기한다. 그러면서 '이미지화'하면 더 좋다. 맥락을 외운 다음에는 나머지 내용을 되뇌기로 외우며 이미지를 더 정교하게 만든다.

임의의 맥락으로 기억하기-스토리텔링 암기법

지금까지는 이미 존재하는 맥락을 활용하는 법을 배웠는데, 이제부터는 임의로 맥락을 만들어서 기억하는 법을 보기로 한다. 이는 앞서 설명했지만 '조직화'와도 연결되어 있다.

마트에 가서 사야 할 것:

베이컨, 바나나, 냉장고, 시계, 피클

이것들을 가지고 소설을 쓴다고 생각하고 마음대로 하나의 스토리를 만들면 된다. 앞서 배운 이미지화도 함께 활용해보자.

배가 너무 고파서 마트에 베이컨을 사러 가던 중에 바나나를 밟고 미끄러졌다. 그런데 하필 냉장고 쪽으로 넘어져서 쿵 소리를 내며 부딪쳤고, 그 위에 걸려 있던 시계가 떨어졌다. 행복한 표정으로 피클을 먹고 있던 가게 점원이 놀라 내게로 달려왔다.

매우 유치해 보이지만, 앞서 우스꽝스러운 이미지가 기억에 잘 남듯 특이하고 인상적인 이미지로 기억하기 위해 일부러 더 비현실적인 스토리를 구상하는 것이다. 이런 방법을 '스토리텔링 암기법'이라고 부르기도 한다.

시스템 인풋과 컴프리헨서블 인풋

맥락을 통해 영어 단어를 외우는 기술을 소개했다. 이는 그 자체로도 효과가 있지만, 더 넓게는 '컴프리헨서블 인풋Comprehensible Input'이라는 언어 공부방법과도 연결된다.

흔히 영어를 공부할 때, 구체적인 단어와 문법을 공부한 다음 독해, 듣기나 말하기로 발전시키는 방식으로 한다. 컴프리헨서블 인풋 방식은 다르다. 예를 들어 영어를 공부하고 싶다면 곧바로 영어책을 읽으면서 공부하고, 모르는 단어는 그때그때 찾고 체크한다. 그러면서 '전반적 맥락'을 먼저 읽히고, 그렇게 익힌 '맥락'을 바탕으로 지식 습득을 이끈다. 이 방법은 여러 단계를 건너뛰어 처음부터 상위 단계의 공부를 한다는 즐거움을 주고, 이는 다시 언어 공부의 목표(예를 들면 원서 읽기)에 더 빠르게 도달할 수 있다는 가능성을 느끼게 유도한다.

반면 우리가 학교에서 배워온, 단어-문법-독해-쓰기-듣기-말하기처럼 지식을 하나씩 쌓아가는 방식을 '시스템 인풋^{System Input}'이라고 부른다.

　둘 중 어느 방식이 더 효과적인지에 대해서 언어학계에서는 많은 논쟁이 있다. 하지만 이 책은 적어도 암기의 측면에서는 전자의 방식이 더 뛰어나다는 전제에서 설명했다.

4

(분해하고
재조합하라)

정교화
Elaboration

이해 = 정교화

'정교화Elaboration'란, 새로운 정보를 기억할 때 본래 알고 있던 지식
으로 새로운 정보를 기존의 지식으로 분해하고 재구성, 대체해 외우
는 방법을 말한다. 외우고자 하는 대상을 내 기존 지식의 단위로 정
교하게 나누어 재이해하는 것이다.

예를 들어 '단어單語'를 외워야 한다고 가정하자. 단어의 사전적
정의는 '언어의 최소 단위'다. 정교화는 이 사전적 정의를 새롭게 외
우는 것이 아니라 '단어'라는 용어 자체를 기존 지식으로 분해한 후
재조합하여 '단위+언어'의 구조로 보는 것이다. 이때 기존 지식으로
해결될 수 없는 부분은 일단 논리적인 추론으로 보충하게 된다.

일상적으로 사용하는 '이해'라는 말에 대응하는 것이 바로 정교화다. 종종 암기와 이해는 어떻게 차이가 있느냐는 질문을 받는데, 일반적으로는 '완벽한 암기가 이해'라는 정도로 인식되었으나 명쾌한 답은 아니다. 새로운 정보를 받아들일 때 이미 알고 있던 지식 체계만으로 그 정보를 받아들일 수 있을 때, 즉 기존의 지식 체계를 유지한 채 세부적인 구성 요소가 하나 느는 경우는 '이해'다. 그밖에 조직화, 이미지화, 맥락화, 변환법 등을 사용해 의식적으로 완전히 새로운 내용의 지식을 머릿속으로 집어넣는 경우는 '암기'라 할 수 있다.

정교화의 핵심, 자기언어화

다음 페이지의 그림처럼 별 모양의 정보를 머릿속에 입력해야 한다고 생각해보자. 별 모양 그대로를 머릿속에 집어넣는 것이 암기인 반면, 그 별 모양을 삼각형 다섯 개와 오각형 하나로 분리해서 그 조립법으로 기억하는 것을 이해, 즉 정교화라고 한다.

한편 우리가 정보를 재구성할 때 그 정보를 마음속에 이미 존재해 있는 정보에 맞춘다는 이론을 '스키마 이론(배경 지식 이론)'이라고 하는데, 여기서 설명하는 정교화와 궤를 함께하는 것으로 이해된다.

그렇다면 정교화는 어떻게 해야 할까? 간단하다. 바로 외우고자 하는 것을 내 언어로 바꿔 표현해보는 것이다. 즉 무언가를 읽거나 배운 후에 그것이 제대로 외워졌는지 말이나 글로 표현해본다.

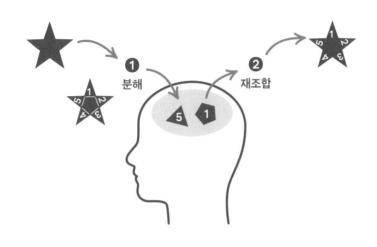

배경 지식이 많은 경우에만 가능한 것이 아니다

이렇다 보니 정교화를 하려면 배경 지식을 잔뜩 습득해야 하는 것은 아닌지 또는 배경 지식이 없으면 정교화를 할 수 없는 것은 아닌지 의문을 가질 수도 있다.

단순히 아는 게 많은 것과 암기를 잘하는 것은 다르다. 아무리 배경 지식이 많아도 그것을 활용할 줄 모른다면 정교화 방법을 사용하지 못하는 것이다. 즉 정교화에는 일정한 배경 지식이 필요하긴 하지만, 그보다는 이 배경 지식을 사용하는 방법이 훨씬 중요하다.

요리를 할 때 재료가 없다면 음식을 만들 수 없지만, 재료가 있다고 해도 레시피를 모른다면 음식을 만들 수 없는 것과 마찬가지다.

또 암기법 중에서도, 특히 정교화라는 방법은 처음부터 모든 것을 알고 있다고 상정하는 것이 아니라, 최소한의 지식을 사용해서 정교화를 시도하고 부족한 부분을 채우는 것까지 모두 포함한다. 예를 들어 앞서 맥락화 부분에서 새롭게 외운 맥락이 구체적 지식을 정교화하는 데 도움을 준다고 설명했는데, 그것이 바로 이 예에 해당한다. 이런 관점에서 생각해보면 정교화란 요리의 레시피를 배우는 것뿐 아니라, 부족한 재료를 어디서 보충해와야 가장 효율적이고 적절한지를 판단하고 행하는 것까지 포함하는 것이라 할 수 있다.

부족한 부분을 채우는 방법 – 합리적 추론

배경 지식을 사용해 정교화를 시도하며 부족한 부분을 채우는 방식은 합리적인 추론이라고 한다. 현재 내게 있는 정보, 즉 장기기억 속의 지식과 내가 외우고자 하는 대상에서 가장 손쉽게 얻을 수 있는 정보를 떠올려보자. 가령 '지상권地上權'이라는 용어에 대해서는 한 자상으로 '토지의 지상을 사용할 수 있는 권리겠구나'라는 추론을 할 수 있다(실제로는 지하까지도 사용이 가능하다). 다시 말해 맥락화를 통해 얻을 수 있는 전체상을 바탕으로, 바로 이해되지 않는 세부적인 내용에 대하여 합리적인 가설을 세우는 것이다.

그 가설은 맞을 수도 있고 틀릴 수도 있지만, 그 과정에서 뇌에 깊은 '기억의 흔적'이 새겨져 암기가 쉬워진다. 이후 정교화나 앞서 언급한 맥락화, 이미지화 등을 통해 지식이 보충되면서 그 내용을 확인하거나 수정해나가면 된다. 특히 스웨덴에서는 책을 빠르게 읽으며 대략적 내용을 파악한 후, 얻은 정보를 바탕으로 바로 토론이나 대화를 하며 정보를 보충하고, 이후에 책의 세부적 내용을 읽는 방법을 효율적인 독서 방법으로 널리 여긴다. 이 독서법 역시 합리적 추론을 기반으로 한 방법이라 할 수 있다.

지금까지의 암기법들을 종합하여 구체적으로 설명해보자. 만약 책을 외우고 싶다면, 현재 외워야 할 또는 공부해야 할 진도와 관계없이 일단 처음부터 끝까지 소제목들만을 여러 번 훑어본다. 그렇게 인지 과정을 거친 후에 각 소제목에 쓰인 단어들의 의미와 문장의 의미를 생각해본다. 그다음, 앞뒤 소제목 간의 관계, 책 전체를 묶어주는 하나의 맥락을 찾는다. 여기까지 되었다면 세부적인 내용을 정교화 해보자. 아무런 배경 지식이나 추론 근거 없이 정교화를 시도하는 경우보다 훨씬 이해하기 쉬울 것이다.

세부 내용을 제대로 이해하기 위한 전제

정교화를 시도하는 과정에서는 끊임없이 그 세부 내용이 속해 있는 곳의 소제목을 확인해야 한다. 지식을 멀리서 보는 작업과 가까이서

보는 작업을 동시에 해야 보다 효율적으로 정교화가 이루어질 수 있다. 개념 층위가 같은 소제목 간의 관계와 그 맥락뿐 아니라, 상하 층위 소제목, 소제목과 내용 간의 관계도 맥락을 이루고 정교화에 도움을 주는 것이다. '부분에 대한 완전한 이해는 전체에 대한 이해를 바탕으로 한다'는 말은 이러한 의미다.

소제목을 수시로 확인하면서 정교화를 진행할 때 생략된 내용들이 무엇일지, 앞으로 어떤 내용이 나올지를 스스로에게 계속 물으며 책을 읽어야 한다. 그리고 다음에 읽을 때에는 그 추론이 맞는지를 확인하며 읽는다.

왜 천재들은 책을 읽다가 팔짱을 끼고 천장을 보는가

정교화를 위해 구체적으로는 두 가지 방법을 권한다.

하나는 글이나 책을 읽은 후에 해당 단락을 나의 언어로 요약해 적어보는 것이다. 만약 그것이 어렵다면 읽은 것을 요약·표현된 부분을 찾아 밑줄을 그어도 된다. 물론 그렇게 줄로 표시한 후에는 그 줄친 부분은 읽고 또 읽으며 그것이 무슨 의미인지, 어떻게 내 언어로 더 쉽게 표현할 수 있는지 머릿속으로 물고 늘어져야 한다.

이를 위해 책을 읽다가 잠깐씩 멈추면서 책에서 눈을 떼고 머릿속으로 줄친 부분의 의미를 생각하는 시간을 꼭 갖도록 하자. 그래서 이해력이 좋고 암기력이 좋은 사람들은 책을 읽다가 잠시 멈추고 깊이 생각을 하는 경우가 많다.

위 행동을 그 자리에서 10~15분 내로 할 수 없다면 (사고의 강도가 아니라) 빈도를 늘리는 쪽으로 방법을 바꾸어야 한다. 공부를 하다 보면 내가 이해하고자 하는, 정교화하고자 하는 대상이 나왔을 때 그 자리에서 할 수 있는 만큼 힘껏 사고해서 기존 지식을 탐색하고 새로운 정보를 분해해보는 과정을 거쳤음에도 그것이 명확히 이해가 되지 않을 때가 생긴다. 그럴 때는 쉬거나 걷거나 화장실을 가거나 잠자리에 들기 전후 등 짬이 날 때마다 자주 생각하면서 그 부분이 이해될 때까지 물고 늘어지는 것이다. 암기를 잘하는 사람들이 쓴 책이나 응한 인터뷰 등을 보면 이러한 면을 쉽게 찾을 수 있다.

누군가를 가르친다는 감각

다른 하나는 무언가를 외운 후에 직접 말로 해보는 것이다. 그냥 말로 하기보다도, 내가 잘 이해했는지 확인하려면 남을 가르친다고 상정하며 설명하는 것이 좋다. 이 방식이 줄을 긋거나 글을 쓰는 것보다 더 빠르고 강력하다.

이처럼 내가 나를 말로 가르치는 방식을 셀프렉처Self lecture라고 한다. 다만 공부하는 경우라면 소리 내어 말을 하는 환경을 찾기가 쉽지 않으니, 주로 집에서 공부를 하는 경우로 한정이 되거나 스터디를 한다는 평계로 나보다 모르는 사람들에게 설명하는 방식을 사용

	학습정착률
강의 듣기	5%
독서	10%
시청각	20%
시험 보기	30%
그룹 토론	50%
직접 체험	75%
가르치기	90%

하게 된다.

이렇게 보면 왜 학원 강사나 선생님이 해를 거듭할수록 잘 설명하고 강의 실력이 느는지 그 이유도 쉽게 수긍이 된다.

우리 할머니에게도 설명할 수 있을 정도

이처럼 누군가에게든 말로 하는 방식을 쓸 때 주의할 점은 내가 외운 것을 실제로는 제대로 이해하지 못했으면서, 그대로 옮겨 읊어서는 안 된다는 것이다. 이는 그저 외운 것을 다시 떠올리는 것에 불과하다. 내용 그대로 옮겨 읊는 것이 아니라, 다시 나의 언어로 간명하게 표현할 수 있어야 하고, 며칠이 지난 후에도 주저없이 말할 수 있을 정도가 되어야 한다.

어느 정도로 간명하게 표현할 수 있어야 할까? 바로 내가 현재 외우고 있는 내용에 대한 배경 지식이 없는 사람도 내 설명을 듣고 이해할 수 있을 정도여야 한다. 그러려면 현재 내가 공부하는 분야의 지식이 나보다 없거나 적은 사람 한두 명을 청강생으로 떠올리고, 내가 설명했을 때 그 사람이 어떤 질문을 할지, 그리고 그 질문에 나는 어떻게 대답할 수 있을지, 그 대답이 상대의 의문을 푸는 데 적절한지 등을 확인해보면 된다.

아인슈타인은 다음과 같은 말을 한 적이 있는데, 이제 이 말의 의미가 다르게 이해되지 않는가?

"알고 있는 것을 여러분의 할머니께서 이해할 수 있도록 설명하지 못하면 여러분은 그것을 진정으로 알고 있는 것이 아닙니다."

이것만은 꼭!

‣ 답까지 이르는 배경 지식이 빈틈없이 연결되어 있다면 억지로 새로운 내용을 외우지 않아도 자연스럽게 암기가 된다.
‣ 일단 가설을 세우려고 노력해보고 이후에 내용을 확인하는 습관을 들이자.
‣ 공부한 내용을 우리 할머니도 알 수 있을 정도로, 스스로에게 가르쳐보는 습관을 들이자.

어근으로 영어 단어 외우기

이제 본격적으로 정교화하는 방법에 대해 배워보자. 먼저 영어 단어
를 외우는 경우다.

aerosol   apprentice   aeronaut   accurate
연무제   견습생   열기구 조종사   정확한

accumulate   aerobic   abhor   aeronautics
축적하다   유산소 운동의 혐오하다   항공학

먼저 '조직화'를 한다.

공통되는 부분의 뜻을 확인해보자.

aero = 공기

이를 바탕으로 단어들의 뜻을 쉽게 이해할 수 있다.

aerosol   aeronaut   aerobic   aeronautics
연무제   열기구 조종사   유산소 운동의   항공학

공기에 분사하는 것, 공기를 이용한 탈것 조종사, 공기와 밀접한 운동, 공기와 관련된 물체 조종사(astronaut가 우주비행사니까 naut가 항해사라는 것도 추론할 수 있다)라는 식으로 연상 가능하다.

한자 단어

한자도 영어와 마찬가지로 다의어이기 때문에 같은 원리로 외울 수 있다.

好 좋아할 호

聾 귀머거리 농

醫 치료할 의

한자를 잘 뜯어보면 아래와 같은 의미들이 결합되어 있음을 알 수 있다.

好 좋아할 호 = 女(여성)+子(남성)

= 여자와 남자가 만나니 좋다.

聾 귀머거리 농 = 龍(용)+耳(귀)

= 용에게는 귀가 없다.

醫 치료할 의 = 医(활집 속의 활)+殳(몽둥이)+酉(술)

= 활이나 몽둥이를 맞은 사람을 술로 소독해서 치료한다.

단어 의미를 뜯어보는 습관을 반드시 가질 것

'경찰'이라는 단어 뜻을 모르는 사람은 없을 것이다. 그런데 그것이 무엇인지 설명하라고 하면 정확히 설명할 수 있는 사람도 드물 것이다. 경찰에 대한 설명은 아래와 같다.

> 경찰 : 국민의 생명과 재산보호 및 공공의 안녕과 질서유지를 도모하기 위하여 국민을 계몽, 지도 또는 명령, 강제하는 국가의 특수행정작용 (출처: 한국민족문화대백과)

한편 국가는 다음과 같은 일을 한다고 설명되고 있다.

> 국가는 국민의 생명, 신체, 자유, 재산에 대한 위험으로부터 국민을 보호할 헌법적 의무를 부담하는데, 그 과정에서 국민의 기본권은 국가안전보장, 질서유지, 공공복리를 위하여 제한될 수 있다.

두 설명을 조합하면 아래와 같이 된다.

> 국가는 국민의 생명, 신체, 자유, 재산에 대한 위험으로부터 국민을 보호할 헌법적 의무를 부담하고, 그 과정에서 국민의 기본권은 국가안전보장, 질서유지, 공공복리를 위하여 제한될 수 있는데,

이를 위하여 국민을 계몽, 지도 또는 명령, 강제하는 국가의 특수 행정작용을 '경찰(작용)'이라고 한다.

이렇게 보면 본래 결국 경찰 역할의 핵심은 국가의 본래 의무를 제외한 뒷부분 즉, "국민을 계몽, 지도 또는 명령, 강제"하는 점이라는 것을 알 수 있다. 이 남은 설명을 '경찰'이라는 단어 속에 담을 수 있는지 확인해보자. 경찰의 한자 조합에 대해 찾아보자.

경계할 경(警) + 살필 찰(察)

이렇게 보면, 경찰警察이란 '경계+관찰(살핌)'이라는 뜻으로 추론이 되므로, 결국 '국민의 생명 등에 대한 위험'이 발생하지 않도록 경계하고 관찰하는 일을 하는 사람이 경찰이라는 것을 알 수 있다. 이 단어 속에는 '계몽·지도 또는 명령·강제'는 들어갈 수 없다는 점을 알 수 있고, 이 부분은 따로 암기해야 한다.

계몽, 지도 또는 명령, 강제

단어의 관계를 생각해보면, 계몽은 스스로 깨우쳤다는 것, 지도는 그것이 안 되니 부드럽게 알려줬다는 것, 명령은 하라고 말하는 것, 강제는 그 명령을 안 들으니 실력행사를 한다는 것 정도의 느낌이

든다. 뒤로 갈수록 개입의 정도가 커지는 것이다. '큰 것부터 작은 것까지' 하는 맥락을 떠올리면서 다음처럼 외워나간다.

①(위험에 대한) 경계 관찰

+

②부드러운 수단부터 강한 수단까지

(계몽 → 지도 → 명령 → 강제)

국민에 대한 위협을   경찰   하기 위해,
여러 수단을 사용하는 집단

관
계

그 외 어려운 단어들

이런 습관은 처음에는 들이기가 어렵고 힘이 들지만, 공부하는 사람에게는 필수적이다. 한 가지 더 예를 들어보자.

'신용'은 신뢰와 어떤 차이가 있을까?

위와 같은 문제가 있다고 가정하자. 이에 대한 일반적인 해설은 다음과 같다.

신용은 신뢰에 비해 더 강한 정도의 믿음을 의미한다.

위 질문과 해설을 보고 '그렇구나' 하고 넘어가면 안 된다. 이런 설명들은 단 하루만 지나도 기억을 떠난다.

정교화를 잘하려면 계속해서 의문을 갖는 습관을 가져야 한다. 주어진 설명에서 '만족'해버리고 내가 원래 알고 있는 지식으로 분해해보는 습관을 들이지 않는다면 그 새로운 지식이 제대로 머리에 남지 않는다.

시간이 들더라도 그 구성 원리를 찾거나 생각해봐야 현재의 나의 지식으로 이해가 되지 않는 것들을 기억에 정착시키는 데 도움이 된다. 내가 알고 있는 한자의 뜻으로 두 단어의 차이점을 기억해보기로 한다.

신뢰信賴와 신용信用은 한 글자에서 차이가 난다.
뢰賴는 누군가가 다른 사람에게 '의지한다'는 의미이고
용用은 '쓰인다'는 의미다.
즉 신용은 널리 쓰이는, '통용되는 신뢰'라고 할 수 있으므로 신뢰에 비해 더 강하다고 할 수 있는 것이다.

중요한 것은 이러한 추론이 정말로 진실인가가 아니라, '내가 이미 지닌 지식으로부터 도출되었는가'다.

조선시대의 왕들

많은 사람들이 '두문자'로 외우고 있는 조선시대 왕들의 이름도 이번 기회에 제대로 기억으로 정착시켜 보자.

태정태세문단세

예성연중인명선

광인효현숙경영정순헌철고순

그런데 누가 세조이고 누가 세종일까? 연종이라는 왕은 있는가? 조선의 마지막 왕은 순조일까 순종일까? 두 문자는 이렇듯 그 두 문자만이 기억에 남는다. 이제 다음 설명을 읽어보자.

'군'은 왕자를 부르는 호칭이다. 반정으로 폐위된 왕들은 별도로 조, 종 같은 묘호를 붙이지 않는다.

왕조를 창업한 왕에게만 '조'를 붙이는 것이 원칙이다. 고려시대에는 전혀 예외가 없다. 그러나 조선시대에는 '창업에 버금가는 업적을 남긴 왕'에게도 '조'를 붙였다. 물론 묘호는 후세에 붙이는 것이므로 당시의 정치적 상황에 따른 것이다. 세조와 인조는 반정을 정당화하기 위하여, 선조는 임진왜란을 이겨내고 나라를 재건하였다는 이유로, 순조는 유일한 직계인 헌종이 후사 없이 죽은 후 순조의 5촌 조카인 철종을 왕으로 지명한 순조의 부인 순원왕후로 인해, 영조와 정조는 순조보다 업적이 높다는 이유로 각각 '조'의 묘호를 받았다.

물론 시간이 걸리겠지만, 이 설명을 알게 되면 어느 왕이 '조'인지 '종'인지 헷갈리지 않게 된다.

굉장히 두꺼운 책을 효율적으로 공부하고 또 외우는 대부분의 사람들은 정교화의 기술을 쓴다. 책의 서두에서 암기력은 사고하는 방법, 사고가 진행되는 순서와 방향에 따라 달라진다고 설명했다. 사고력을 위한 가장 좋은 습관은 새로운 지식의 구성원리를 추론하는 것이다.

정교화 과정에서 정말로 내가 '새롭게' 외워야 할 지식이 무엇인지가 걸러진다. 그런 과정 없이 공부하는 사람들은 새로운 지식 전부를 기억에 남기려 노력하는 반면, 정교화가 습관이 된 사람들은 중요한 새로운 것만을 취사해서 머리에 집어넣는다. 이런 작은 차이가 쌓이면 시간과 노력뿐 아니라 머리에 남아 있는 지식의 양에서도 큰 차이로 이어진다.

조직화가 안 되는 경우도 예를 하나 들어보기로 한다. 정교화에서는 항상 의문을 갖고 질문을 던져야 한다. 그 의문에 대한 나름의 결론이 본문에서 설명한 '추론'에 해당한다.

September는 9월을 의미하는데, 오히려 스펠링은 7을 의미하는 Seven(숫자 7)과 유사하다. 그리고 10월을 의미하는 October도 여덟 개 다리를 가진 Octopus(문어)와 스펠링이 비슷하다. 그렇다면,

September는 왜 7월이 아니라 9월일까?

여기에 대한 설명은 다음과 같다.

> 9월을 의미하는 September는, 라틴어로 7을 의미하는 Septem에서 따온 Septembribus가 변형된 단어다.

그렇다면 왜 7월이 현재의 9월인 것일까? 왜 8월은 현재의 10월이 되었을까?

> 로마는 농경국가로 본래 겨울은 월로 계산하지 않고 1년을 10월로 보았는데, 이후 12월로 바꾸면서 1월과 2월을 추가했고, 그 결

과 원래의 7월과 8월은 각각 9월과 10월로 밀렸기 때문이다.

이렇게 이해할 경우 단순히 월의 이름을 외우는 것보다 훨씬 오래 기억에 남는다. 단어의 연원을 이해하면서 그 의미를 '내가 본래 알던 것(September=원래는 Seven+12월로 바꾸면서 2칸 밀려서 7월→9월)'으로 재조합할 수 있게 되었기 때문이다.

표는 정말 외우기 쉬울까

다음에 제시된 두 가지 자료를 보자.

단어	구분 기준	결과
달리다	명령형 어미(~어라)	달리- + -(어)라 → 달려라 (O 결합 가능)
	청유형 어미(~자)	달리- + -자 → 달리자 (O 결합 가능)
	현재형 어미(~ㄴ다)	달리- + -ㄴ다 → 달린다 (O 결합 가능)
	진행형 표현(~고 있다)	달리- + -고 있다 → 달리고 있다 (O 결합 가능)
예쁘다	명령형 어미(~어라)	예쁘- + -어라 → 예뻐라 (X 결합 불가능)
	청유형 어미(~자)	예쁘- + -자 → 예쁘자 (X 결합 불가능)
	현재형 어미(~ㄴ다)	예쁘- + -ㄴ다 → 예쁜다 (X 결합 불가능)
	진행형 표현(~고 있다)	예쁘- + -고 있다 → 예쁘고 있다 (X 결합 불가능)

동사와 형용사의 구분

동사와 형용사는 모두 용언이어서 가끔 구분이 잘 안 될 때가 있어요. 그럴 때에는 우선 단어의 의미에 주목해보세요. 동작이나 작용을 나타내는 말이면 동사, 상태나 성질을 나타내는 말이면 형용사!

의미상의 차이 말고 다른 방법으로도 동사와 형용사를 구분할 수 있어요. 동사에는 명령형이나 청유형, 현재형 어미가 붙을 수 있어요. 또 진행형으로 표현할 수도 있죠. 하지만 형용사는 그럴 수 없어요. 이를 통해 동사와 형용사를 구분할 수 있는 거죠. '달리다'와 '예쁘다'로 설명해줄게요.

　

같은 내용을 다뤘지만 하나는 그 내용을 표로, 다른 하나는 줄글로 표현한 자료다. 어느 쪽 자료가 더 쉽게 외울 수 있을 것 같은가? 일반적으로는 대부분 표라고 답할 것이다. 외워야 할 분량이 적은 것처럼 보이기 때문이다. 그러나 분명 외워야 하는 양은 표 쪽이 더 적어 보이지만, 암기하기에는 줄글이 훨씬 유리하다. 설명이 자세히 쓰여 있어 정교화를 위한 단서가 훨씬 많기 때문이다.

위의 줄글을 읽어 보면 '동사와 형용사'는 동작이나 작용을 나타내는 것인지 또는 상태와 성질을 나타내는 것인지 '의미상의 차이'로 구별할 수 있고, 나아가 'OO을 붙일 수 있다/없다'로도 구별할 수 있음을 알 수 있다.

줄글을 읽는 경우 기억할 것은 두 가지다. '의미'와 '붙이기'. 이걸 알고 표의 내용을 보면 '무언가를 붙일 수 있으면 동사, 없으면 형용사'라는 의미로 이렇게 정리한 것이구나 하는 생각을 하게 된다. 그게 명령형 어미든 청유형 어미든 현재형 어미든 진행형 어미든 어느 경우나 마찬가지이므로 일일이 외울 필요가 없게 된다.

그러나 표만 보고 외우는 경우는 구별의 원리나 기준을 기억하는 것이 아니라, 그 결과들을 모두 외워야 하기 때문에 훨씬 암기할 양이 많아진다. 예로 든 표는 칸의 개수만 해도 벌써 13개다. 줄글을 읽고 정리해 기억하는 경우에 비해 외울 것이 최소 11개 더 많다. 세부적인 내용까지 하면 암기할 양이 더욱 늘어남은 물론이다.

형법총론을 다룬 다음 예시도 마찬가지다.

표를 외우려 하기보다 시간이 조금 더 걸리더라도 안에 내포한 내용을 충분히 이해한 다음, 스스로의 힘으로 표를 그릴 수 있어야 그것이 내 장기기억을 통해 이해가 되었다고 할 수 있다.

학설		객체의 착오	방법의 착오
구체적 부합설	구체적 사실의 착오	기수	미수 + 과실
	추상적 사실의 착오	미수 + 과실의 상상적 경합	
법정적 부합설	구체적 사실의 착오	기수	
	추상적 사실의 착오	미수 + 과실의 상상적 경합	
추상적 부합설	구체적 사실의 착오	기수(법정적 부합설과 동일)	
	추상적 사실의 착오	경(인식) → 중(실현) = (경 : 기수, 중 : 과실)	
		중(인식) → 경(실현) = (중 : 미수, 경 : 기수)	

[2] 고의의 인정 여부가 문제되는 구성요건적 착오 사례

고의가 「존재」하는지가 문제되는 것으로 객체의 혼동, 타격의 실수, 인과과정의 착오, 행위자의 생각과 결과발생 시점이 다른 경우, 가감적 사실의 착오의 다섯 가지 유형이 있는데, 그 중에서 결과발생 시점이 행위자가 생각한 것보다 빠른 경우와 가감적 사실의 착오는 순전히 이론적 논의를 위한 것으로 생각되므로 이하에서는 설명의 대상에서 배제하기로 한다.

(1) 객체의 착오

객체의 착오란 행위자가 인식했던 객체에 대해 결과가 발생했지만 결과가 발생된 그 객체는 원래 행위자가 의도했던 객체가 아닌 경우를 말한다.

> A가 B를 살해하려고 총을 쏘아 B에게 명중시켰으나 알고 보니 B와 닮은 꼴인 B'였다.

이 경우 결과가 발생된 다른 객체에 대해서는 행위자가 동일성을 혼동하였을 뿐이어서 실제로는 그 다른 객체에 대해 공격할 동기가 없었기 때문에 '동기의 착오'라고 하기도 한다. 동기에 착오는 형법상 범죄의 성립에 영향을 미칠 수 없다. 이른 어느 견해에 의하더라도 발생한 범죄의 고의기수범의 죄책이 인정된다. 따라서 위 사례에서 A는 살인죄의 죄책을 진다.

당장은 이런 줄글을 읽고 이해하는 것이 부담스럽게 느껴질 수 있다. 그래서 많은 수험생이 정리가 잘된, 깔끔한 책을 선호한다. 그러나 암기법의 원리상 내용을 도표로 표현하고 깔끔하게 정리한 책이 오히려 암기 부담을 가중시킨다. 시험공부를 하는 사람이라면 이 점을 명심해야 한다.

조직화와 맥락화, 정교화, 이미지화를 모두 활용하여 암기해보자.

> 세종의 업적으로는 유교 정치의 기틀 확립, 농사직설 등 편찬사업을 융성,
> 훈민정음 창제, 과학기술의 발전과 기술서적 편찬, 법전정비 등이 있다.

일단 세종의 업적 부분이 예상되는 '질문'에 해당하므로 먼저 확실하게 '트리거'로 만들어둔다. 강한 암기의 대상이다.

> <u>세종의 업적</u>으로는 유교 정치의 기틀 확립, 농사직설 등 편찬사업을 융성,
> 훈민정음 창제, 과학기술의 발전과 기술서적 편찬, 법전정비 등이 있다.

그다음으로, 먼저 조직화를 해서 외울 것이 몇 개나 되는지 세어보자. 언제나 이 과정으로 시작하는 것이 습관이 되어 있어야 한다.

> 세종의 업적?
> ①유교 정치의 기틀 확립, ②농사직설 등 편찬사업을 융성, ③훈민정음 창제, ④과학기술의 발전 + 기술서적 편찬, ⑤법전정비

왼쪽이 외울 대상, 오른쪽이 내 머릿속이다.

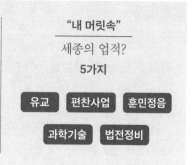

이제 신문, 뉴스의 체계를 이용하여 맥락화, 정교화를 해본다. 정교화는 나의 기존 장기기억, 다시 말해 배경 지식을 활용하는 것이라는 점을 명심하자.

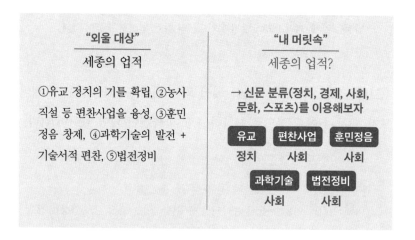

이렇게 보니 세종의 업적은 모두 대국민적인 것, 즉 '사회' 면에 집중이 되어 있음을 알 수 있다.

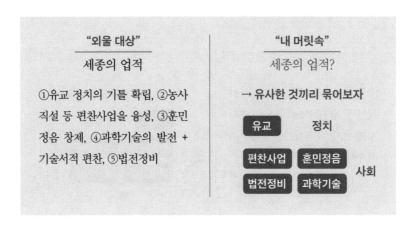

한 번 더 맥락화를 할 수 있을 것 같다. 책과 관련된 것이 세 개인 것을 알 수 있다.

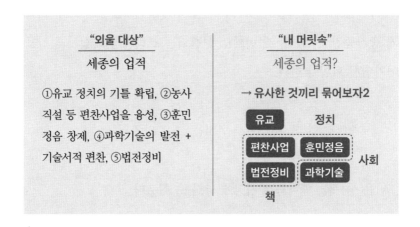

여기서 한 번 더 맥락화를 할 수 있다. 책 세 권을 새로 생긴 것, 기존 책을 정리한 것, 두 가지 방법을 합친 것(새로 쓰거나 기존 것 정리한 것)으로 나누면 사고상 자연스럽다.

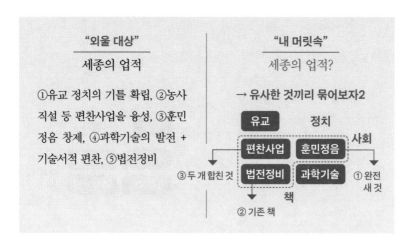

　여기서 훈민정음 창제는 원래부터 알고 있던 사실이므로 이것을 '트리거'로 삼아서 나머지 책 두 권을 떠올릴 수 있도록 하자. 이렇게 중간중간 두 번째, 세 번째로 연결되는 트리거를 확실하게 만들어가면서 외워야 한다.

　'세종대왕 업적? → 일단 훈민정음 → 그 외에 두 권 더'

남은 두 개는 맥락화로 기억에 남길 수 있겠다.

　'조선은 유교국가니까
　세종도 당연히 유교와 관련이 있겠지.'

'조선시대에 과학기술이라면 당연히 농사에 관한 과학기술이겠지? 천문을 얘기하는 것이구나.'

이제 유교, 책 세 권, 천문기술을 포함한 이미지를 떠올려보자. 이미지화의 기술이다. 과학기술은 장영실이나 영화 천문의 포스터를 떠올리면 되겠다.

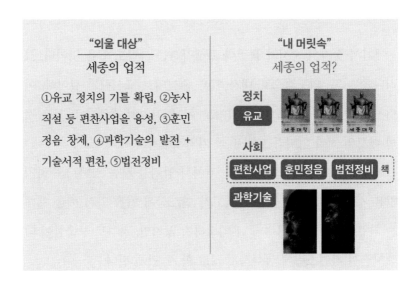

아직 끝이 아니다. 매우 복잡한 단계들을 거쳐 기억을 만들었는데 다음에 다시 와서 또 똑같은 과정을 거친다면 시간과 노력이 낭비된다. 그래서 여기서 내 사고 과정을 '외울 대상에' 간단히 이미지화하여 정리해둔다. 일반적으로는 트리거에 표시해둔다.

회색 밑줄은 '질문'을 나타낸다. 파란색 밑줄은 해답이다. 다만 앞 단어 정도만 기억해도 뒤의 글자는 따라 나올 것이므로 줄을 치지 않았다.

세종의 업적으로는 ④유교 정치의 기틀 확립, 농사직설 등 ②편찬사업을 융성, ①훈민정음 창제, ⑤과학기술의 발전 + 기술서적 편찬, ③법전정비 등이 있다.

여기서 숫자의 순서가 틀렸다고 생각하는 사람도 있을 것이다. 그러나 아니다. 의도적으로 내가 외운 순서대로 표시해둔 것이다. 이미지화 부분의 설명을 다시 읽어보자. 내 기억의 흔적을 남기는 것이 메모의 진짜 의미라는 점을 꼭 기억해두자.

처음에는 이런 복잡한 과정을 거쳐서 암기를 하는 것이 익숙하지 않을 것이다. 하지만 몸짱이 되고자 헬스장에 처음 가서 배울 때에는 가르쳐주는 운동에 누구나 익숙하지 않지만, 점차로 꾸준함이 더해지면서 자연스럽게 의식하지 않고 할 수 있게 된다.

5

(쉬운 것으로
바꿔 기억하라)

변환법
Transformation

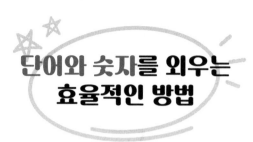

단어와 숫자를 외우는
효율적인 방법

'변환법Transformation'이란 내가 외우고 싶은 대상을 기존에 내가 알고 있는 것 중 발음이나 의미, 형태가 유사한 것으로 바꾸어 대신 기억하는 방식이다.

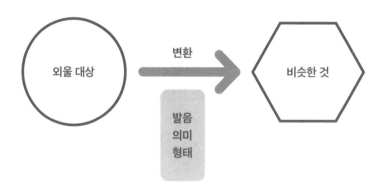

이에는 발음 변환법과 의미 변환법, 형태 변환법, 세 가지가 있다.

발음 변환법

'발음 변환'은 기억하는 대상을 유사한 발음을 지닌 다른 것으로 바꾸는 방식이다. 이때 바꾸어 외우는 대상은 당연히 이미 장기기억 속에 있는 정보를 사용한다. 예를 들어 '칼슈미트는 헌법은 헌법제 정권자의 정치적 결단이라고 주장했는데 이것을 결단주의라고 부른다.'라는 문장을 외우고 싶다면, '칼'을 발음이 같은 '식칼'로, '슈'는 칼을 휘두르는 소리로, '미트'를 영어 발음이 같은 '고기'로 바꾸어, '칼을 슉하고 휘둘렀더니 미트(고기)가 결단이 났다'고 외우는 식이다.

의미 변환법

'의미 변환'은 유사한 의미를 가진 것으로 바꾸는 방식인데, 예를 들면 'Almighty(전지전능하다)'라는 단어를 '신'으로 바꾸어 기억하는 것이다. 여기에 '이미지화'까지 함께 쓰면 더욱 효과적이다. 위의 예에서는 '내가 생각하는 신의 모습'을 떠올리면 된다.

형태 변환법

'형태 변환'은 외우고자 하는 대상과 비슷한 형태의 무언가로 바꾸는 방식인데, 예를 들어 숫자 8을 외우고 싶다면 안경 모양(○─○)을 생각하는 것이다.

특수한 발음 변환법 – 두문자

수험가에서 많이 쓰는 방법으로 '두문자'라는 것이 있다. 두문자는 외우고자 하는 것의 머리글자를 딴 후에 그것들을 이어 발음 변환을 하는 것이다(다만 두문자는 반드시 머리글자만을 따는 것은 아니고 같은 글자가 중복되거나 기존에 외운 것과 충돌되는 경우에는 중간 글자 등을 따는 경우도 있다). 즉 외울 대상의 일부를 기억의 단서로 만들어 발음 변환을 한다는 점에서만 차이가 있다.

발음 변환법에서 이미 기초적인 예시를 보았으니, 두문자의 구체적인 예는 뒤에서 보기로 한다.

"변환법을 쓰다 보면 헛웃음이 나와요"

뒤에서 예시를 통해서 보게 되겠지만, 변환법이나 두문자를 쓰다 보면 피식하면서 헛웃음이 나거나 스스로도 황당하다는 생각이 들 때가 있을 것이다. 변환법 자체가 발음이나 형태, 의미가 비슷하면서도 내가 쉽게 떠올릴 수 있는 것을 이용하는 것이라 변환된 단서들이 멋들어지거나 아주 '말이 되기'는 어렵다. 또한 이미지화와 맥락화 부분에서 본 것처럼 기억에는 평범한 단서보다는 우스꽝스러운 단서가 더 기억에 도움을 준다.

변환법과 두문자가 최후의 수단이 되어야 하는 이유

변환법과 두문자는 마찬가지로 외울 대상의 단위가 작거나 분량이 적을 때, 예를 들어 단락으로 되어 있는 내용보다는 단순하게 단어를 외우거나 숫자를 외울 때 그 효율이 좋다. 하지만 외울 대상의 개수가 많아지면 효율이 급격히 떨어진다.

이는 변환법과 두문자가 실제 그 외울 대상이 내포하고 있는 의미와 연관된 정보를 통해 암기하는 것이 아니라, 내가 임의로 내 장기기억 속의 정보와 연결한 것이라 결합이 느슨하기 때문이다.

따라서 변환법이나 두문자를 남용할 경우, 변환한 문장이나 단어, 두문자는 기억이 나지만 그것을 통해 기억하고자 했던 대상을 하나도 떠올릴 수 없는 부작용을 겪기도 하고, 비슷한 두문자끼리 충돌을 일으켜 정작 중요한 순간에 빠르게 기억을 떠올리지 못하게 되거나 부정확하게 기억하게 되기도 한다. 결국 변환법과 두문자는 최후의 수단으로 사용하는 것이 바람직하다.

이것만은 꼭!

▸ 외우고자 하는 대상과 비슷한 발음, 의미, 형태로 변환한다.

▸ 단어, 숫자와 같은 것을 외울 때 특히 효율적이고 이미지화를 함께 쓰면 더욱 강력하다.

▸ 그러나 변환법은 최후의 수단으로, 최소한도에서 쓰는 것이 좋다.

변환법을
적용하면

발음 변환법 – 각종 영업점의 전화번호

먼저 발음 변환부터 배워보자. 이 방법을 가장 잘 활용한 예시가 바로 사업용 전화번호다.

이삿짐센터 - 2424

퀵서비스 - 8282

친구사이 - 7942

슈퍼마켓 - 8585

이처럼 내가 외우고자 하는 숫자의 발음을 이용해서 임의로 문장을 만들면 그냥 숫자를 외울 때보다는 쉽게 외울 수 있다. 다음과 같은 구조로 기억이 작동하는 것이다.

이삿짐 센터 전화번호?(트리거)

이사와 관련된 4자리 숫자

 변환

2424

발음 변환법 – 한국사 연도 등 숫자 외우기

발음 변환법을 써서 한국사의 사건의 연도들도 외워보자. 몇 가지 예만 들기로 한다.

을사조약 → 1905

임시정부 수립 → 1919

이렇게 생각할 수도 있다.

을사조약 → '아이구 을사**오**적놈들' → 190**5** (발음 변환)

임시정부 수립 → '김구 주석이 기념으로 나무를 **심구** 있다'
→ 19**19** (발음 변환)

여기서는 풍부한 상상력뿐 아니라, 기존에 내가 특정 숫자를 읽을 때 떠오르는 이미지가 무엇인지가 큰 영향을 미친다. 이는 사람마다 다를 수밖에 없으므로 자신의 방법을 찾아보자.

발음 변환법 - 사람 얼굴 외우기

발음 변환으로 사람 얼굴과 이름도 외워보자.

김우용

이때는 얼굴을 보면 '비구름을 탄 용'(우+용=雨+龍)을 생각한다.

'이미지화'를 해서 비구름을 탄 용의 이미지를 떠올려도 좋다.

의미 변환법 - 숫자 외우기

의미 변환은 앞서 설명한 단어를 외우는 경우뿐 아니라 숫자를 외우는 경우에도 쓸 수 있다.

7

이 숫자를 보고 무엇이 떠오르는가? 필자는 토트넘 홋스퍼의 축구선수 손흥민 선수의 등번호가 떠오른다.

이렇게 '7→손흥민'으로 생각하고, 이미지화까지 함께 해서 아래와 같이 생각하는 것이다.

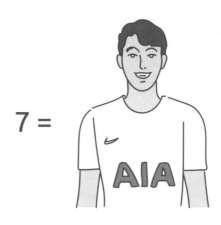

7 =

이것을 '의미 변환법'이라고 한다. 이제 의미 변환법을 써서 다음을 외워보자.

927

92는 바르셀로나 올림픽이 열린 연도(1992년)이므로, 당시 마라톤 금메달리스트였던 '황영조 선수'를 떠올릴 수 있다. 그리고 7은 앞서 손흥민 선수로 기억을 했다. 여기서는 순서가 중요하므로 이렇게 기억을 해보자.

92→바르셀로나 올림픽, 황영조 선수

927→황영조 선수를 따라잡으려는 손흥민 선수

마지막은 이미지화를 통해 이것을 그림으로 기억하는 것이다.

다른 예도 하나 더 보자.

주말을 맞아 근처의 몰에 쇼핑을 하러 갔는데, 주차장은 해, 달, 별의 세 종류가 있다. 차는 해주차장 4층 23번에 주차를 했다.

해주차장 4층 23번

어떻게 기억하면 될까?

먼저 4와 23이 들어가는 익숙한 스토리를 하나 만든다.

전설적인 농구선수 마이클 조던의 등번호는 23번이다. 그는 총 6
번의 우승을 했다. 마이클 조던이 4번째 우승을 할 때 그는 태양
처럼 빛이 나는 느낌이었다. 그런데 그 마이클 조던이 오늘 여기
에 주차를 했다.

이제 이미지화를 한다.

4번째 우승했을 때, 마이클 조던(등번호 23)이 이곳에 와서 주차했다.

조직화부터 이미지화까지 시도해보자.

형태 변환법 – 숫자 외우기

형태 변환도 앞서 든 안경 예시 외에도 다양한 것을 생각할 수 있다.
많이 쓰는 방식은 다음과 같다.

이런 식으로 3은 갈매기로, 8은 눈사람으로 외운다.

38은 '갈매기의 공격을 피하는 눈사람 이미지'로 외운다.

숫자를 많이 외워야 한다면 이상의 변환법들을 이용해서 1~20 정도까지는 미리 자신만의 변환표를 만들어두는 경우가 종종 있다. 스스로와의 약속을 미리 정해두는 것인데, 만드는 것이 만만치 않을 뿐 아니라 다른 더 좋은 암기법들이 많이 있으므로 적어도 수험생이라면 이런 것이 있다고 참고만 해두어도 무방하다.

한편, 숫자를 기억하고 싶을 때는 앞의 변환법들 외에도 일정한 문장을 떠올린 후 활자의 개수를 숫자로 변환하는 방법도 있다. 아래가 그 예다. 이는 형태 변환의 특수한 예라고 할 수 있다.

당신이 너무너무 좋다(임의로 작문) → 342
   3   4   2

두문자

두문자를 써서 다음의 예를 외워보자. 고등학교 물리 I의 내용이다.

1. 이동 거리와 변위

1) 이동 거리: 물체가 운동했을 때, 물체가 지나간 경로를 따라 측정한 거리로 물체가 실제로 이동한 거리다.

2) 변위: 어느 시간 동안 물체가 운동했을 때, 중간의 이동 경로와는 관계없이 출발점에서 도착점을 잇는 벡터다.

① 크기: 출발점과 도착점 사이의 직선 거리

② 방향: 출발점에서 도착점을 향하여 그린 화살표의 방향

각 문장의 머리글자만을 따서 '이이변크방'으로, '이(런) 이변호사가 크게 방구를 뀌었다.'라는 의미가 내포된 것으로 바꾸어 외울 수 있다. 이외에도 수험가에서 매우 유명한 두문자의 예로 청동기토기의 종류에 관한 '부여 간 김송민'이라는 것이 있다.

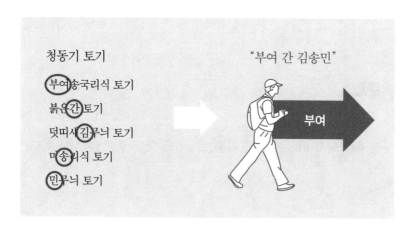

청동기 토기
부여송국리식 토기
붉은간 토기
덧띠새김무늬 토기
미송리식 토기
민무늬 토기

"부여 간 김송민"

부여

6

(**되뇌어라**)

시연
Rehearsal

재현하기를 중점으로

마지막 암기법은 바로 시연 암기법이다. 나중에 정보를 사용하는 과정을 염두, 일정한 주기를 두고 반복해서 미리 재현해보는 것이기 때문에 되뇌기라고도 한다.

예를 들어 친구 집주소를 외워야 할 때 또는 계좌번호를 외워야 할 때 어떤 식으로 외우는가? 돌아서면 까먹지 않기 위해 마음속으로 계속 떠올려보거나 입으로 중얼중얼할 것이다. 이는 단순한 반복이 아니라 그 지식이 사용되는 상황을 미리 상정하고 계속해서 시연을 해보고 있는 것이다. 이것이 시연 암기법이다.

이 시연법은 앞서 설명한 여러 암기법들, 그리고 뒤에서 설명할

'기억 유지' 방법을 전혀 고려하거나 활용하지 않는 것이어서 지식을 머리에 입력하는 데 에너지와 노력이 가장 많이 든다. 그뿐 아니라 일정한 기간이 지나면 외운 것이 쉽게 증발해버리는 방법에 해당한다. 그래도 시연을 통해 외우기만 한다면 적어도 그 기억이 잔존하는 동안에는 다른 암기법과 동일한 효과를 갖는다.

시연의 방식과 주기

별다른 암기법을 알지 못한 채 시험공부를 할 때, 책을 반복해 보는 수험생들이 있다. 그저 책을 반복해 읽어서 내용을 외우겠다는 것이다. 애초에 암기 대상에 대한 고려 등이 아예 없다는 문제점이 있지만, 이 역시도 큰 범주에서는 '시연'에 해당하는 방법이다. 이처럼 시연은 주어진 활자를 반복해서 보는 방식으로도, 당장 연속해서 반복하는 것이 아니라 일정한 주기를 두고 반복하는 방식으로도 할수 있다.

시연이 효과를 발휘하는 예외적인 경우

다른 암기법들에 비해 효율적이지 못한 까닭에 암기법을 안다면 시연의 방식은 거의 쓰이지 않지만, 시연도 예외적으로 강력한 힘을 발휘하는 경우가 있다.

단어나 수학공식처럼 외울 대상이 작은 단위를 지녔을 때다. 외울 대상이 적어 부담도 크게 없고 기본적인 단어나 공식은 어차피 공부해나가면서 계속 반복할 예정이므로 시연을 통해 외워도 큰 문제가 없다.

다음은 애초에 단기기억용으로 사용하는 경우다. 특히 대학 등에서 서술형 시험을 칠 때 그 시험기간에만 기억하기로 하고 정리 자료나 모범답안 등을 외우는데, 이때 시연 방식이 효과가 있다. 또 시험공부 막바지에 이르면 다른 효율적인 암기법을 알고 있고 사용해왔다고 하더라도, 시간의 제약과 정신적인 문제 등으로 결국 외울 대상을 반복해서 보는 시연 방식을 사용하게 된다.

예외적인 상황에, 일시적인 기억을 위해서만 시연의 방식을 사용해야 함에도 굉장히 많은 수험생들이 그저 반복해서 보는 시연법을 많이 사용한다. 매우 빡빡한 학교, 학원 일정에 쫓기는 경우는 더욱 그렇다. 뭔가를 이해하고 소화하는 것이 애초에 불가능하게 느껴질 뿐 아니라, 그때그때 외운 내용을 테스트해보면 또 어느 정도 기억이 나는 것 같은 느낌도 들기 때문이다. 그래서 많은 수험생들이 시연의 늪에서 벗어나지 못한다. 하지만 더 장기적으로, 더 효율적으로 외우기 위해서는 다른 방법을 쓰는 것이 바람직하다.

3장

점수를 끌어올리는
재현의 기술

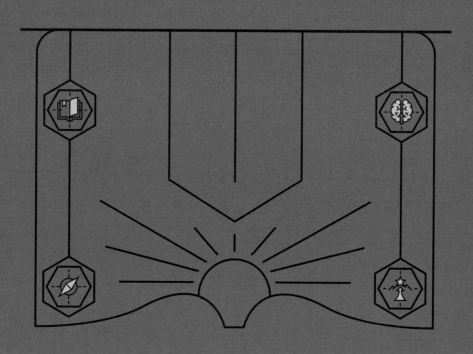

재현이 없으면
암기도 없다

암기를 하는 진짜 목적

암기를 하는 목적이 자기만족이 아니라면, 실제 무언가를 얼마만큼 외우고 있는가보다 중요한 것은 주어진 시간 내에 목적에 맞게 정보를 재현해내어 사용할 수 있는가다. 다시 말해 '암기'는 '잘 외우기'보다 '질문에 대해 빨리 답하기' 위한 것이다.

어디에 차를 주차했는지 내일 되어서야 기억난다면? 시험 시간에는 기억나지 않던 것이 시험 종료벨이 울린 후에야 기억난다면? 사업차 만난 비즈니스 파트너의 이름이 미팅이 끝난 후에야 기억이 난다면? 이는 애초부터 아무것도 외우지 않은 것과 전혀 다를 바가 없다.

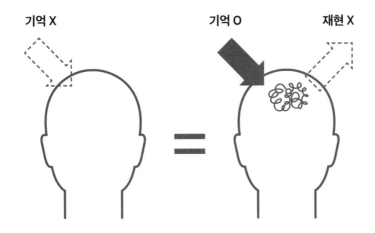

기억 X **기억 O** **재현 X**

"기억하지 못하는 것과
기억하지만 재현하지 못하는 것은 같다"

따라서 암기법을 익힐 때 항상 염두에 두어야 할 점은, 머릿속에 지식을 집어넣기 전부터 이미 그 지식을 사용하는 구체적인 상황을 머릿속으로 그려가며 암기해야 한다는 것이다. 단순히 머릿속에 정보를 집어넣고 오랫동안 유지하는 것으로 만족해서는 안 되고, 정보를 머릿속에 집어넣는 순간부터 끊임없이 그 정보가 쉽게 찾아지는지, 다른 비슷한 정보와 혼동되는 것은 아닌지, 그 정보를 빠르게 끄집어낼 수 있는 단서가 만들어져 있는지, 그 과정들이 제대로 작동하는지를 점검해보아야 한다.

재현이 없으면 암기도 없는 이유

시험 준비를 잘하기 위해 암기법을 익히는 사람에게 '재현'은 더 중요하다. 혹시 〈마이너리티 리포트〉라는 영화를 아는가? 영화 중간에 주인공이 사람의 두뇌를 해킹해서 기억을 다운로드 받는 장면이 나온다. 이런 경우라면 정말로 그 사람 머릿속에 무엇이 있는지, 어떻게 공부를 했는지 확인할 수 있을 것이다.

그런데 우리 현실은 그렇지 않다. 출제자가 수험생 머릿속에 들어갈 수도 없다. 수험생이 정말로 모든 것을 다 공부하고 기억하고 있다고 해도 그것을 확인할 방법이 없다. 그래서 출제자는 실제로 공부한 것을 모두 기억하고 있는 사람이 아니라, 출제와 채점 기준에 맞는 답안을 제출한 사람에게 높은 점수를 준다.

실제 머릿속에 무엇이 들었는지가 중요한 게 아니라, 출제자의 시각에서 볼 때 마치 무언가를 알고 있고 외우고 있는 것처럼 '보이는 것'이 훨씬 중요하다는 말이다. 그런데 많은 수험생들이 정말로 시험에 나오는 것들을 모두 외워서 시험을 잘 치르겠다는, 순진하게도 정말로 외우는 것 자체에만 집중하며 공부를 한다.

위와 같은 사실을 고려한다면 암기와 공부의 방향은 다음과 같이 바뀌어야 한다. 먼저 완벽하게 외우고(기억) 문제를 푸는 것(재현)이 아니라, 무엇을 재현해야 하는지를 처음부터 의식하며 필요한 것만을 기억한다. 이렇게 하는 것이 공부 효율을 훨씬 더 높일 수 있다.

이런 점을 모르고 공부하면 다음과 같은 문제 상황에 맞닥뜨릴 수 있다.

첫째, 공부할 때는 정말 열심히 외웠는데 했는데 주관식이나 서술형 시험에서 답을 하나도 꺼내 쓰지 못하는 경우다.

"면접 스터디 할 때는 제가 제일 잘 했고 예상 논제도 다 외워갔는데 막상 질문을 받으니까 한마디도 못해서 떨어졌어요."

무언가를 외운 다음 질문을 받았을 때, 머릿속으로 떠오르기는 하지만 입 밖으로는 나오지 않는 현상을 '설단현상'이라고 한다. 출제자의 시각에서 재현해내는 것의 중요성을 모르고 외우는 데만 집중하면, 특히 서술형 시험에서 설단현상의 문제가 자주 발생한다. 공부하고 외우기는 정말 열심히 했어도 출제자 입장에서는 암기를 전혀 하지 않은 사람과 별반 차이가 없어 보인다.

둘째는 정말 열심히 기억하고 재현해서 결과를 만들었는데, 알고 보니 그렇게 모든 것을 다 외울 필요는 없었음을 알게 된 경우다.

"책을 다 외우려고 정말 피나게 노력했는데 나중에 보니까 다 안 외워도 문제가 풀리는 거더라구요. 책 외운다고 쓴 시간이 참 아깝게 느껴졌습니다."

어떤 사람들은 목표나 꿈을 이룬 후에 완전히 방전되어 그 이전보다 무력하고 허무한 기분을 느끼기도 한다. 성과를 내기 전 지나치게 많은 시간과 노력을 투자한 것이 원인 중 하나가 될 수 있다. 이를 공부와 암기에도 적용할 수 있다. 합격까지는 2차 시험, 면접, 논술 등의 단계가 남아 있는데 앞선 단계에서 너무 많은 에너지를 써버리면 이후 의욕을 북돋고 동기부여를 만들 수 없게 된다.

결국 출제자의 시각에서 보면, '기억을 잘하는 사람이 시험을 잘치는 것'이 아니라, '결과가 좋은 사람이 기억력이 좋다'고 인식된다는 것을 알 수 있다. 우리는 이 내용을 기억하며 효율적으로 암기를 해야 한다.

재현의 2단 구조

출제자의 시각을 고려해 머릿속에 있는 지식을 재현하는 과정은 세부적으로 두 단계로 나뉜다.

첫 번째 단계는 장기기억 속에서 필요한 정보를 탐색하는 과정이고, 두 번째 단계는 그렇게 찾아낸 정보를 상대방이 원하는 모양으로 바꿔 보여주는 것이다.

여기서 전자의 경우를 '기억 탐색'이라고, 후자의 경우를 '기억 변환'이라고 한다.

이것만은 꼭!

▸ 상대방이 내 머릿속에 들어와볼 수는 없다.

▸ 아무리 뭔가를 잘 기억했더라도 상대방이 원하는 대로 재현하지 못하면 소용없다.

▸ 재현은 기억의 탐색과 변환의 2단계를 거친다.

기억 작동 연습

암기하고 나서 반드시 장기기억 속에서 원하는 정보를 찾는 연습, 즉 기억이 제대로 작동하는지를 테스트해야 한다. 구체적으로는 암기를 하며 만든 트리거를 보면 원하는 기억이 차례대로 떠오르는지 확인해봐야 한다.

재현은 입력과 반대의 순서라고 이해할 수 있다. 입력을 하면서 그 기억을 끄집어내기 위한 힌트, 즉 트리거를 함께 기억하게 되는데, 기억의 탐색은 적절한 트리거를 먼저 찾는 것부터 시작한다.

따라서 기억을 탐색하기 위한 첫 번째 시작은 질문이 된다. 시험문제든 퀴즈든 친구 집 주소를 떠올리는 경우든 언제나 자신 또는 제3자가 'OO이 무엇이야?'라고 묻는 것으로 시작하라.

이때 바로 답이 떠오르지 않는다면 기억이 찾아지지 않는 것이다. 그러나 실망할 필요는 없다. 머릿속 어딘가에 있는 것을 찾을 수 없는 것뿐이다. 질문을 바꾸면 쉽게 기억을 찾을 수 있는 경우도 많다.

이때는 일단 그에 해당하는 답이 몇 개였는지부터 떠올려보자. 넘버링한 것을 토대로 기억을 끄집어내는 것이다. 넘버링이 아니라 원칙과 예외처럼 그 구조 자체를 트리거로 삼은 경우는 그 구조를 떠올려도 좋다.

무엇을 트리거로 떠올리든 가장 중요한 것은 언제나 곧바로 답을 떠올리려 노력하는 것이 아니다. 기억을 끄집어내는 데 적합한, 보다 구체적인 질문을 스스로 하면서, 기억을 선명하게 만들고 부족한 부분을 채워나가려고 노력하는 것이다.

이때 주의할 점은 '프랙티스Practice'와 '트레이닝Training'을 구별하는

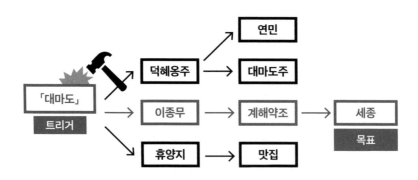

'대마도'라는 단어를 봤을 때 '세종'이라는 말이 떠올라야 하는 경우

것이다. 언뜻 보기에는 둘 다 모두 기억이 작동하는지를 연습하는 것 같지만, 전자는 일반적인 훈련으로, 아무런 조건이나 환경에 제한을 두지 않는 것임에 반해 후자는 실전 연습으로 최소한 실전과 동일한 조건을 둔다는 점에서 차이가 있다.

즉 평소에 기억을 꺼내는 연습을 할 때는, 특히 시험에 임박한 경우라면 그 기억 작동 연습은 반드시 트레이닝, 즉 실전 연습의 형태로 끝나야 한다. 그리고 실전보다 더 가혹한 조건 속에서 과도할 정도로 반복 연습을 해서 완전히 몸에 익혀야 한다. 이를 '가혹 조건'과 '초과반복 연습'이라고 한다.

이와 관련하여 덧붙여 이야기하고 싶은 것이 있다. 많은 수험생들이 OX집으로 공부하는데, OX집은 트레이닝보다는 프랙티스에 방점을 둔 교재다. 축구 시합이 임박했는데 실제 게임을 연습하는 것이 아니라 삼각대를 세워놓고 드리블이나 슈팅 연습만 해서는 실전 감각을 키우고 좋은 결과를 만들기 어렵다. 마찬가지 맥락에서 시험이 임박했을 때는 OX집으로 말고 반드시 여러 선지選支가 동시에 나오는 실전 문제집을 직접 풀어보는 것으로 공부해야 한다.

기억 작동 연습법

기억이 제대로 작동하는지 확인하는 방법은 세 가지가 있다.

①첫째는 미리 질문을 만들어두고 질문을 보면서 머릿속으로 답

을 떠올려보는 것이다. ②둘째는 질문을 만들어놓고 직접 써보는 것이다. ③셋째는 질문에 대해 말로 설명해보는 것이다(앞서 설명한 '정교화'의 방법으로도 소개한 내용이다).

단어나 숫자처럼 단위가 작은 것을 외울 때는 첫째 방법으로 충분하지만, 많은 양을 외워야 하는 경우라면 다음과 같은 순서로 한다. 먼저 암기 직후에 적절한 질문을 만들어 머릿속으로 테스트해본다. 이때 답이 잘 나오지 않는다면 다시 해당 부분을 암기하고 해당 부분이 잘 재현되는지 확인할 수 있도록 질문을 수정해서 따로 메모지에 적어둔다.

그리고 잠자리에 들기 전에 다시 메모지를 꺼내 머릿속으로 답을

| 작동 연습과 기억수정 |

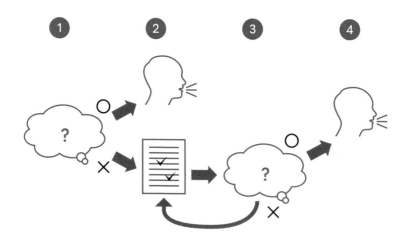

떠올려본다. 답이 떠오르는 경우라도 다시 말로 내 자신에게 질문과 답을 설명해서 재확인해야 한다. 어느 단계에서든 답이 틀렸다면 다시 해당 부분을 외운 후에, 자고 일어나서 다시 테스트해본다.

직접 글로 써보는 방식은 떠올릴 답을 요지만 간단히 적을 게 아니라면 크게 권하지 않는다. 특히 기억 작동을 연습할 질문을 제대로 만들지 않은 상황에서 그저 '백지'에 공부 내용을 적어가는 식으로 공부하는 학생들이 있는데, 이는 암기와 공부 프로세스가 단계별 구분 없이 진행되는 것으로 그 효율이 너무 떨어지니 주의해야 한다.

간섭이론과 특정 기억의 강화

기억이 잘 작동되지 않는 경우 여러 가지 원인이 있을 수 있다. 그중 대표적인 것을 몇 가지 보기로 한다.

먼저 머릿속에 정보가 하나만 있을 때는 오히려 망각이 쉽게 되지 않지만, 헷갈리는 다른 정보가 머릿속에 들어왔을 때는 그 정보가 이전 정보를 떠올리는 것을 방해하여 마치 망각한 것처럼 느껴진다. 즉 기억 간의 간섭 역시 망각의 원인이 된다. 이를 '간섭이론'이라고 한다.

이처럼 정보 간의 간섭 상태에 빠졌을 때에는 어느 한 기억을 강화시키는 방식으로 기억의 간섭에서 벗어나야 한다. 사람의 기억은 자신이 원하는 때에 마음대로 지울 수 있는 것이 아닐뿐더러, '코끼리 생각하지마'라고 하면 오히려 강하게 코끼리가 생각나듯, 특정 기억을 잊기 위해 노력하는 과정에서 그 기억이 더 강화될 수 있기 때문이다.

따라서 정보의 간섭 상태에 빠졌을 경우 다음과 같은 순서로 해결을 시도하는 것이 바람직하다. ①애초에 기억 간에 간섭이 일어나지 않는 상황인데 내가 잘못 입력하여 기억의 간섭을 초래한 것은 아닌지부터 확인한다. 구체적으로는 해당 기억을 대상으로 다시 조직화와 맥락화, 정교화의 과정을 거쳐보는 것이다. 이때 간섭의 대상이 되는 다른 정보와는 어떻게 구별되는지 명확히 의식해야 한다. ②그다음은 트리거를 재설정한다. 하나의 트리거가 동시에 두 개 이상의 기억을 떠오르게 만들 때도 기억의 간섭이 발생한다. 그래서 기억의 간섭을 일으키는 정보 각각에 해당하는 별도의 트리거를 만드는 것이 도움이 된다. ③앞 설명처럼 확인과 재설정의 과정을 거쳤다면 이제 그것이 새로운 지식으로 정착되고 유지될 수 있도록 반복한다.

단서 의존 망각과 A to Z 테크닉

머릿속에 기억이 존재하지만 애초에 트리거가 존재하지 않아 인출되지 않는 경우도 있다. 머릿속에 기억은 있지만 찾지 못하는 상태라고 할 수 있다.

이런 경우에는 먼저 'A to Z 테크닉'을 써보길 권한다. 이는 한글이나 알파벳 자음 또는 숫자 1부터 9까지를 처음부터 순서대로 하나씩 떠올려서 일일이 체크해보는 방식이다. 예를 들어 '임진왜란이 일어난 연도는?'이라는 문제에서 '15××'라고 생각된다면, 1에서 9까지 순서대로 떠올려보는 것이다.

꼭 시험장에서나 문제풀이를 할 때가 아니어도 평소에 티비를 보거나 불현듯 누군가의 이름이 떠오르지 않을 때에도 이 방식을 그대로 쓸 수 있다. ㄱ, ㄴ, ㄷ 또는 A, B, C의 순서로 하나씩 체크를 해보자.

이것만은 꼭!

▸ 암기하고 바로 반드시 머릿속으로 작동 연습을 해본다.
▸ 틀린 부분은 질문을 수정해서 나중에 다시 테스트한다.
▸ 최종적으로 스스로에게 설명하는 방법으로 확인한다.

기초 예시

앞서 들었던 '세종의 업적' 예시가 기억이 나는가? 그 예시를 다시 한번 더 보면서 기억 작동 연습을 같이 해보자.

①기억 점검에서 첫 번째로 해야 하는 것은 질문을 명확히 하는 것이다. 특히 시험을 앞두고 있는 상황이고, 그 공부가 어느 정도 진행된 경우라면, 시험문제가 어떻게 출제될지를 분석하고 예측해서 외울 것을 정해두었을 것이다. 다음을 그렇게 예측한 시험문제 중 하나라고 가정하자.

세종의 업적?

②이제 넘버링을 해두었던 것을 떠올려보자. 여기서는 먼저 떠올린 것이 그다음 정보를 떠올리는 '기억의 단서'가 되는 형태로 순차적으로 떠올리는 연습을 하는 것이 중요하다.

세종의 업적이 몇 개였지?

③다음은 그 조직화한 '기억 덩어리'들의 범주를 떠올려야 한다. 세종의 업적 중 네 개가 대국민 사업, 한 개가 정치적인 것이었던 것을 떠올려보자. 물론 이때는 장기기억 속에 있던 세종에 관한 다른 배경 지식 또는 맥락도 시험문제에 관한 정보를 기억에서 끄집어내는 데 도움이 된다.

세종의 업적 5가지 중 4가지가 비슷한 것이었지.
세종은 백성 친화적인 왕이었는데,
그럼 5가지 중 4가지가 대국민적인 것이었겠구나.

④조직화를 한 번에 끝내지 않고 더 세부적인 기억 덩어리로 나누었던 것은 아니었는지 생각해본다. 참고로 이 과정에서 에너지를 더 투자해서 떠올려야 하는, 기억이 약한 부분이 무엇인지 알게 된다.

세종은 훈민정음을 창제했는데,

그리고 보니 대국민적 업적 4가지 중에 3가지가 책이었지?

나머지 1가지만 떠올리면 되겠구나.

이상을 도식화해보면 다음와 같이 된다.

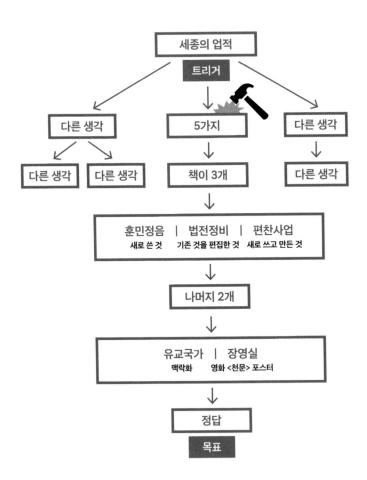

이렇게 단계를 나누어가면서 어느 트리거나 링크가 작동하지 않는지를 하나씩 확인해야 한다.

많은 수험생들이 자신이 어느 부분을 모르는지도 확인하지 않고 무턱대고 또 같은 암기 과정을 반복하곤 하는데, 그렇게 해서는 자신의 기억 중 약한 부분을 강화시킬 수 없다. 처음에는 익숙하지 않더라도 '나의 사고과정'을 하나씩 추적해가며 어느 부분이 빠져 있고 어느 부분이 약한지를 체크하는 연습을 해야 기억이 강화된다.

쟁점 노트

자신이 약하다고 생각되는 부분이 있다면, 미리부터 그 부분을 메모장에 구체적인 질문의 형태로 만들어 적어두었다가, 이후 다시 보면서 스스로 점검해볼 수 있다. 이를 나는 '쟁점 노트'라고 부른다. 시험은 결국 논쟁이 되는 어떤 지점을 문제화한 것이기 때문이다. 쟁점 노트는 내 기억의 재현 정도를 점검하면서 더 테스트해보고 싶거나 더 강화하고 싶은 부분을 파악한 후, 문제의 형태로 바꾸어 공부하는 것이다.

앞서 '세종의 업적'을 공부한 후에 떠올려 보았는데 아무것도 기억이 나지 않는다면 '세종의 업적'이라고 적어두면 되고, 넘버링을 통해 다섯 가지는 기억이 나는데 세부 내용이 기억나지 않는다면 '세종의 업적 다섯 가지'라고 적으면 된다. 훈민정음까지는 생각이

모두 외워야 하고 전체적으로 테스트 하고 싶을 때	'세종' 하면 '다섯 가지'라는 것을 저절로 떠올리게 되었을 때
세종의 업적	세종의 업적 5가지

특정부분 '훈민정음'만 생각날 때	특정 부분이 생각나지 않을 때
세종의 업적에서 '훈민정음'을 제외한 나머지 책 2개는	세종의 업적 중에서 농사 관련 업적

나는데 나머지 내용이 생각나지 않는다면 '세종의 업적 중 훈민정음 제외 나머지 책 2개'라고 적으면 되고, 농사직설만 생각나지 않는다면 '세종의 업적 중 농사 관련 업적'이라고 적으면 된다.

책에 표시를 해야 하는 이유

점검 과정을 거쳐 약한 부분이 추려졌다면, 그 부분들을 반드시 책이나 자료 등에 표시를 해두어야 한다. 그것이 자신의 약점이었다는 점조차 우리는 망각하기 때문이다.

세종의 업적으로는 유교 정치의 기틀 확립, 농사직설 등 편찬사업을 융성, ③(훈민정음 창제,)④ 과학기술의 발전과 기술서적 편찬, ⑤(법전정비) 등이 있다.

★와 ( )를 사용해 표시한 예시

수험생 대부분이 처음부터 무턱대고 시연을 통해 외워보고 잘되지 않으면 바로 책에 어지럽게 표시한다. 어떤 기준이나 분류 없이 책에 표시하는 것은 유지와 재현 연습을 모두 거친 이후에 하는 것이 좋다. 그리고 이때 표시하는 방법이 앞서 조직화와 맥락화, 정교화 과정에서 사용한 형광펜과 밑줄 등과 겹쳐서는 안 된다.

참고로 기억을 테스트하는 시점은 '최신효과'에 따라 암기 직후가 가장 좋고, 이후에는 ('스페이싱 이펙트'에 따라) 일정 부분 망각이 일어난 취침 전 총정리 시간이 좋다. 이렇듯 하루 두 번 테스트를 해보는 것이 적절하다.

어느 시험도 100퍼센트 변환을 요구하지 않는다

재현의 두 번째 단계는 변환이다. 장기기억 속에서 정보를 찾는 것에 성공했다고 하더라도 그것을 상대방이 원하는 모양으로 바꾸는 과정이 한 번 더 필요하다.

가령 아무리 무언가를 많이 알고 문제를 보면 답이 바로 바로 떠올리는 사람이라도 OMR 마킹 자체를 잘못하거나 답안지를 제대로 작성하지 못한다면, 적어도 암기법의 영역에서는 결국 애초에 아무것도 외우지 못한 사람과 별반 차이가 없다.

토씨 하나 틀리지 않고 외운 것을 쓰거나 말해야 하는 경우에는 정말 100퍼센트 완벽하게 변환하는 것이 필요하다. 그러나 우리가

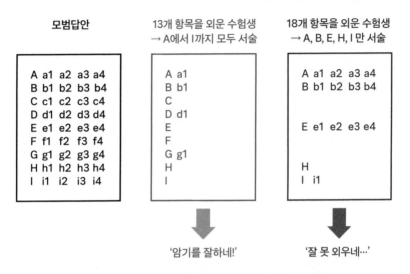

모범답안

A a1 a2 a3 a4
B b1 b2 b3 b4
C c1 c2 c3 c4
D d1 d2 d3 d4
E e1 e2 e3 e4
F f1 f2 f3 f4
G g1 g2 g3 g4
H h1 h2 h3 h4
I i1 i2 i3 i4

13개 항목을 외운 수험생
→ A에서 I까지 모두 서술

A a1
B b1
C
D d1
E
F
G g1
H
I

'암기를 잘하네!'

18개 항목을 외운 수험생
→ A, B, E, H, I 만 서술

A a1 a2 a3 a4
B b1 b2 b3 b4

E e1 e2 e3 e4

H
I i1

'잘 못 외우네…'

더 많이 외운 사람이 더 좋지 않은 평가를 받았다.

치르는 대부분의 객관식 시험이나 그 외 주관식 서술형, 구술형 시험에서 필요한 암기는 내 기억을 완벽히 변환하지 않아도 된다.

먼저 선다형 객관식의 경우는 내가 알고 있는 지식의 형태를 OMR 마킹으로 바꾸어 표현하라는 것이라 그 외에 별도의 기억 변환을 요구하지 않는다.

서술형이나 구술형의 경우에도 마찬가지다. 기억 정보를 정확하게 변환하라는 것이 아니라, 출제자에게 원래 외운 것과 동일하게 변환했다는 '느낌을 주는 것'으로 충분하다. 구체적으로는 ①출제자가 원하는 형식에 따라 답을 하고, 정해진 형식이 없다면 서론-본론-결론의 체계를 따른다. ②소제목 표시 여부는 시험의 관행과 배점, 발표 시간을 따라야 하지만 논리적으로는 반드시 내용들을 구분해야 한다. ③서론-본론-결론에 해당하는 내용은 반드시 소제목이나 중심 문장의 형태로 포함시켜야 하지만, ④보조 문장은 배점이나 발표 시간에 따라 포함 여부를 정한다.

서술형·구술형을 잘하는 사람들의 공통점

서술형을 준비하는 수험생들에게서 다음과 같은 말을 자주 듣는다.

"서술형 시험은 공부법이 있는 건가요? 정말 열심히 외워서 썼는데 점수가 하나도 안 올라서 너무 괴로워요."

이는 출제자 또는 채점자가 무엇을 원하는지, 그에 따라 내가 할 수 있는 것과 해야 하는 것은 무엇인지를 잘 모르기 때문에 겪는 문제다.

암기를 잘하는 사람들은 이 경우에 세 단계로 나누어 접근한다. 첫째 강한 암기의 대상을 정리하고 확실하게 외우기, 둘째 그렇게 외운 강한 암기에 해당하는 정보를 놓고 마치 1분 자유 스피치를 하듯 그 대상을 트리거로 삼아 약한 암기에 해당하는 정보를 이끌어내기, 셋째 그와 같이 이끌어낸 기억들, 정보들을 목차나 형식에 맞게 재구성하기가 바로 그것이다.

일반적인 생각과 달리, 주관식이나 서술형 시험에서 채점자는 구체적인 표현이나 문체, 화법 등을 주요하게 보지 않는다. 그보다는 답안의 중심 뼈대를 주요하게 본다. 주관식이나 서술형 시험을 통과한 사람들이 하나 같이 다음처럼 하는 말이 이해가 될 것이다.

"어차피 중요한 부분을 잘 쓰는 게 중요하지, 지엽적인 부분 외우는 건 시간 낭비예요. 소제목이랑 키워드로 중심 내용을 잘 보여 줘야 합격할 수 있어요."

이것만은 꼭!

▸ 상대방은 내 표현을 보고 암기력을 측정한다.
▸ 그러나 단어나 숫자 등을 제외하면 대부분의 시험은 100퍼센트의 재현을 요구하지 않는다.

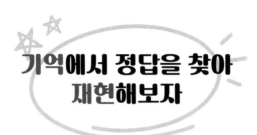

객관식 시험과 단답식

객관식 시험의 경우부터 생각을 해보자.

　많은 사람이 출제되는 부분의 내용을 모두 외워야 객관식 시험을 풀 수 있을 것이라 생각하지만 크나큰 오해다. 다음과 같은 문제가 있다고 해보자.

15. 다음 중 세종의 업적이 아닌 것은?

①유교국가 기틀 확립　②집현전 혁파　③편찬사업　④훈민정음 창제
⑤과학기술의 발전

이때 재현의 대상을 무엇으로 잡을지가 대단히 중요하다.

대부분은 다음과 같이 생각한다.

'아 세종 업적 부분 교재 내용이 뭐였더라?'

그러나 이처럼 '세종의 업적'이라는 문제 속 단어를 읽고 머릿속에서 정말 내가 책에서 읽은, 열심히 외운 세종의 업적을 전부 떠올리면 안 된다. 객관식 시험은 몇몇 예외적인 유형을 제외하면 거의 옳거나 틀린 답, 한 개만을 고르는, 다시 말하면 '주어진 선지들 중에서 이질적인 하나를 고르는 것'이기 때문이다.

답이 하나라는 것은, 선지 하나하나의 맞고 틀림 여부를 기억 속에서 탐색하고 O, X를 표시해가며 재현할 것을 요구하지 않는다. 이런 유형에서의 재현은 '오직 하나의 이질적인 답'이 무엇인지를 가리는 것이 그 목표가 되어야 한다.

따라서 객관식은 문제를 먼저 읽는 것이 아니라, 선지들을 먼저 빠르게 훑으면서 그것을 기억의 방아쇠로 삼아 대강의 기억을 떠올리고, 다시 한 번 선지를 보면서 이질적인 것이 있는지 확인한 후에, 문제를 확인해서 내가 재현한 것이 맞는지를 확인하는 식으로 풀어야 한다. 다음과 같이 사고하고 재현하는 과정을 거치는 것이다.

'선지를 쭉 보니 세종의 업적을 묻는 것 같네.'

'집현전 혁파는 누가 했는지는 잘 모르겠지만 세종 파트에서는 본 적이 없는 것 같아.'

'문제를 보니 세종의 업적을 묻는 게 맞네. 답은 집현전 혁파겠구나.'

출제자는 '집현전 혁파'든 무엇이든 세종의 업적이 아닌 것 하나를 넣을 수밖에 없다. 그렇지 않으면 문제가 성립하지 않기 때문이다.

이 점을 모르는 수험생들은 공부하지 않은 부분에서 또는 잘 출제되지 않는 부분에서 앞 예시와 같은 문제와 선지가 출제된 경우, 다음과 같이 생각하기도 한다.

'아, 내가 공부를 덜 했네. 저 부분도 봤어야 했는데. 누구의 업적이었더라?'

그러나 이것은 객관식에서 필요한 암기와 재현이 무엇인지를 모르는 것이다. 선지들을 힌트로 삼아 정답의 집합군을 떠올리는 것, 이것이 대부분의 객관식 문제에 대한 재현 방법이다. 기출문제를 조직화 방식으로 분석하고 체화(=암기)하다 보면, 그 기출문제 정답과 오답의 집합군에도 일정한 범위와 유형이 있다는 사실을 알 수 있을 것이다.

이와 달리 유명한 퀴즈 프로그램들에서는 문제를 읽어주고 말이나 글로 답을 하게 한다. 시험 중에도 마찬가지 유형의 문제가 있다. '단답식'이라는 방식인데, 이 경우에는 정말로 문제를 읽고 머릿속에서 답을 정확히 탐색하고 정답을 재현하는 과정을 거쳐야 한다.

주관식 시험

이번에는 주관식 논술형이나 구술형 시험을 친다고 해보자. 이때 무엇을 기억해야 하고 어떻게 답안을 만들어야 할까?

　다음 페이지 내용이 시험 범위라고 가정하고, 기억을 되살릴 겸 중심 맥락부터 파악해서 암기해보자.

> ### 블루마운틴 커피
>
> 커피 애호가들의 찬사와 비난이 함께 교차하는 그 유명한 자메이카의 블루마운틴 커피(Blue Mountain Coffee)는 품질이 뛰어나고 그 맛 또한 우수하여 세계 최고의 품질로 손꼽히고 있다. 블루산(Mt. Blue)에서 재배되는 '블루마운틴' 커피는 신맛, 단맛, 쓴맛이 환상적으로 조화를 이루어 인간에게 준 최상의 커피란 별명을 가지고 있다. 영국의 왕실 커피로 알려지면서 더욱 유명해진 커피로 국내에서는 그 진품을 찾기가 어렵다.

일단은 맥락을 파악하기 위해 중심 단어를 파악한다.

블루마운틴 커피

커피 애호가들의 찬사와 비난이 함께 교차하는 그 유명한 자메이카의 블루
마운틴 커피(Blue Mountain Coffee)는 품질이 뛰어나고 그 맛 또한 우수하
여 세계 최고의 품질로 손꼽이고 있다. 블루산(Mt. Blue)에서 재배되는 '블
루마운틴' 커피는 신맛, 단맛, 쓴맛이 환상적으로 조화를 이루어 인간에게
준 최상의 커피란 별명을 가지고 있다. 영국의 왕실 커피로 알려지면서 더
욱 유명해진 커피로 국내에서는 그 진품을 찾기가 어렵다.

그다음 중심 단어들을 나눌 수 있는 맥락을 살핀다. 단어들의 맥
락에 따라 다음의 박스글처럼 다르게 색으로 표시하면 더 좋다.

블루마운틴 커피

커피 애호가들의 찬사와 비난이 함께 교차하는 그 유명한 자메이카의 블루
마운틴 커피(Blue Mountain Coffee)는 품질이 뛰어나고 그 맛 또한 우수하
여 세계 최고의 품질로 손꼽이고 있다. 블루산(Mt. Blue)에서 재배되는 '블
루마운틴' 커피는 신맛, 단맛, 쓴맛이 환상적으로 조화를 이루어 인간에게
준 최상의 커피란 별명을 가지고 있다. 영국의 왕실 커피로 알려지면서 더
욱 유명해진 커피로 국내에서는 그 진품을 찾기가 어렵다.

맥락(산지, 이유, 찬사)에 따라 나눈 단어들을 머릿속으로 정리해본다.

블루마운틴 커피

커피 애호가들의 찬사와 비난이 함께 교차하는 그 유명한 자메이카의 블루마운틴 커피(Blue Mountain Coffee)는 품질이 뛰어나고 그 맛 또한 우수하여 세계 최고의 품질로 손꼽이고 있다. 블루산(Mt. Blue)에서 재배되는 '블루마운틴' 커피는 신맛, 단맛, 쓴맛이 환상적으로 조화를 이루어 인간에게 준 최상의 커피란 별명을 가지고 있다. 영국의 왕실 커피로 알려지면서 더욱 유명해진 커피로 국내에서는 그 진품을 찾기가 어렵다.

산지
자메이카 블루마운틴 = 블루산

이유
신맛, 단맛, 쓴맛의 조화

찬사
세계 최고의 맛과 품질 인간에게 준 최상의 커피 영국 왕실 커피

이때 세부 내용까지 좀 더 정리할 수 있다면 마저 정리한다. 다음은 예시를 최종적으로 정리한 내용이다.

블루마운틴 커피

커피 애호가들의 찬사와 비난이 함께 교차하는 그 유명한 자메이카의 블루마운틴 커피(Blue Mountain Coffee)는 품질이 뛰어나고 그 맛 또한 우수하여 세계 최고의 품질로 손꼽이고 있다. 블루산(Mt. Blue)에서 재배되는 '블루마운틴' 커피는 신맛, 단맛, 쓴맛이 환상적으로 조화를 이루어 인간에게 준 최상의 커피란 별명을 가지고 있다. 영국의 왕실 커피로 알려지면서 더욱 유명해진 커피로 국내에서는 그 진품을 찾기가 어렵다.

1. 산지
자메이카 블루마운틴 = 블루산

2. 찬사
1) 세계 최고의 맛과 품질
2) 인간에게 준 최상의 커피
3) 영국 왕실 커피

3. 이유
신맛, 단맛, 쓴맛의 조화

시험 범위가 위 지문과 같다면 우리가 기억해야 하는 부분은 오른쪽란에 정리된 내용이다.

이번에는 기억한 내용을 가지고, 어떻게 답안을 만들어야 하는지를 알아보자.

배점이 작거나 서술 시간이 적은 경우에는 답안을 간략하게 작성하는 것이 좋다. 단락도 세부적으로 나누지 않고 표현도 담백하게 한다.

블루마운틴 커피에 대해 서술하시오.
(5점)

자메이카의 블루산에서 재배된 커피를 자메이카 블루마운틴 커피라고 한다. 자메이카 블루마운틴 커피는 쓴맛, 단맛, 신맛이 완벽한 조화를 이루고 있기 때문에 세계 최고의 커피, 인간에게 준 최상의 커피라는 별명이 있고, 영국왕실의 커피로 지정되었다.

■ 산지
자메이카 블루마운틴 = 블루산

■ 찬사
1) 세계 최고의 맛과 품질
2) 인간에게 준 최상의 커피
3) 영국 왕실 커피

■ 이유
신맛, 단맛, 쓴맛의 조화

기억한 내용과 맥락들이 답안으로 어떻게 만들어졌는지는 다음 색으로 표시한 부분을 확인해보면 알 수 있다.

블루마운틴 커피에 대해 서술하시오.
(5점)

자메이카의 블루산에서 재배된 커피를 자메이카 블루마운틴 커피라고 한다. 자메이카 블루마운틴 커피는 쓴맛, 단맛, 신맛이 완벽한 조화를 이루고 있기 때문에 세계 최고의 커피, 인간에게 준 최상의 커피라는 별명이 있고, 영국 왕실의 커피로 지정되었다.

■ 산지
자메이카 블루마운틴 = 블루산

■ 찬사
1) 세계 최고의 맛과 품질
2) 인간에게 준 최상의 커피
3) 영국 왕실 커피

■ 이유
신맛, 단맛, 쓴맛의 조화

답안의 표현을 조금 더 첨가해 풍성하게 만든 경우도 살펴보자.

블루마운틴 커피에 대해 서술하시오(10점).

블루마운틴 커피는 자메이카의 블루산에서 재배된 커피를 일컫는 말이다. 커피는 일반적으로 신맛과 단맛, 쓴맛을 가지고 잇다고 알려져 있는데, 자메이카 블루마운틴 커피는 이 세 가지 맛이 완벽한 조화를 이루고 있다는 점에 맛과 품질에서 매우 높은 평가를 받고 있다. 자메이카 블루마운틴 커피를 들어 세계 최고의 커피, 인간에게 준 최상의 커피라는 이명이 붙은 것은 물론, 영국왕실에서 즐겨 마시는 커피라는 것도 이를 뒷받침해준다.

■ 산지
자메이카 블루마운틴 = 블루산

■ 찬사
1) 세계 최고의 맛과 품질
2) 인간에게 준 최상의 커피
3) 영국 왕실 커피

■ 이유
신맛, 단맛, 쓴맛의 조화

답안이 훨씬 길어 보이지만, 내용은 앞 답안과 같고, 문체만 조금 달라진 것이다.

한편, 배점이 높거나 서술 시간이 긴 경우에는 단락을 나누고 부가적인 문장들을 추가한다. 그러나 이 부분이 시험의 당락을 좌우하거나 하지는 않으니 크게 걱정할 필요는 없다. 중요한 것은 중심 단어와 문장을 빠뜨리지 않는 것이다(다음 페이지 상단 박스글 참고).

블루마운틴 커피에 대해 서술하시오(10점).
블루마운틴 커피는 자메이카의 블루산에서 재배된 커피를 일컫는 말이다. 커피는 일반적으로 신맛과 단맛, 쓴맛을 가지고 있다고 알려져 있는데, 자메이카 블루마운틴 커피는 이 세 가지 맛이 완벽한 조화를 이루고 있다는 점에 맛과 품질에서 매우 높은 평가를 받고 있다. 자메이카 블루마운틴 커피를 들어 세계 최고의 커피, 인간에게 준 최상의 커피라는 이명이 붙은 것은 물론, 영국 왕실에서 즐겨 마시는 커피라는 것도 이를 뒷받침해준다.

■ 산지
자메이카 블루마운틴 = 블루산

■ 찬사
1) 세계 최고의 맛과 품질
2) 인간에게 준 최상의 커피
3) 영국 왕실 커피

■ 이유
신맛, 단맛, 쓴맛의 조화

참고로 소제목을 달지 말지는 해당 시험에서의 답안 작성 관행에 달라지는데, 다음 박스글은 소제목을 붙인 답안의 예시다.

블루마운틴 커피에 대해 서술하시오(30점).

1. 명칭과 유래와 산지
블루마운틴 커피는 자메이카의 블루산에서 재배된 커피를 일컫는 말이다.

2. 블루마운틴 커피의 특징
커피는 일반적으로 신맛과 단맛, 쓴맛을 가지고 있다고 알려져 있는데, 자메이카 블루마운틴 커피는 이 세 가지 맛이 완벽한 조화를 이루고 있다는 점에 맛과 품질에서 매우 높은 평가를 받고 있다.

3. 블루마운틴 커피에 대한 찬사

■ 산지
자메이카 블루마운틴 = 블루산

■ 찬사
1) 세계 최고의 맛과 품질
2) 인간에게 준 최상의 커피
3) 영국 왕실 커피

■ 이유
신맛, 단맛, 쓴맛의 조화

자메이카 블루마운틴 커피를 들어 세계 최
고의 커피, 인간에게 준 최상의 커피라는 이
명이 붙은 것은 물론, 영국 왕실에서 즐겨
마시는 커피라는 것도 이를 뒷받침해준다.

주관식 답안을 작성하기 위해 어떻게 기억에서 답을 찾고 답안을
만들지 그 원리를 파악하고 나면 주관식 서술형이나 사례형 답안에
서 외워야 할 부분이 어디인지, 어떤 식으로 정리하고 공부해야 하
는지 알 수 있게 된다.

블루마운틴 커피에 대해 서술하시오.
(30점)

1. 명칭과 유래와 산지
블루마운틴 커피는 자메이카의 블루산에
서 재배된 커피를 일컫는 말이다.

2. 블루마운틴 커피의 특징
커피는 일반적으로 신맛과 단맛, 쓴맛을 가
지고 있다고 알려져 있는데, 자메이카 블루
마운틴 커피는 이 세 가지 맛이 완벽한 조
화를 이루고 있다는 점에 맛과 품질에서
매우 높은 평가를 받고 있다.

3. 블루마운틴 커피에 대한 찬사
자메이카 블루마운틴 커피를 들어 세계 최
고의 커피, 인간에게 준 최상의 커피라는 이
명이 붙은 것은 물론, 영국 왕실에서 즐겨
마시는 커피라는 것도 이를 뒷받침해준다.

■ 산지
자메이카 블루마운틴 = 블
루산

■ 찬사
1) 세계 최고의 맛과 품질
2) 인간에게 준 최상의 커피
3) 영국 왕실 커피

■ 이유
신맛, 단맛, 쓴맛의 조화

또 다른 예를 살펴보자. 다음과 같은 모범답안이 있다고 하자.

1. 부작위살인죄와 유기치사죄의 구별

사람을 살해한 자는 살인죄로 처벌되고(제250조 제1항), 위험의 발생을 방지할 의무가 있거나 자기의 행위로 인하여 위험발생의 원인을 야기한 자가 그 위험발생을 방지하지 아니한 때에는 그 발생된 결과에 의하여 처벌된다(제18조). 한편 노유, 질병 기타 사정으로 인하여 부조를 요하는 자를 보호할 법률상 또는 계약상의무 있는 자가 유기한 때에는 유기죄로 처벌되는데(제271조 제1항), 부작위살인죄가 적어도 사망의 결과 발생에 대한 미필적 고의라도 있는 경우에 성립하는 반면, 유기치사죄는 그에 대한 미필적 고의조차 없는 경우에 성립한다.

2. 보증인의무 내지 보호의무의 존부

(1) 유기죄의 성립요건으로서의 보호의무

유기죄의 경우 부작위범과는 달리 법률상 또는 계약상 보호의무가 있어야 하는데, 대법원은 자신이 운영하는 주점에 손님으로 와서 수일 동안 식사는 한 끼도 하지 않은 채 계속하여 술을 마시고 만취한 피해자를 주점 내에 그대로 방치하여 저체온증 등으로 사망에 이르게 하였다는 내용으로 예비적으로 기소된 사안에서, 피고인은 피해자에게 생명 또는 신체에 대한 위해가 발생하지 아니하도록 필요한 조치를 강구하여야 할 계약상의 부조의무를 부담한다고 판단하여 유기치사죄를 인정한 원심판결을 수긍한 바 있다.

(2) 부작위범의 성립요건으로서의 보증인의무

한편 부작위살인죄의 경우 제18조가 정하는 '위험의 발생을 방지할 의무'는 통상 '작위의무'라고 하는데, 이는 법적인 의무이어야 하므로 단순한 도

덕상 또는 종교상의 의무는 포함되지 않으나 작위의무가 법적인 의무인 한 성문법이건 불문법이건 상관이 없고 또 공법이건 사법이건 불문하므로, 법령, 법률행위, 선행행위로 인한 경우는 물론이고 기타 신의성실의 원칙이나 사회상규 혹은 조리상 작위의무가 기대되는 경우에도 법적인 작위의무는 있다는 것이 판례의 태도이고, 달리 유기치사죄에 있어서와 같은 판결이 존재하지는 않지만, 경한 범죄인 유기치사죄에 있어 보호의무의 존재가 인정된다면, 부작위살인죄의 경우에도 같은 상황에서 보증인의무가 인정된다고 이해함이 타당하다.

3. 소결

丁은 甲의 주거 인근에서 술집을 운영하는 사람으로서 손님인 甲의 생명에 대한 우해발생을 방지할 보증인의무 내지는 보호의무를 부담한다. 따라서 甲이 죽어도 어쩔 수 없다고 생각했던 경우 丁에게는 미필적 고의가 있다고 할 것어서 부작위살인죄의 죄책을 지지만, 甲의 죽음을 예견할 수 있었던 경우에는 유기치사죄의 죄책만을 진다고 할 것이다.

여기서 외워야 할 부분은 바로 소제목과 키워드다. 수험가에서 흔히 '키워드가 중요하다'는 말을 하는데, 채점자가 답안을 평가하는 기준이 중심 단어와 문장을 포함했는지라는 것을 떠올린다면 백번 이해가 되는 말이다.

위 답안에서 주된 키워드를 논리적 형태로 정리하면 다음과 같은 형태가 된다.

1. 부작위살인죄와 유기치사죄의 구별
   - 부작위살인(제250조 제1항 + 제18조)
   - 유기치사(제271조 제1항)
   - 구별? 고의 여부

2. 보증인의무 내지 보호의무의 존부
   (1) 유기죄, 보호의무
   - 법률상 또는 계약상 보호의무
   - (判) 저체온증 사망 → 유기치사 ○
   (2) 부작위살인, 보증인의무
   - (判) 작위의무 판례

3. 소결
   (1) if. 미필적 고의○ → 부작위 살인(보증인의무)
   (2) if not → 유기치사(예견가능성)

앞서 커피 예시에서 들었던 오른쪽 부분과 같은 형태가 된다는 점을 알 수 있을 것이다.

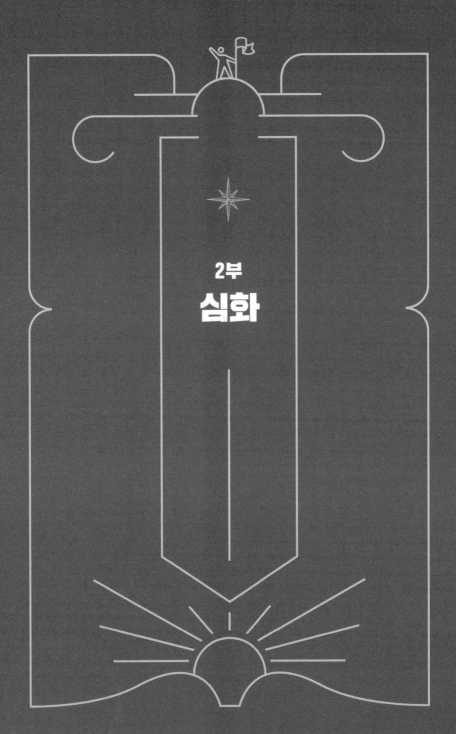

2부

심화

4장

지지부진한 당신의 공부를
단박에 바꿔줄 암기 전략

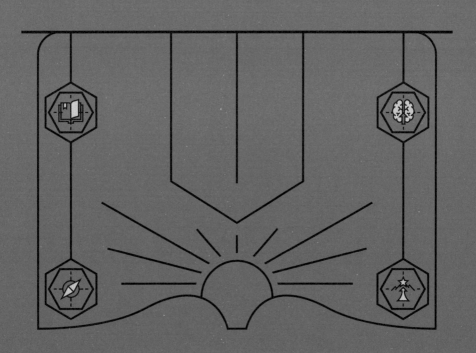

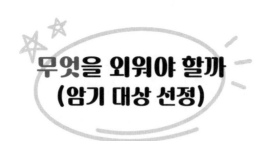

무엇을 외워야 할까
(암기 대상 선정)

암기 대상의 설정

공부의 차원을 끌어올릴 다양한 암기법들을 앞에서 충분히 살펴보았다. 이번에는 외울 대상을 확실하게 파악하는 것, 즉 암기 대상과 대상이 아닌 것을 먼저 분별하고 무엇을 외울지 명확히 설정해보자. 암기를 하기 전 반드시 해야 할 작업이다.

공부가 아닌 경우라면 이 작업이 크게 상관없겠지만, 공부할 때, 특히 중대한 시험을 준비할 때 이 작업을 거치지 않으면 불필요한 지식들을 잔뜩 외우게 되고, 그러면 시간과 에너지를 크게 낭비하게 된다. 수험생에게 정신과 체력 그리고 운은 하나라도 부족하거나 잘못됐을 때 곧바로 수험의 실패로 이어질 수도 있어 대단히 중요한 부분이다.

그런데 대다수 수험생들은 소위 '일타'라는 강사의 강의를 듣고 또 강사의 책을 사고는, 그 강의와 책 내용을 토씨 하나 틀리지 않고 외우려 노력한다. 시험공부를 이제 막 하는 사람이라면 아직 쌓아놓은 것이 없으니 강의와 책 내용에서 어느 부분이 꼭 필요하고 아닌지 모를 수 있다. 하지만 공부가 어느 정도 진행된 단계에서조차 내가 확실히 필요한 부분을 외우고 있는지 확인되어 있지 않다면 그것은 큰 문제다.

'암기가 필요한 부분은 어디인가?' 이것을 확인하는 작업은 기출 분석을 통해 이루어진다. 어렵게 생각할 것 없다. 여기서 말하는 기출 분석은 교재를 옆에 펼쳐놓고(교재를 보기로 한 경우라면) 교재에서 이전의 시험에서 출제됐던 부분만 체크하는 것이다. 물론 아무런 지식이 없는 상태에서는 이 작업이 어렵기 때문에 책을 빠르게 훑어서 전체 개념을 알고 있는 상태이거나(500쪽 기준으로 두 시간 정도로 서너 번 정도 빠르게 읽으면 된다) 뒤에서 소개하는 구조화 독서법의 트리밍 단계까지 거친 다음, 기출 분석을 하는 것이 좋다. 후자가 더 확실한 방법이기는 하다.

만약 그렇게 했는데도 무엇이 기출되었고 무엇을 외워야 하는지 감이 잘 오지 않는다면 공부를 조금 더 진행한 후에 반드시 다시 시도해야 한다.

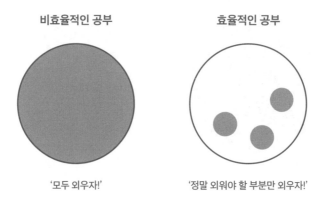

비효율적인 공부   효율적인 공부

'모두 외우자!'   '정말 외워야 할 부분만 외우자!'

암기 정도의 설정

암기에 대한 고정관념 중 하나는 어떤 정보를 외울 때는 완벽하게 외워야 한다고 믿는 것이다. 그러나 이 역시 오해다.

머릿속 정보 중에 필요한 답이 무엇이고 어디에 있는지 찾는 데 시간이 오래 걸리지 않고 바로바로 답을 떠올릴 수 있는 정도의 암기를 '강한 암기'라고 하고, 그 정도에는 미치지 못하지만, 어떤 힌트가 있을 때 그 힌트에 의지해서 정보를 떠올릴 수 있는 정도의 암기를 '약한 암기'라고 한다. 이때 그 힌트가 되어주는 정보를, 기억을 끄집어내주는 갈고리가 된다고 하여 후크Hook라고 하거나 재현의 방아쇠가 된다는 의미에서 트리거Trigger라고 한다. 즉 강한 암기는 별도의 트리거 없이도 바로 떠올릴 수 있는 기억을, 약한 암기는 트리거에 의지해서 떠올리는 기억을 의미한다.

강한 암기
= 힌트 없이도 곧바로
떠올릴 수 있는 정도

약한 암기
= 힌트가 있어야
떠오르는 정도

우리가 암기하는 이유는 주어진 시험문제에 빠르게 답하기 위한 것이다. 문제의 종류에 따라 필요한 암기 수준이 모두 다르고, 또 시험문제 자체에서 답과 관련된 정보를 떠올릴 단서를 얻을 수도 있기 때문에 모든 것을 완벽하게, 즉 강한 암기 수준으로 외우지 않아도 된다.

한편 약한 암기는 그 정도에 따라 다시 다음처럼 세분화할 수 있다. ①힌트를 보면 바로 떠올릴 수 있는 상태(이해가 된 경우), ②힌트를 봐도 쉽게 떠올리지 못하는 상태(대략적으로 억지로 암기가 된 경우), ③힌트를 봐도 거의 떠올리지 못하는 상태(인지 정도 된 경우). 결국 암기의 강도에는 총 4단계가 존재한다.

그렇다면 대체 무엇이 강한 암기의 대상이고 무엇이 약한 암기의 대상일까? 먼저 이름이나 주소, 리포트나 기획서, 연설문 등의 통계는 틀려서는 안 될 뿐 아니라 세부적인 내용까지도 모두 일치해야 하므로 '강한 암기'의 대상이 된다. 한 요소가 틀릴 경우 평가자에게

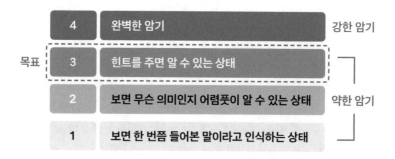

| 암기의 강도 4단계 |

4	완벽한 암기	강한 암기
3	힌트를 주면 알 수 있는 상태	
2	보면 무슨 의미인지 어렴풋이 알 수 있는 상태	약한 암기
1	보면 한 번쯤 들어본 말이라고 인식하는 상태	

목표 → 3

암기력이 좋지 않은 사람으로 보일 수 있다.

발표나 연설의 내용을 이루는 전체 맥락도 '강한 암기'의 대상이다. 하지만 수사나 보조문장 같은 것들은 '약한 암기'의 대상이다. 이런 세부적인 부분은 개인의 문체나 화법에 따라 달라진다고 하더라도 별반 문제가 되지 않는다.

그렇다면 시험에서 요구되는 답은 어떨까? 시험에서는 문제 그 자체가 힌트가 된다. 그리고 객관식 문제풀이의 핵심은 결국 여러 선지 중에 이질적인 것을 고르는 것이다. 그러므로 시험에 나오는 문제나 지문의 세부 내용을 모두 '강한 암기'로 외울 필요가 없다. 우리가 정말로 연습하고 집중해야 하는 것은 시험에 나올 수 있는 것을 모두 외우는 것이 아니라, 시험에 어떤 힌트가 나올지, 힌트를 보고 어떤 세트의 지문 조합이 나올지, 그리고 떠올린 조합 중에 무엇이 이질적인지를 '판별'해내는 것이다.

예를 들어보자. 먼저 다음을 읽고 문제를 풀어보자.

[공부할 것]

포유류, 포유동물哺乳類, 젖먹이 동물, 젖먹이 짐승은 척삭동물문의 강인 포유강Mammalia에 속하는 동물을 통틀어 부르는 말이다. 암컷에게는 새끼에게 양분을 공급할 젖을 만들어내는 유선이 있다. 대부분 몸에 털이 나 있지만, 가시두더지와 고슴도치처럼 털이 변형된 비늘이나 가시가 있는 것들도 있다. 뇌에서 체온과 혈액 순환을 조절하는 온혈동물이다. 생물 분류 방법에 따라 차이는 있지만, 29목 153과 1,200속 약 5,400종에 이르는 동물을 포함한다. 박쥐, 캥거루, 사람, 코끼리, 사슴, 얼룩말 등이 이에 속한다

- 「Mammal Species of the World: A Taxonomic and Geographic Reference」, 존스홉킨스대학교 출판사.

[문제]

(21년) 다음 중 포유류가 아닌 것은?
① 캥거루 ② 사람 ③ 가시두더쥐 ④ 상어

(20년) 다음 중 포유류인 것은?
① 청새치 ② 독수리 ③ 얼룩말 ④ 도마뱀

(19년) 다음 중 포유류인 것은?
① 도마뱀 ② 청새치 ③ 고슴도치 ④ 타조

(18년) 다음 중 포유류가 아닌 것은?
① 얼룩말 ② 사람 ③ 광어 ④ 가시두더쥐

올해도 예전과 같은 수준으로 문제를 출제한다고 한다. 그렇다면 어떻게 외워야 가장 효율적일까? 2021년도는 '상어'가, 2020년도는 '얼룩말'이, 2019년도는 '고슴도치'가, 2018년도는 '광어'가 답이었다. 출제 포인트는 '포유류와 그 외 분류에서 각각의 대표적 생물을 알고 있는가?'이고, 포유류가 아닌 것을 골라야 할 때는 '가시두더쥐'가 반복적인 대표 예시로 나왔는데, 이는 본문에서 이미 별도의 문장을 통해 주의적으로 제시되었으므로 먼저 기억하는 것이 좋다. 마찬가지 이유에서 비록 한 번만 출제되었지만 본문에서 직접 명시된 고슴도치를 먼저 외우는 것이 향후 공부에 있어 효과적이다. 나머지 포유류의 종류는 차선순위로 외우면 된다.

실제 시험문제로 예를 들어보자.

1. (가) 시기의 생활상에 대한 설명으로 옳은 것은?

> 1935년 두만강 가의 함경북도 중성군 동관진에서 한반도 최초로 (가) 시대 유물인 석기와 골각기둥이 발견되었다. 발견 당시 일본에서는 (가)시대 유물이 출토되지 않은 상황이었다.

① 반달돌칼을 이용하여 벼를 수확하였다.
② 넓적한 돌갈판에 옥수수를 갈아서 먹었다.
❸ 사냥이나 물고기잡이 등을 통해 식량을 얻었다.
④ 영혼숭배 사상이 있어 사람이 죽으면 흙 그릇 안에 매장하였다.

이런 문제를 풀기 위해서 해야 하는 것은 무엇일까? '석기시대'에 대한 문제이니 역사 분야 일타 강사의 책을 사고, 강의를 듣고, 해당 부분 열심히 복습하면서 주어진 내용의 글자 하나까지 외우면 되는 것일까?

아니다. 애초에 시험에서 요구하는 것이 무엇인지를 다시 한 번 생각해보자. 채점자는 내가 어떻게 공부를 하고 어떻게 외웠든 ③번이라는 답을 마킹한 사람에게 점수를 준다. 따라서 내가 해야 할 것은 ①~④번의 보기 중 이질적인 ③번을 골라내는 것이다. 그 과정에서 외워야 하는 것, 강한 암기를 해야 하는 것이 있을 때 비로소 그것을 추려서 달달달 외워야 하는 것이다.

더 구체적으로 알아보자. 앞서 제시된 문제에서 설명을 읽지 말고 바로 ①~④번 보기를 보자. 반달돌칼(①)이 '청동기시대', 돌갈판(②)과 영혼숭배 사상(④)이 '신석기', 사냥이나 물고기잡이(③)가 '구석기시대'의 것이다. 옳은 것을 골라야 하므로 ②, ④는 답이 될 수 없다. 그리고 이제 네모 칸을 읽으면 "석기"라는 말이 나오므로 답은 ③번이다.

문제의 출제 의도는 '청동기시대의 대표 유물이 무엇인지를 아는가'를 묻는 것이다. 그에 답하려면 암기는 석기시대와 청동기시대의 대표적 유물들을 크게 구별하고 나눠 외우는 식으로 이뤄져야 한다. 이러한 접근은 암기에 필요한 노력과 시간 자체를 다르게 만든다.

신석기시대

1) 사회

평등사회, 씨족사회(부족사회), 정착 생활

2) 생활

농경, 목축의 시작(신석기 혁명) → 밭농사(조, 피, 수수), 움집(중앙 화덕 형태의 반지하 가옥, 강가나 바닷가 근처 거주)

3) 도구

간석기(갈판과 갈돌), 가락바퀴(방추자)와 뼈바늘(그물이나 의복 제작), 이음 낚싯바늘

4) 예술

조개껍데기 가면, 치레 걸이

5) 토기

이른 민무늬 토기 → 덧무늬 토기 → 빗살무늬 토기의 순서로 토기 발전

6) 신앙

애니미즘(자연물과 정령 숭배), 토테미즘(동물 숭배), 샤머니즘(주술 숭배)

7) 유적지

서울 암사동, 부산 동삼동, 양양 오산리, 황해 봉산 지탑리, 제주 고산리, 강원 고성 문암리

1. (가) 시기의 생활상에 대한 설명으로 옳은 것은?

1935년 두만강 가의 함경북도 종성군 동관진에서 한반도 최초로 (가) 시대 유물인 석기와 골각기둥이 발견되었다. 발견 당시 일본에서는 (가)시대 유물이 출토되지 않은 상황이었다.

① 반달돌칼을 이용하여 벼를 수확하였다.

② 넓적한 돌갈판에 옥수수를 갈아서 먹었다.

❸ 사냥이나 물고기잡이 등을 통해 식량을 얻었다.

④ 영혼숭배 사상이 있어 사람이 죽으면 흙 그릇 안에 매장하였다.

주관식 시험도 비슷하다. 주관식 시험에서도 해답은 마치 유려한 문장력과 창의력이 요구되는 것 같지만, 사실 정형적인 틀에 따라 서술하는 것이 요구된다. 그러므로 각각의 모범답안 또는 예상 답안을 모두 외우는 것이 아니라, 모범답안과 예상 답안들을 분석해 도출해낸 '흐름과 구성, 필수 키워드'를 강한 암기의 대상으로 삼아야 한다. 시험 범위가 좁은 대학의 중간·기말고사 등 몇 가지 경우를 제외하면, 현실적으로 모범답안이나 예상 답안을 완벽하게 외우는 것은 가능하지도 않고 효율적이지도 않다.

주관식 시험에 관한 예도 들어보자. 다음은 어느 논술형 문제에 대한 답이다. 이런 경우에는 과연 어떤 부분을 외워야 할까?

[문제]
GATT와 WTO는 모두 무역의 확대를 목적으로 한 기구다. GATT에서 WTO로 전환된 배경을 설명하라.

[해답]
1.2. WTO체제로의 전환
- GATT는 지속적으로 관세를 인하함으로써 1950년대와 60년대에 연간 약 8%의 무역 성장률을 달성하였다. 그러나 1970년대와 1980년의 경제침체로 각 국가들은 자국의 산업을 보호하려는 경향이 나타났다. 경기침체에 따른 높은 실업률로 인해 선진국들은 보호무역을 강화하고 농업 부문에 보조금 정책을 시행하였다. 이러한 변화는 GATT의 신뢰도나 유효성을 훼손시키고, 게다가 서비스

교역이나 직접투자 확대 등으로 무역환경이 복잡해짐에 따라 GATT 규정으로 통제할 수 없는 분야가 더욱 늘어났다.
- GATT는 세계무역 확대에 많은 기여를 하였으나, 협상 위반을 효과적으로 규제하지 못하였고, 새로운 국제무역환경의 변화에 적절하게 대처하지 못하였다. 이러한 한계를 극복하고 새로운 국제무역 질서를 형성하고자 WTO가 출범하였다.

논술 문제의 경우, 주어진 문제와 지문을 꼭 활용해야 한다. 여기서는 제시된 지문이 없지만 "GATT와 WTO는 모두 무역의 확대를 목적으로 한 기구"라는 점을 써둔 것은, 무역 확대와 관련이 있는 부분만을 서술하라는 의미다. 따라서 '해답에서 무역 확대에 도움이 되지 않은 부분'들만이 강한 암기의 대상이다. 이에 해당하는 것은 다음과 같다.

① GATT의 신뢰도·유효성 감소(70~80년대 경기침체, 높은 실업률, 보호무역, 규제력 감소), ②GATT의 변화 대처 미흡, 통제 불가(서비스 교역, 직접투자 확대 등 환경 복잡)가 있다.

암기와 자동화

강한 암기와 구별해야 하는 것으로 '자동화'가 있다. 자판을 치거나 스마트폰의 텍스트 메시지를 전송할 때를 생각해보자. 어느 버튼에 어느 글자가 있는지 일일이 확인하고 생각하며 누르는가, 그렇지 않으면 '몸이 기억하는 대로' 손을 사용하고 있는가? 이제 막 PC나 스마트 기기를 사용하는 법을 배우는 경우가 아니라면 거의 모든 사람이 후자에 해당할 것이다.

이처럼 처음에는 뇌의 작용에 따라 특정 행동을 하다가 몸이 그 행동을 기억하는 상태가 되어 뇌 이외의 영역, 특히 손과 발이 자연스럽게, 의식하지 않아도 그 특정 행동을 할 수 있게 된 상태를, 정말로 생각 없이 자동으로 된다는 의미에서 '자동화'된 상태라고 한다. 학자나 영역에 따라 '절차화'라고 부르는 경우도 있다.

자동화의 이점은 뇌와 몸을 따로 쓸 수 있게 해준다는 것이다. 처음에는 자판 등을 의식하고 제대로 메시지가 가고 있는지 눈과 머리로 확인했지만, 익숙해진 다음에는 무슨 말을 보낼지 생각하는 것(머리)과 그것을 활자화하는 것(손)을 분리함으로써 동시에 더 많은 일을 처리할 수 있게 된다.

운전도 자동화를 이해하는 좋은 예다. 운전면허를 따고 얼마 되지 않아 도로에 나갔을 때는 온통 머릿속이 운전 생각뿐이었겠지만, 어느 순간부터 머리로는 다른 생각을 하면서 운전하는 것처럼 말이다.

이렇게 보면 '암기'의 개념이 뇌가 무언가를 외우고 있는 상태라고 한다면, '자동화'는 손, 발 등 몸이 무언가를 외우고 있는 상태라고 할 수 있다.

한편 자동화 개념은 시험을 준비할 때도 매우 유용하다. 시험은 주어진 시간 내에 많은 문제를 정확히 풀 것을 요구하므로 달리 보면 시간과의 싸움이라고도 할 수 있다. 이 시간과의 싸움을 유리하게 만드는 것이 자동화다. 시험장에서 몇 분 내에 몇 문제를 풀지, 시험지를 받으면 어떤 문제로, 어떤 단어에 눈을 둘지 등이 모두 자동화 영역에 속하는 것들이기 때문이다. 이런 자동화를 통해 우리가 시험을 잘 치려면 평소 시험 보는 행위 자체를 시험장보다 더 제한된 조건(가혹 조건) 안에서 과하다 싶을 정도로 반복적으로 연습해 몸에 완전히 익혀야 한다.

이것만은 꼭!

▸ 암기는 '강한 암기'와 '약한 암기'로 나눈다.
▸ 답을 내는 데 필요한 정도로만 암기하는 것이 효율적이다.
▸ 시험은 모든 내용에 대해 '강한 암기'를 요구하지 않는다.

얼마나 외워야 할까 (기억 유지를 위한 전략)

에빙하우스의 망각 곡선과 소멸 이론

1885년 독일의 심리학자 헤르만 에빙하우스Hermann Ebbinghaus는 한 가지 실험 결과를 발표했다. 시간이 지날수록 애초에 외운 것이 망각된다는 가설을 뒷받침하는 실험에서, 참여자들은 암기하고 20분 뒤에 내용의 약 58퍼센트를, 하루 뒤에는 약 33퍼센트를, 한 달이 더 넘어가면 약 21퍼센트만을 기억한다는 것이었다.

시간의 흐름에 따라 기억이 감소하는 것을 다음과 같은 그림으로 표현할 수 있는데, 이를 에빙하우스의 망각 곡선이라고 한다.

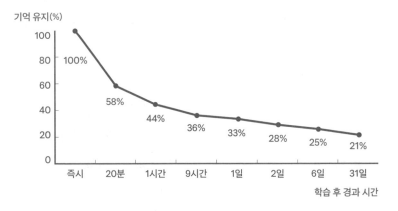

이처럼 장기기억 속의 정보는 시간이 경과함에 따라 망각될 수도 있다. 기억이란 뇌에 신경화학적인 흔적을 만드는 것인데, 시간의 경과로 그 흔적이 옅어지기 때문이다. 이를 '소멸 이론'이라고 한다.

리텐션과 스페이싱 이펙트

새로운 정보를 머릿속으로 저장하는 과정과, 그렇게 저장한 정보를 시간이 지남에 따라 잊지 않도록 유지하는 일은 서로 개념적으로 구별되고, 실행하는 방법도 크게 다르다.

머릿속에 정보를 집어넣는 기억의 방법에는 앞서 본 것처럼 총 다섯 가지가 있다. 반면 기억을 유지하는 방법은 단 한 가지다. 바로 어느 정도 시간이 지나 기억이 잘 나지 않는다는 느낌이 들 때 다시 반복해 기억하는 과정을 거치는 것이다. 이처럼 일정한 시간이 지나 기억이 약화되었을 때 다시금 그 기억의 정도를 끌어올리는 것을 '기억 유지retention'라고 한다.

그렇다면 기억했던 정보를 까먹는 일 없도록 매일 반복하면 되는 것일까? 그렇지도 않다. 일단 하나의 기억이 장기기억 속에 제대로 들어갔다면 의식적으로라도 어느 정도 시간 동안 망각했다가, 다시 기억을 되살리는 편이 기억 유지에 더욱 효과적이라고 증명되었다. 이처럼 의도적인 텀space를 두었다가 기억을 되살릴 때 기억이 강화되는 현상을 '스페이싱 이펙트spacing effect'라고 한다.

까먹는 것이 불안해 매일 복습을 하면, 설령 머릿속에 지식이 제대로 입력된 상황이라 해도, 스페이싱 이펙트를 활용하지 못하는 상황일 뿐 아니라 새롭게 외워야 할 것을 놓치고 있는 셈이므로 효율이 상당히 떨어진다. 많은 성인 수험생들이 이 원리를 모른 채 위 그

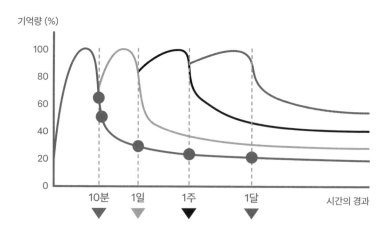

림처럼 '복습'을 반복하곤 하는데, 이때는 오히려 '까먹을까 봐 불안해하지 말고, 이해하지 못할까 봐 불안해할 것'이라는 말을 명심해야 한다.

기억 유지의 공식과 형식화의 오류

효율적인 기억 유지의 공식을 다시 정리하면 이렇다. ①머릿속에 정보가 들어간 것을 전제로, ②그 정보를 완전히 까먹기 전에 주기를 가지고 인출하는 것이다.

한편 이때의 적절한 주기에 대해 교육학에서는 가장 처음 기억한 날로부터 1일 후, 7일 후, 30일 후를 제시한다. 또한 보다 잦은 횟수로 1일 후, 4일 후, 7일 후, 14일 후를 제시하기도 한다.

하지만 에빙하우스의 실험을 포함하여 위와 같은 기억 유지 공식은 모두 일반적인 인간을 전제로 한 것이다. 에빙하우스 스스로도 그 실험 결과에서 밝히고 있듯, 이러한 주기나 기간은 모든 사람에게 일률적으로 적용되는 것이 아니라 환경 등 여러 요소에 따라 달라질 수 있다. 따라서 중요한 것은 내가 공부하는 양과 집중도, 지능, 컨디션 등에 따라 나만의 복습주기를 찾는 것이다.

다만 여기서 주목해야 할 것은 장기기억화된 정보는 쉽게 머리에서 빠져나가지 않는다는 점이다. 정보 습득이 제대로 된 방법으로 이뤄지면 기억에 깊이 흔적이 남아 시간이 지나더라도 망각되는 비율이 낮아지기 때문이다. 이를 '기억의 흔적 이론'이라 한다. 기억의 흔적을 깊이 남겨 제대로 입력하기만 했다면 그 정보는 매우 장시간(대략적으로 두세 달 정도) 유지가 된다.

따라서 유지 주기에 너무 목숨을 걸 필요는 없다. 관련 문제를 풀거나 관련 개념이 나올 때 기억한 정보가 바로 떠오르지 않는다면 부지런히 페이지를 앞부분으로 넘겨 빠르게 다시 확인하는 정도면 충분하다.

요컨대 기억 유지와 복습에 할애하는 시간을 아끼고 더 빠르게 공부 진도를 뺀 후에, 전체적으로 반복하고 정리하며 마무리하는 시간을 만드는 것이 더 효율적이다.

이것만은 꼭!

▸ 정보를 머리에 집어넣는 것(습득)과 정보를 까먹지 않는 것(유지)은 서로 다른 문제다.
▸ 까먹을까 걱정하지 말고 이해 못 한 것을 걱정해야 한다.
▸ 복습의 주기는 사람마다 다를 수밖에 없고, 달라야 한다.

어떤 프로세스로 외울까
(인지와 이해, 암기 과정 설계)

인지와 이해, 암기 과정을 나눌 것

단어나 숫자, 얼굴처럼 외울 대상의 수나 내용이 많지 않거나 일시적으로만 기억해야 하는 경우라면 별다른 암기 계획이 필요하지 않다. 그러나 외워야 하는 양이 방대하고 기억 유지 기간이 길어야 하는 경우에는 뇌의 구조를 고려한 효율적인 암기 프로세스를 설정해야 한다.

한편 공부할 내용을 한 번만 보고 시험을 치는 사람은 없다. 적어도 같은 내용을 두 번은 반복해서 보고 시험을 친다. 암기 계획을 세울 때는 이 점도 고려해야 한다. 같은 내용을 반복해 보는 과정에서 자연스럽게 기억하게 되는 부분도 있기 때문이다. 이 점을 고려하지

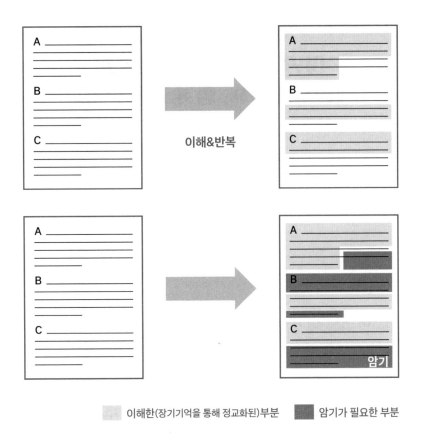

이해한(장기기억을 통해 정교화된)부분   암기가 필요한 부분

"이해되지 않은(장기기억을 통해 정교화되지 않은) 부분이
암기가 필요한 부분이다."

않고 처음부터 억지로 내용을 외우는 것은 오히려 공부 효율을 떨어뜨릴 수 있음을 인식해야 한다.

　장기간 시험을 준비하거나 한 번에 많은 양을 외워야 할 때 효과적인 공부 단계가 있다.

첫 단계가 '인지' 단계다. 사람은 어떤 정보를 머릿속에 저장하기 위해서는 이해와 암기 과정이 필요하다. 그것은 우선 해당 정보의 인지가 전제되어 있을 때 가능하다. 그러므로 외울 정보를 가볍게 한 번에서 세 번 정도 빠르게 보는 과정이 필요하다. 어느 위치에 어떤 활자나 이미지들이 있는지를 확인하는 것이다.

그 작업이 끝났다면 이제 전체적으로 조직화와 시각화, 맥락화만을 시도한다. 지금 단계에서 맥락에 해당하는 부분 외의 것을 암기하려 해서는 안 된다. 확실하게 흐름과 논리, 주요 키워드 등 전체적인 틀이 머릿속에 자리 잡을 때까지 반복해서 내용들을 보자.

여기까지 되었다면 다음 단계부터 나머지 세부 내용을 머릿속에 채워 넣는다. 이미 머릿속에 맥락이 자리 잡혀 있는 상태이기 때문에 훨씬 수월하게 암기할 수 있다. 이때는 정교화를 사용해서 암기하는 것이 가장 중요하다. 이 과정까지를 보통 '이해'라고 부른다.

이렇게까지 하고서도 외워지지 않은 정보는 따로 표시하거나 정리해서 이제 두문자, 변환법, 시연 등을 통해 외운다. 특히 암기형 시험의 경우 '선이해 후암기'로, 여러 번 책을 보고서도 외워지지 않은 부분만을 모아서 시험 한두 달 전에 그것만 외우는 편이 좋다. 분량은 A4 용지 한두 장 정도로 정리가 되어야 한다.

다음 페이지 그림과 같이 이해과정(그림에서 ①~⑨), 의식적 암기(그림에서 ⑩)를 나눠 진행해야 각 과정별로 필요한 노력과 시간을 충분히 쏟을 수 있게 된다.

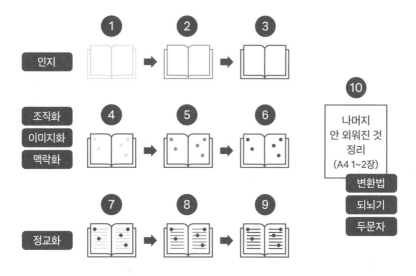

만약 이렇게 과정을 나누지 않고 이해와 암기를 동시에 진행하거나 처음부터 바로 암기를 시작하면 별다른 암기법을 사용하지 않고 있는 것이어서 결국에는 반복만 효율적인 것으로 느끼게 되고, 기억은 장기기억화가 되지 못한 채 단기기억에만 남게 된다. 나아가 '암기'는 이해에 이미 사용하고 남은 에너지만 투입해 수행하게 되는데, 그러면 시간과 에너지는 계속 투입하는 데 효과는 없는 상황이 반복되면서 공부에 지치거나 좌절, 자책, 포기로 이어지는 경우가 많다.

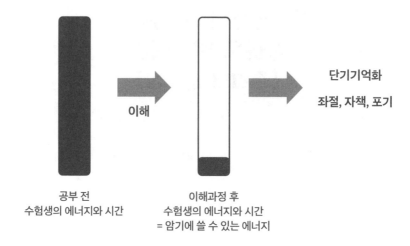

| 이해와 의식적 암기를 동시에 하는 경우 |

이해

단기기억화

좌절, 자책, 포기

공부 전
수험생의 에너지와 시간

이해과정 후
수험생의 에너지와 시간
= 암기에 쓸 수 있는 에너지

이해와 암기의 선후관계

앞서 인지-이해-암기의 순서로 암기하는 것이 좋다고 했다. 이는 '선이해 후암기'라고 할 수 있는데, 특히 암기형 시험일 때 그대로 적용된다. 나아가 시험공부는 인풋-아웃풋-마무리의 단계로 나아가는 것이 이상적이므로, 암기형 시험의 경우 이해-재현-암기의 순서로 암기 과정을 설계하는 것이 효과적이다.

반면 계산형 또는 사고형 시험이라면 먼저 결론과 주된 논리부터 암기한 후에 문제 유형별 공통의 접근법을 이해하는 것으로 진행 프로세스를 나눈다. 이 경우는 '선암기 후이해'에 해당한다.

기억력 수준을 끌어올리는 정리 (정리의 필요성)

일회성으로 외우는 경우를 제외하면, 암기에서 '정리'는 세 가지 측면에서 큰 의미가 있다.

트리거 흔적 남기기

'트리거 흔적 남기기'는 기억을 펼쳐줄 트리거를 떠올리는 메모라고 할 수 있다. 흔적을 남기는 이유는 첫째, 애써 암기하고 기억 설계까지 해두고는 그것을 정리하고 표시해두지 않아, 다음에 같은 부분을 볼 때 처음부터 다시 암기하고 기억 설계하는 과정을 또 반복하는 상황 때문이다. 따라서 암기하면서 트리거가 될 만한 것을 찾았다면 이를 반드시 메모하거나 볼펜이나 형광펜 등으로 표시해두어야 한다. 그 암기 과정도 하나의 맥락이 되어 표시해둔 트리거를 보고 그 맥락이 떠오르면서 이전과 같은 방식으로 기억을 작동시킬 수 있게 된다.

그리고 표시한 트리거를 보고 기억을 작동시키는 연습을 할 수 있다. 이때 잘 떠오르지 않는 부분들을 별도로 체크해둔다. 간단히 체크(∨)표시를 해도 되지만, 많이 쓰는 방식은 단어의 경우 앞뒤로 괄호를 표시해두는 것이다. 그러면 책을 읽다가 해당 부분이 나왔을 때 잠시 눈을 멈추고 마음속으로 작동 연습을 해볼 수 있다.

초두효과와 최신효과의 활용

둘째, 암기할 양이 많을 때 기억력을 높이기 위해서다. 암기 대상이 여러 개일 때는, 각 대상을 어떤 순서로 암기하려 했는지에 따라 암기된 정도가 달라진다. 맨처음에 암기한 것과 맨마지막에 암기한 것이 떠올리기 더 쉽다. 이를 '초두효과', '최신효과'라고 한다.

초두효과와 최신효과는 한번에 여러 대상을 외울 때뿐 아니라, 여러 날에 거쳐 암기를 할 때에도 그대로 적용된다. 만약 월요일부터 금요일까지 암기했다면 금요일에 암기한 내용이 가장 잘 떠오르는 식이다.

또한 외우려고 노력하는 동안 실제 장기기억 속에 저장되기보다는 작업기억에 머무르는 경우가 많다. 열심히 외웠다고 생각했는데

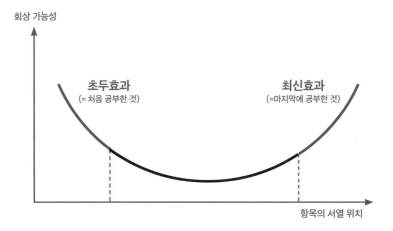

회상 가능성

초두효과
(= 처음 공부한 것)

최신효과
(=마지막에 공부한 것)

항목의 서열 위치

까먹는 경우가 바로 그것. 그래서 정말로 머릿속에 집어넣을 수 있게, 작업기억 속의 지식을 단 하나로 만들어주는 '정리'가 매우 중요하다.

스페이싱 이펙트와 기억의 누적

셋째는 의도적으로 시간 간격을 두고 같은 정보를 재차 정리하여 장기기억을 누적시키기 위한 것이다.

시간이 지나면 작업기억 상의 불필요한, 장기기억화되지 못한 정보들은 망각되는데, 그런 상황에서 같은 정보를 재차 입력하면 새로운 수준의 정교화(이해)가 일어난다. 복습을 거듭하다 보면 이전에 봤던 내용들이 새롭게 보이거나 종전에 정리한 것이 별 의미가 없다는 걸 알게 되는 경우가 종종 있다. 이 경우는 그때마다 해당 내용을 새롭게 정리해줘야 한다. 그래서 '이미 정리가 다 됐다'고 여겼던 부분을 이후 두 번 이상 재정리를 하게 되는 일이 생기고, 그렇게 거듭 정리한 정보들이야말로 장기기억으로 최종 입력된 정보들이라 하겠다.

이것만은 꼭!

▸ 애써 암기한 대상의 흔적을 남기는 것이 기억 정리의 첫 번째 이유다.
▸ 최신효과를 누리기 위해 마지막에 다시 암기를 하는 것이 기억 정리의 두 번째 이유다.
▸ 스페이싱 이펙트에 따라 기억을 누적하고 정리하는 것이 기억 정리의 세 번째 이유다.

암기법의 종착지

여러분들은 '쉽게 내가 원하는 것을 외우고 싶어!'라는 생각으로 이 책을 집어 들었는데, 막상 읽어보니 단계가 복잡하고 할 게 너무 많다고 생각할지도 모르겠다.

그러나 분명한 것은 가장 효율 좋은 암기법이 상당한 양의 배경 지식을 요구하는 '정교화'라는 사실이다. 이 방법이 자신의 뇌에 깊은 흔적을 남긴다.

상당한 양의 배경 지식이 요구된다는 것, 합리적 추론이 필요하다는 것은 새로운 지식을 암기할 때 기존 지식과의 연결 관계, 논리 구조를 사고해야 하는 노력이 필요하다는 말이다. 이런 점 때문에 손쉬운 암기법처럼 느껴지는 두문자나 변환법으로 암기 대상을 외우고 싶다는 유혹에 빠진다.

결론부터 말하자면 수험생이 그러한 유혹에 넘어가 두문자와 변환의 방법을 택한다면 필연적으로 수험 기간이 장기화되는 사태가 초래된다. 양이 적을 때는 그런 '손쉬운' 방법들이 효과가 있을지는 모른다. 하지만 방대한 양의 지식 체계는 그런 편법으로는 정복되지 않는다. '암기 프로세스' 부분에서도 설명을 했지만, 반드시 다른 모든 방법을 통해 암기를 시도했으나 머리에 남지 않은 경우에만 두문자나 변환법을 사용할 것을 권한다.

암기법의 종착지는 언제나 내 장기기억 속에 있는 논리 체계와 그 총합인 배경 지식의 확장이 되어야 한다.

책 한 권 뚝딱!
암기법 조합

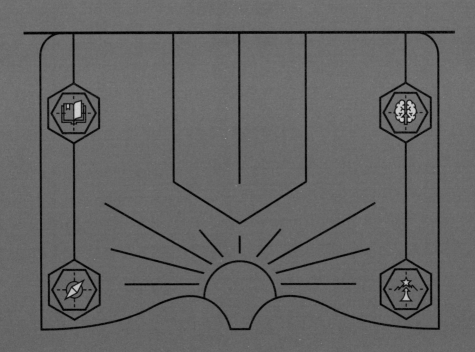

5장

1

(**가장 유명한
암기법**)

기억궁전법
Mind palace

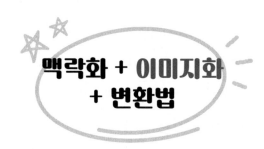

맥락화 + 이미지화 + 변환법

맥락화의 원리와 이미지화 그리고 변환법을 조합하여 함께 사용하는 기술 중에 가장 유명한 것이 '기억궁전법Mind palace'이다. 이는 내 머릿속에 있는 '기억의 궁전'이라는 곳에 외우고 싶은 것들의 이미지를 배치하는 방법이다. 그리스 시대부터 사용된 방법으로 현재에도 많은 분야에서 활용되고 있다. 이는 익숙한 장소를 활용한다고 하여 '장소법'이라고 부르기도 한다.

기억궁전법에서 중심이 되는 것은 맥락화다. 다만 일반적인 맥락화와는 다른 점이 있다. 앞서 본 맥락화는 내가 외울 대상들간의 관계를 발견하거나 창조하는 것이었다면(대상 중심의 방법), 기억궁전법은 거꾸로 그 관계를 이어줄 맥락 내지 스토리를 항상 내게 가장 익숙한 것, 예를 들어 내가 항상 같은 코스로 걷는 산책로로 고정해두고, 외우고 싶은 대상들을 이미지화하여 그 맥락이나 스토리에 순서대로 배치하는 방식이다. 맥락화와 기억궁전법은 나를 중심으로 외울 대상을 재배치하는 데에 차이가 있다(스토리 중심의 방법).

예를 들어 엄마가 베이컨과 계란, 토마토, 바나나를 사오라고 심부름 시켰을 경우에, 메모장을 그대로 외울 수도 있지만 내 방이나 거실을 떠올리고 그 품목들을 이미지로 바꿔 배치해서 외우는 방식이다.

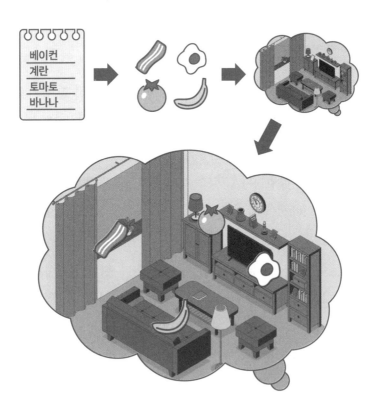

이 방식은 베이컨과 계란, 토마토, 바나나 사이의 맥락에는 별 관심이 없다. 오히려 거꾸로 이미 내가 알고 있는 가장 자연스러운 흐름, 맥락을 하나 떠올린 후에 강제적으로, 그것에 외우고자 하는 대상들을 이미지화하여 배치한 것이다.

이 과정에서 외우고자 하는 대상들을 의미나 발음, 형태로 변환한 후에 이미지화를 할 수도 있음은 물론이다. 예를 들어 앞선 경우에 베이컨 대신 매우 뚱뚱한 돼지를 대신 떠올리거나(의미 변환법), 만약 영국의 철학자 베이컨을 안다면 그 초상화를 대신 떠올릴 수도 있다(발음 변환법).

장소는 물리적인 것으로 제한되지 않는다

기억궁전법을 제대로 이해했다면, 이는 정말로 궁전이나 물리적 공간과는 관련이 없고, 실은 내가 쉽게 떠올릴 수 있는 것이라면 무엇이든 활용이 가능하다는 점을 알 수 있다. 즉 '기억궁전'이란 내가 아무런 노력 없이 가장 손쉽게 떠올릴 수 있는 장기기억의 예시 중하나에 불과하다.

따라서 앞서 든 예시에서처럼 반드시 내 방이나 거실이 아니라, 손가락 마디마디와 같은 신체의 일부, 더 나아가 아버지, 어머니, 누나·언니 또는 동생과 같은 가족관계까지도 활용이 가능하다.

이 구체적인 적용 예시에 대해서는 뒤에서 다시 보기로 한다.

기억궁전법의 단점

'기억력 대회' 또는 '기억력 스포츠'라는 이름의 대회들이 있다. 이 대회들은 짧은 시간에 무작위로 나열된 숫자를 외우거나 역사적 사건의 연도, 트럼프 카드, 사람의 얼굴, 추상적인 그림, 무작위 단어를 외우는 방식으로 진행된다. 이곳에 참가하거나 이 영역에 종사하는 사람은 앞서 본 '변환법'과 '기억궁전법'을 주된 방법으로 사용한다.

기억궁전법은 '기억력 스포츠'에 주로 사용될 정도로 강력한 방법이지만, 치명적인 단점 하나를 가지고 있다.

맥락화 방식은 외우고자 하는 대상을 포함하는 맥락이나 스토리를 생각해내는 과정에 많은 노력이 들지만 그 암기 대상에 따라 서로 다른 맥락이나 스토리가 생기기 때문에 맥락이나 스토리가 부족해지는 경우는 없다. 반면에 기억궁전법은 맥락이나 스토리를 창작하는 데 노력을 들일 필요는 없지만 활용할 수 있는 맥락이나 스토리의 수가 제한적이어서 많은 분량을 한 번에 외울 수는 없다는 단점이 있다. 그래서 방대한 양을 공부하는 경우에는 사실상 사용할 수가 없고, 변환법이나 두문자, 시연과 같이 극히 예외적인 경우에만 사용이 가능하다.

이것만은 꼭!

▸ 먼저 내게 가장 익숙한 장소를 떠올린다.

▸ 외울 것을 이미지로 바꾼다.

▸ 익숙한 장소에 기억할 내용을 배치한 후에 다시 떠올려본다.

▸ 공부에 적용할 때는 잘 외워지지 않는 것에 한해서 마지막 순서로 사용하자.

기초 사례-실제 존재하는 장소 이용

먼저 내가 항상 반복적으로 가는 공간을 하나 떠올려보자. 보통은 사무실, 서재, 안방, 자가용 중에 하나일 것이다. 여기서는 각자 사는 집의 방을 예로 들기로 한다.

설명한 대로 이제 그 방으로 걸어 들어가서 왼쪽부터 방 안에 있는 물건들을 보는 상상해보자. 무엇부터 보이기 시작하는가?

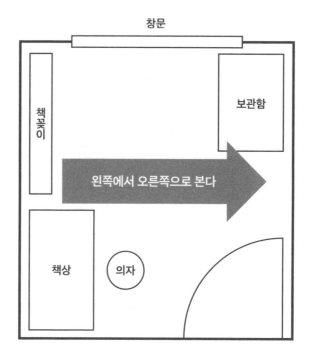

방금 내가 내 방을 왼쪽부터 쭉 본 것이 바로 내게 가장 친숙한 스토리다. 나만의 한 단락짜리 소설이라고 생각하면 된다.

앞에서는 억지로 가상의 스토리를 만들었는데, 기억궁전은 '내게 익숙한 공간'을 바탕으로 스토리를 만들기 때문에 완전한 가상의 스토리를 만드는 경우보다 노력이 줄어든다.

이제 여기서 외우고 싶은 물건들을 하나씩 배치해보자.

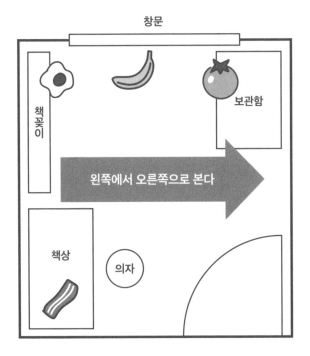

우스꽝스러운 이미지가 훨씬 외우기 쉽기 때문에 여기서 스토리를 조금 변형하면 훨씬 기억에 잘 남게 된다. 이미지는 인상적인 것으로 각자가 떠올려보도록 하자.

①방에서 연기가 너무 많이 나서 들어가 보니 책상 위에 베이컨이 지글지글 구워지고 있고, ②옆쪽 책꽂이에는 이미 잘 구워진 계란 후라이가 쌓여 있었다. ③연기를 내보내려고 창문을 열어야지 하고 보니 창문에는 바나나가 잔뜩 걸려 있고 ④다시 그 옆을 보니 보관함에 토마토가 산더미처럼 쌓여 있었다.

손 이용하기

이처럼 편리하고 강력한 공간기억법도 단점이 두 가지 있다.

첫째는 '내게 익숙한 공간'의 숫자가 부족하다는 것이다. 이 단점을 상쇄시키기 위해 자신의 신체나 자동차 등을 새로운 '공간'으로 쓰기도 한다. 다음 내용을 외운다고 해보자.

"마트에 가서 베이컨, 토마토, 계란, 바나나를 사야지."

만약 이미 익숙한 공간을 다 썼다면, 이제는 손이나 신체의 일부에 외우고자 하는 대상을 이미지화해서 배치하면 된다.

떠올릴 때는 엄지부터 검지 순으로, 첫째 마디부터 둘때 마디순으로 떠올린다.

인간관계 등을 이용하기

여기서 말하는 공간은 반드시 물건에 한정할 필요가 없으므로, 가족 관계와 같은 인간관계를 이용하기도 하고, 이미지화뿐 아니라 다른 변환법을 섞을 수도 있다. 내가 '그 사람' 하면 생각나는 이미지에 적절한 대상을 매치시키는 것이다.

마트에 가서 베이컨, 토마토, 계란, 바나나를 사야지
→ 아버지는 베이컨을, 엄마는 토마토를, 동생은 계란을,
누나는 바나나를 들고 있다.

우스꽝스러운 것이 더 잘 기억이 되므로(감정의 맥락) 웃긴 스토리로 바꾸어 이미지를 떠올려보자.

①아버지가 배 터지게 베이컨 먹고 앉아 있는 이미지
②엄마가 토마토를 아버지에게 던지려고 하는 이미지
③동생이 계란으로 저글링을 하는 이미지
④누나가 바나나를 밟고 미끄러지는 이미지

적용하기 어려운 경우

기억궁전법의 두 번째 단점은 이미지로 빨리 변화시켜서 배치시키기 어려운 것들에는 이 방식을 쓰기가 어렵다는 점이다. 다음의 책 내용을 '빨리' 바꿀 수 있겠는가?

 탄성력

1. **탄성력** 스트레칭 고무 밴드를 손으로 당기면 늘어났다가 손을 놓으면 원래 모양으로 되돌아간다. 이렇게 힘을 받아 변형된 물체가 원래 모양으로 되돌아가려는 성질을 탄성이라 하고, 변형된 물체가 원래 모양으로 되돌아가려는 힘을 탄성력이라고 한다. 그리고 탄성이 있는 물체를 탄성체라고 한다. (과학 용어 사전 167쪽)

(1) **탄성력의 방향**: 용수철을 손으로 당겨 늘이면 용수철은 손을 당기고, 용수철을 놓러 압축하면 용수철은 손을 밀어낸다. 즉, 용수철을 변형시키면 원래 모양으로 돌아가려는 방향으로 손에 탄성력이 작용한다. 이처럼 탄성력은 탄성체에 작용한 힘의 방향과 반대 방향으로 작용한다.

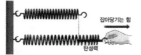

용수철을 오른쪽으로 당겨 늘이면 탄성력은 왼쪽으로 작용한다.

용수철을 왼쪽으로 눌러 압축하면 탄성력은 오른쪽으로 작용한다.

(2) **탄성력의 크기**

① 탄력력의 크기는 탄성체에 작용한 힘의 크기와 같다.

② 스트레칭 고무 밴드를 많이 늘일수록 손을 당기는 탄성력이 크게 느껴지는 것처럼 탄성력의 크기는 탄성체의 변형이 클수록 크다.

2. **용수철을 이용한 물체의 무게 측정** (탐구 175쪽)

(1) 용수철에 매단 물체에 작용하는 힘: 용수철에 물체를 매달면 물체에는 아래 방향으로 당기는 중력과 위 방향으로 당기는 탄성력이 작용한다. 두 힘의 크기가 같으면 용수철이 더 이상 늘어나지 않고 물체가 매달린 상태로 정지하게 된다.

자료 | 《HIGH TOP 하이탑 중학교 과학 1》 동아출판, 2022.9.15.

이보다 난이도가 높은 대학교 전공서나 성인 시험의 교재는 기억 궁전법으로 외우는 것이 더 어렵다.

---

9 계약의 무권대리 : 추인권과 철회권

1. 본인의 추인 또는 추인거절

(1) 추인의 의의

무권대리행위는 원칙적으로 무효이다(다만 표견대리가 성립하여 유효가 될 수 있음은 前述한 바와 같다). 이는 대리권이 존재하지 않아 그 효력을 인정할 수 없는 경우이므로, 본인이 효과귀속을 원하는 경우 그 효력을 시인하지 못할 이유가 없다. 따라서 민법은 본인이 무권대리행위의 효과를 자신에게 귀속시키는 의사표시를 할 수 있는 것으로 정하고 있다(제130조).

> 제130조(무권대리) 대리권없는 자가 타인의 대리인으로 한 계약은 본인이 이를 추인하지 아니하면 본인에 대하여 효력이 없다.

이를 추인이라고 한다. 추인은 형성권 즉, 단독행위이고 그 행사에 상대방이나 무권대리인의 동의를 요하지 않는다.

(2) 추인의 방식

1) 추인의 상대방 추인은 무권대리행위의 상대방(무권대리행위의 직접 상대방 뿐 아니라 무권대리행위로 인한 권리·법률관계의 승계인도 포함한다) 또는 무권대리인 어느 쪽에 대하여도 할 수 있으나, 무권대리인에게 추인한 경우 상대방이 이를 알 때까지 추인의 효과를 주장할 수 없다(제132조). 따라서 상대방은 본인이 무권대리인에게 추인의 의사표시를 하였음을 알기 전까지는 철회권(제134조)을 보유한다.

> 제132조(추인, 거절의 상대방) 추인 또는 거절의 의사표시는 상대방에 대하여 하지 아니하면 그 상대방에 대항하지 못한다. 그러나 상대방이 그 사실을 안 때에는 그러하지 아니하다.

2) 추인의 방법 추인은 묵시적으로도 할 수 있다. 무권대리로 인한 매매계약상 대금을 수령한 경우, 무권대리로 인한 빌린 금전의 반환유예를 요청한 경우, 무권대리인이 기존 계약을 해제하여 받은 돈으로 새로 매수한 부동산의 등기명의를 본인 앞으로 경료한 경우 등과 같이 무권대리행위의 유효가 전제되어야만 행하여지는 행위를 한 경우 의사해석상 묵시적 추인이 포함된 것으로 인정할 수 있다. 그러나 단지 무권대리행위에 대하여 장기간 이의를 하지 아니한 것만으로 묵시적 추인이 있다고 할 수 없다. 묵시적 추인을 인정하기 위해서는 본인이 그 행위로 처하게 된 법적 지위를 충분히 이해하고 그럼에도 진의에 기하여 행이의 결과가 자기에게 귀속된다는 것을 승인한 것으로 볼만한 사정이 있어야 하기 때문이다.

3) 일부에 대한 추인 무권대리행위 일부에 대해서도 추인을 할 수 있는가? 우선 상대방의 동의가 있는 경우에 일부 추인을 할 수 있음은 의문이 없으나, 상대방의 동의가 없는 경우에는 상대방이 원치 않는 법률관계의 구속을 받게 되는 경우가 있을 것이므로 이를 허용하기 힘들 것이다. 판례도 무권대리행위의 추인은 의사표시 전부에 대해 행하여져야 하고, 그 일부에 대하여 추인을 하거나 그 내용을 변경하여 추인을 하였을 경우 상대방의 동의가 없는 한 무효라는 태도를 취한다.

4) 입증책임 추인이 있다는 사실은 본인에의 효과귀속을 주장하는 측에서 이를 증명하여

즉, 구체적인 이미지 등으로 바꾸기 어려운 추상적인 내용을 외워야 할 때 기억궁전법은 사실상 적용이 어렵다. 기억궁전법은 변환법과 마찬가지로 최후의 수단으로, 적은 분량에 대해 사용하는 것이 좋다.

공부를 잘하는 사람들은 대부분 맥락화와 분해와 재조합, 즉 이해를 통해 책을 외우는 것이 기억궁전법에 비해 훨씬 노력과 시간이 적게 든다고 얘기한다.

왜냐하면 수험의 대상이 되는 지식들은 모두 체계를 갖추고 있어 이미지화를 하기 전에 반드시 '논리적인 맥락'을 파악해야 할 뿐 아니라 이미지화도 구체적으로 되기 어려운 경우가 많거나 오히려 기억을 방해하는 경우가 많기 때문이다.

2

**(맥락의 힘을
극대화한 암기법)**

↓

7번 읽기 공부법

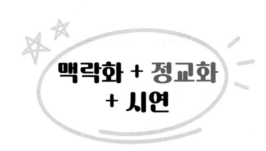

맥락화 + 정교화 + 시연

한때 우리나라에서 크게 유행했던 '7번 읽기 공부법'은 본래는 일본에서 시작된 암기법이다. 일본의 서울대라고 할 수 있는 도쿄대를 수석 졸업하였고, 재학 중에 사법시험과 일본의 행정고시를 모두 합격한 변호사가 사용한 암기법인데, 그 주된 내용은 그 이름처럼 단순하게 책을 7번 읽는 것이 아니라 실은 암기법의 여러 원리가 적용되어 있다.

크게 나누면 '선맥락화-후정교화'인 셈이다. 지식 입력의 3단계에 따라 인지와 이해, 암기를 나누고, 이를 바탕으로 여러 번 빠르게 책을 통독하며 맥락을 만든다. 그렇게 만들어진 맥락에 따라 정교화를 통해 세부 내용을 이해한다. 물론 처음 이해 과정에서는 정보가 부족하기 때문에 추론 방식을 적극적으로 동원한다.

인지-이해-암기 구조의 적극적 활용 : 통독

한편 7번 읽기 공부법은 앞서 설명한 인지-이해-암기의 원리를 적극적으로 활용한다. 따라서 처음부터 대뜸 책을 정독하는 것이 아니라, 눈에 들어오는 것들을 위주로 큼직하게 읽어나간다. 우리가 흔히 '통독'이라고 부르는 방식으로 읽는 것이다.

다만 이 과정에서는 단계마다 명확한 목표 설정이 있어야 한다. 단순하게 눈에 들어오는 단어들만을 여러 번 보는 것은 아무런 의미가 없다. 이는 단순히 인지 과정만을 여러 번 반복하는 데에 지나지 않는다. 이 점을 잘 몰라 7번 읽기만으로는 의미가 없다고 하는 경우도 있지만, 이는 7번 읽기 공부법을 잘못 이해한 데에 불과하다.

첫 번째 단계 – 전체·세부 맥락 인지

7번 읽기 공부법은 크게 세 단계로 나뉘는데, 첫 번째 단계는 바로 맥락을 발견하는 단계다.

이를 위해 처음에는 두세 번 정도 책 전체를 빠르게 보면서 가장 큰 단위의 소제목만을 읽는다. 책의 분량이나 난이도에 따라서는 그보다 더 많이 볼 수도 있다. 중요한 것은 가장 상위 개념의 소제목에 나오는 단어들에 익숙해지는 것이다.

이 과정을 끝내면 누적해서 다시 가장 큰 단위의 소제목을 보면서 그다음 하위 개념의 소제목들도 함께 본다. 마찬가지로 아직 인지 단계에 해당하므로 외우려고 노력할 필요는 없다. 기준을 하나 제시한다면, 다음에 나올 말이 무엇인지 대략적으로 예상될 때까지는 빠르게 반복해서 봐야 한다.

어느 정도 세부적인 소제목까지 인지가 되었다면, 즉 책장을 넘기면서 다음에 나올 말이 무엇인지 예상되기 시작한다면 이제 세부 내용들을 키워드 위주로 읽는다. 이때는 기존에 읽었던 소제목과 관련이 있거나 눈에 띄는 것들을 위주로 읽으면 된다. 마찬가지로 아직 인지과정에 해당하므로 외우려고 노력할 필요는 없다. 하지만 지금 단계는 전체적인 맥락을 파악하고 그것을 다듬어나가는 단계이므로 누적해서 읽어온 큰 단위와 세부 단위들의 소제목과 분문 중의 단어들이 어떤 관계에 있을지 생각을 해보면서 읽어야 한다.

이 단계까지 모두 거친 후에는 책 전반의 구성, 즉 소제목 간의 관계를 대략적으로 말할 수 있어야 한다.

두 번째 단계 – 양방향 정교화

다음 단계는 앞서 파악한 맥락을 통해 세부 내용을 정교화의 방법으로 외우는 것이다. 다만 바로 대뜸 정교화하는 것이 아니고, 여기서도 단계를 나누고 적극적으로 인지-이해-암기의 과정을 나누어 접근한다.

앞서 정교화 부분에서 설명한 것처럼 전체적인 맥락이 파악된 다음에는 그것을 통해 세부 내용을 보고 생략된 내용을 추론하는 방식으로 정교화할 수 있다. 두 번째 단계의 핵심은 여기에 있다. 다만 세부 내용만이 정교화의 대상이 되는 것이 아니고, 계속해서 누적하여 소제목들도 읽어나가면서 소제목을 통해 세부 내용을, 세부 내용을 통해 소제목의 내용을 동시에 양방향으로 정교화해가는 것이 이 방법의 특색이다.

보다 구체적으로는 소제목과 세부 내용 중 소제목과 관련성이 있는 키워드만을 먼저 여러 번 읽으며 추론을 확립하는 과정과 그와 같은 추론이 맞는지 나머지 세부 내용 부분을 확인하는 과정으로 나뉜다.

세 번째 단계 - 재현과 확인

마지막 단계는 각 페이지를 읽기 전에, 앞 단계에서 파악한 내용을 떠올려보고 그것이 맞는지, 틀렸다면 어느 부분이 틀렸는지를 확인하여 기억을 수정해나가는 과정이다. 이처럼 7번 읽기 공부법에는 암기된 지식을 끄집어내는 재현 과정이 포함되어 있기 때문에 지식이 더 강력하게 머릿속에 정착된다.

구체적으로는 먼저 다시 한 번 세부 내용까지를 읽은 다음에 요약하는 방식으로 책을 읽는다. 그리고 그 요약이 맞는지(아직까지는 추론을 확인하는 단계다) 확인한다. 이 단계는 말하자면 '선읽기-후요약'이라고 할 수 있다. 이후에는 특정 소제목을 보고 그 세부 내용을 읽기 전에 해당 페이지에 어떤 내용이 있었는지 간략하게 요약하여 떠올려보고 그것이 맞는지를 확인하는 방식이다. 이 단계는 반대로 '선요약-후읽기'에 해당한다.

주의사항

7번 읽기 공부법을 잘 적용하지 못하고 실패하는 경우는 얼마를 몇 번에 나누어볼지, 어떤 주기로 볼지 등등의 형식에 집착할 때 많이 발생한다. 그러나 앞서도 얘기했듯이 각각의 단계에서 설정한 구체적인 목표가 중요할 뿐, 책을 7번 읽든 70번 읽든 그것은 중요하지 않다.

7번 읽기 공부법의 창시자 역시 비교적 최근의 다른 책에서는 실은 7번에 한정하는 것은 아니고, 10번이고 20번이고 더 읽는다고 스스로 밝히고 있고, 최초로 7번 읽기 공부법을 소개했을 때에도 이른바 '보조읽기'라는 것을 통해 횟수를 추가할 수 있다고 설명하고 있다.

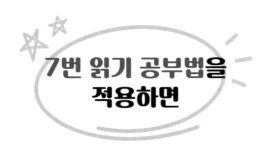

7번 읽기 공부법을 적용하면

다음 예시를 통해 7번 읽기 공부법을 익혀보자.

전체·세부 맥락 인지

첫 번째 단계는 외울 대상의 맥락, 즉 흐름을 인지하는 단계다. 여기서의 '맥락'에는 소제목 간의 관계나 개념 층위에서 발견할 수 있는 전체적 맥락뿐 아니라 각 문단 안에 있는 세부 내용들, 그 세부 내용들 간의 맥락도 모두 포함된다.

3. 로마 제정

(1) 제정 초기
공화정 말 무렵, 도시 로마는 지중해 전역을 지배하는 제국의 수도에 맞는 웅장함을 갖췄었다. 이 당시 로마는 세계에서 가장 큰 도시였다. 로마의 최고 인구 추정치는 450,000명에서 350만 명에 걸쳐 있는 가운데, 1백에서 2백만 명 추정치가 역사가들에게 가장 일반적이다. 로마의 인구는 2세기에 절정에 다다른 후 감소하였다. 마르쿠스 아우렐리우스 치세 시절인 2세기 말, 안토니우스 역병은 매일 2,000명의 사망자를 낳았다.

(2) 3세기의 위기
3세기 초를 시작으로, 정세가 변화하였다. '3세기의 위기'는 로마 제국을 거의 붕괴시켜낸 재앙과 정치적 문제들이라 정의 내려진다. 야만인들의 침입에 대한 위험과 위협에 대한 새로운 느낌은 아우렐리아누스 황제의 결정에서 보여지는데, 그는 둘레가 20km에 가까운 것으로 측정된 길이를 지닌, 거대한 성벽으로 수도 로마를 둘러싸는 사업을 273년에 완료하였다.

로마는 공식적으로 제국의 수도로서 남게 되었지만, 황제들은 그곳에서 시간을 훨씬 덜 보냈다. 3세기 말 디오클레티아누스의 정치 개혁으로, 로마는 전통적 행정 수도의 역할을 상실하였다. 시간이 흘러, 서로마 황제들은 밀라노나 라벤나, 혹은 갈리아 지역의 도시들에서 통치를 했다. 330년에, 콘스탄티누스 1세는 콘스탄티노폴리스에 두 번째 수도를 건립하였다.

(3) 게르만족의 침입과 서로마 제국 멸망
여전히 로마는 귀족들과 원로원 의원들이 주도하던 전통 신앙의 본거지 중 하나로 남아 있었다. 그렇지만, 로마의 새로운 성벽은 410년 8월 24일에 벌어진 알라리크의 약탈, 455년 6월 2일에 벌어진 게이세리크의 약탈, 심지어는 472년 7월 11일에 일어난 리키메르 장군이 주도한, 임금을 지불받지 못한 로마군의 약탈을 막지 못했다.

410년 약탈 사건은 거의 800년 만에 처음으로 로마가 적들에게 함락된 것이었다. 이전의 로마 약탈은 기원전 387년에 브렌누스라는 자가 이끈 갈리아족들이 벌인 것이었다. 410년 약탈은 서로마 제국의 쇠퇴와 멸망에 대한 상징 중 하나로 여겨진다. 이 당시 베들레헴에 거주하던 히에로니무스는 "온 세상을 차지했던 도시가 점령당했다."라고 기록을 남겼다.

'로마 제정'에 관한 내용이라는 것은 최상위 소제목을 통해 알 수 있다. 그 아래, 하위 소제목들(제정 초기-3세기의 위기-게르만족의 침입과 서로마 제국 멸망)만을 연결해서 읽어보면 다음 세 가지를 짐작할 수 있다.

①로마 제국 중에서 서쪽이 먼저 멸망했다.
②3세기 전까지는 비교적 위기가 없었다.
③서로마 제국은 외부의 침입으로 멸망했다.

7번 읽기 공부법의 시작은 일단 이렇게 반복적으로 소제목들만을 읽으면서 내용에 대한 정보를 유추하고, 유추해낸 것을 먼저 머릿속에 입력한다.

그리고 유추한 정보를 바탕으로 소제목 간의 맥락을 발견해보자. 어렵지 않게 '초기에는 융성하였으나 3세기 위기를 겪고 게르만족의 침입으로 서로마가 먼저 멸망했다'는 맥락을 파악할 수 있다. 간단히는 '융성-위기-(서로마가 먼저) 멸망'으로 정리할 수 있다. 이 부분을 머릿속으로 이미지화 시켜두자. 앞서 설명했지만 복잡한 이미지가 아니라 단순한 이미지를 머릿속에 그리자. 여기서는 무언가가 팽창했다가 잠시 주춤거린 후, 왼쪽부터 먼저 사라지는 이미지를 연상해보자. 다음과 같은 이미지 정도면 된다.

이제 보다 세부적인 맥락을 발견할 차례다.

그림 가장 왼쪽의 '융성' 부분, 글에서는 '(1)제정 초기'에 해당하는 단락의 세부 맥락을 우선 살펴보자. '융성에 어울리는 단어들 위주로 읽어보자. 이때 줄글 전체를 읽는 것이 아니라는 점에 주의하라. 그렇게 읽어보면 '지중해 전역 지배', '제국의 수도', '웅장함', '세계에서 가장 큰'과 같은 단어들이 눈에 들어올 것이다. 외울 필요까지는 없고 '이 단락에는 이런 단어들이 있다'는 점을 인지하고 연필로 체크해두는 정도면 된다.

그런데 같은 단락에 다른 뉘앙스를 가진 단어들도 보인다. '감소', '역병', '사망자'와 같은 말이다. 앞서 체크한 단어들과는 또 다른 세부 맥락을 이루고 있는 것이다. 이 역시 연필 등으로 체크해두는 것이 좋다.

여기까지 읽고 나면, 처음 파악했던 '융성' 이라는 큰 맥락이 조금 더 세분화될 것이다. 2세기를 기점으로 그 전까지는 지중해 최대 국가로 최고의 인구를 자랑했으나, 점차 인구가 감소하기 시작했구나 하고 말이다. 또 미리 파악한 '3세기 위기' 라는 큰 맥락을 떠올린다면, 로마 제국이 실은 2세기부터 문제를 겪고 있었다고도 이해할 수 있다.

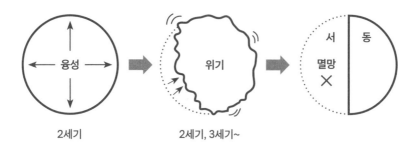

두 번째 단락인 '(2)3세기의 위기' 부분에서도 세부적인 맥락을 발견해보자. 처음에는 야만인들의 침입에 적극적으로 지켜내다가('성벽', '수도 로마'), 점차 황제들이 로마가 아닌 다른 곳을 사실상 수도로 삼는다('황제들은 그곳에서 시간을 훨씬 덜 보냈다', '행정 수도 역할 상실', '두 번째 수도 건립'). 마찬가지로 눈에 띄는 단어들에 연필로 체크를 해둔다.

세 번째 단락은 특별한 세부적 맥락이 보이지 않는다.

여기까지 읽고 다시 한 번 체크한 단어들과 소제목을 반복해서 빠르게 읽는다. 그러면서 내가 발견한 맥락이 현재 읽은 글과 합치되는지 머릿속으로 확인한다. 그다음, 읽은 내용과 내가 발견하고 체크한 맥락을 말로 간략히 설명할 수 있는지 확인한다.

---

3. 로마 제정

(1) 제정 초기

공화정 말 무렵, 도시 로마는 지중해 전역을 지배하는 제국의 수도에 맞는 웅장함을 갖췄었다. 이 당시 로마는 세계에서 가장 큰 도시였다. 로마의 최고 인구 추정치는 450,000명에서 350만 명에 걸쳐 있는 가운데, 1백에서 2백만 명 추정치가 역사가들에게 가장 일반적이다. 로마의 인구는 2세기에 절정에 다다른 후 감소하였다. 마르쿠스 아우렐리우스 치세 시절인 2세기 말, 안토니우스 역병은 매일 2,000명의 사망자를 낳았다.

(2) 3세기의 위기

3세기 초를 시작으로, 정세가 변화하였다. '3세기의 위기'는 로마 제국을 거의 붕괴시켜낸 재앙과 정치적 문제들이라 정의 내려진다. 야만인들의 침입에 대한 위험과 위협에 대한 새로운 느낌은 아우렐리아누스 황제의 결정에서 보여지는데, 그는 둘레가 20km에 가까운 것으로 측정된 길이를 지닌, 거대한 성벽으로 수도 로마를 둘러싸는 사업을 273년에 완료하였다.

로마는 공식적으로 제국의 수도로서 남게 되었지만, 황제들은 그곳에서 시간을 훨씬 덜 보냈다. 3세기 말 디오클레티아누스의 정치 개혁으로, 로마는 전통적 행정 수도의 역할을 상실하였다. 시간이 흘러, 서로마 황제들은 밀라노나 라벤나, 혹은 갈리아 지역의 도시들에서 통치를 했다. 330년에, 콘스탄티누스 1세는 콘스탄티노폴리스에 두 번째 수도를 건립하였다.

양방향 정교화

7번 읽기 공부법의 두 번째 단계는 소제목과 그에 부합하는 단어들을 반복적으로 보면서, 소제목과 본문 내용의 중심 키워드를 연결하는 작업이다.

첫 번째 단락에서 '융성'을 의미하는 네 가지 키워드는 바로 '지중해 전역 지배', '제국의 수도에 걸맞는 웅장함', '세계에서 가장 큰 도시', '1백에서 2백만 명'이다. '감소'를 의미하는 키워드는 '2세기', '역병', '사망자', 이렇게 세 가지다. 이 키워드를 기억하면 된다. 연필로 동그라미 쳐둔 키워드 중에서 소제목과 가장 관련이 깊은 키워드만을 추려서 읽는다는 느낌으로 진행하면 된다.

이를 통해 '(1)제정 초기'라는 소제목이 '(1)제정 초기에는 지중해 전역을 지배하는 세계 최대의 도시로 엄청난 인구를 자랑했으나 2세기를 기점으로하여 역병 등의 문제로 인구가 감소한다'는 뜻을 내포한 것으로 이해할 수 있다. 반복적으로 책을 보면서, 목차 제목을 보면 그 함축된 내용이, 세부 내용을 보면 그것들을 묶어 표현할 수 있는 소제목이 떠오르는지를 확인해보자.

그다음은 앞서 꼽은 일곱 가지 키워드만을 골라 읽으며 생략된 나머지 내용을 유추하고 그것이 맞는지 확인한다. 일련의 맥락을 이루는 단어들을 연결해서 읽으면 그 사이사이에 빠진 내용이 자연스럽게 추론된다. 여기서는 '선추론- 후확인'식으로 세부 내용과 상세 설명이 내 추론과 맞는지 확인하면서 진행한다.

예를 들어 '역병', '사망자' 두 키워드를 읽으면, '무슨 역병이었더라? 아, 안토니우스 역병이구나', '얼마나 사망자가 발생했더라?', '아 2,000명이었지' 하는 식으로 세부 내용들이 떠오르는지를 확인한다. 다음과 같은 순서로 기억을 작동하게 의도하는 것이다.

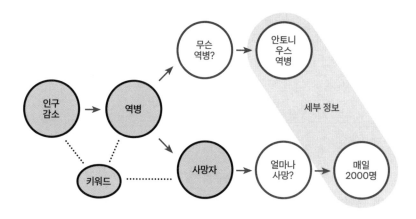

나머지 단락들도 이와 같은 방식으로 소제목, 소제목을 상세화해주는 키워드들, 그리고 그 소제목과 키워드를 통해 추론하고 확인한 세부 정보들, 이렇게 나누어 습득한다.

재현과 점검

마지막 단계는 재현과 점검을 통해 암기를 강화하는 것이다. 이것은 다시 두 가지 과정으로 나뉜다.

첫 번째 과정은, 아직 기억이 완전히 정착된 단계가 아니므로, 다시 책을 빠르게 읽어본다. 이때도 줄글 전체를 읽는 것이 아니라 목차 제목과 키워드를 먼저 읽고 그것들을 통해 세부 정보가 도출되는지를 확인하면서 읽는다. 그러면서 스스로 전체 내용을 요약해본다. 첫 번째 단락을 예로 들면 다음와 같이 될 것이다.

(1) 제정 초기
①세계 최대의 도시로 융성, 최고 인구
②2세기 역병 등으로 감소

그리고 그와 같은 요약이 맞는지 다시 한 번 책의 해당 부분을 읽으며 확인한다. 이런 식으로 전체를 읽고, 요약하고, 확인한다.

여기까지 되었다면 그다음 과정을 진행한다. 이번엔 특정 소제목이 나오면 해당 내용이 떠오르는지(정확히는 요약된 내용이 떠오를 것이다) 확인하는 방식으로 읽는다. 첫 번째 단락의 소제목인 '(1)제정 초기'를 보면 잠시 눈을 멈춰, 그 아래 나오는 글을 읽지 않고도 세부 내용이 압축적으로 떠오르는지 테스트해보고, 떠오른 것이 맞는지 다시 책을 보고 확인하는 것이다.

7번 읽기 공부법은 유용한 방법이긴 하지만, 교재가 두껍고 내용이 방대한 우리의 공부에 적용하는 데는 적절한 변용이 필요하다.

무엇보다 한 번에 책의 전 범위, 즉 처음부터 끝까지를 모두 읽는 것은 '전체 및 세부 맥락을 인지'하는 첫 번째 단계에서만 진행하고, 그다음 단계부터는 단원별 또는 진도별로 하는 것이 바람직하다.

그리고 7번 읽기 공부법의 창시자는 스스로 키워드를 잡아내는 능력이 남다르게 탁월한 사람으로 연필과 형광펜 등 표시 도구를 사용하지 않지만, 이 방법을 시험공부에 적용하고자 하는 사람이라면 표시 도구를 적극적으로 사용, 이미지화를 접목해보기를 권한다.

3

(이윤규 변호사의
구조화 독서법)

조직화 + 맥락화 + 이미지화 + 정교화 + 시연

구조화 독서법은 내가 사법시험 공부를 하며 사용한 방식으로, 한국과 일본의 여러 암기법을 합쳐서 루틴화한 것이다.

사용되는 원리는 기본적인 암기법 다섯 가지다. 다만 그 원리들을 적용하는 순서를 효율성에 따라 빈틈이 없도록 설정해두었고(이 책의 순서도 구조화 독서법에 따른 것이다), 책 내부의 구조와 서술을 이용해 정교화하는 것이 특징이다.

먼저 해야 할 일

구조화 독서법을 쓰기 전에 처음부터 끝까지 책을 여러 번 통독하며 전반적으로 인지해두는 과정이 필요하다. 다만 이는 500~600쪽 정도의 책을 기준으로 하면 1~3일 정도 안에 끝내야 하는 것이고, 흔히 생각하는 정독처럼 오랜 시간을 들여 보아서는 안 된다.

주로 맨 앞의 전체 목차에 쓰인 것들을 중심으로 전반적인 구조를 파악하는 정도가 될 것인데, 그 과정에 지나치게 시간이 많이 걸리거나 바로 이해가 되지 않는 경우라면 따로 맨 앞의 전체 목차를 복사해서 세부 내용을 외울 때에도 동시에 봐주는 것이 좋다.

적용 범위

구조화 독서법은 암기법에 순서를 부여하고 디테일을 다듬은 것일 뿐이므로, 당연히 문과 과목뿐 아니라 이과 과목에도 적용이 된다. 다만 앞서 조직화와 맥락화에서 설명한 것처럼 외울 대상이 수식이나 기호 등이 아닐 뿐인 것이다.

또한 최근 유행하는 공부법에 따라 기본 교재가 아니라 문제집 해설을 통해 공부하는 경우가 있는데, 이 경우에도 역시 구조화 독서법이 적용된다. 다만 문제집은 일반 교재보다 체계적인 부분이 떨어질 수밖에 없기 때문에 오로지 문제집만을 가지고 맥락화하기가 쉽지는 않다. 하지만 이는 구조화 독서법의 문제라기보다는, 문제집 고유의 단점에서 기인하는 것이다.

첫 번째 단계 - 레벨링

대뜸 세부적인 내용을 읽기 전에 일단 색이 다른 형광펜을 몇 개 준비한다. 그리고 외울 부분을 펼쳐놓고 맨앞에서 뒤까지 같은 수준의 소제목이 몇 개가 있는지 확인한다. 확인이 끝났다면 머릿속으로 그 소제목들 간의 관계를 집중적으로 생각하며 1번 색상 형광펜을 꺼내어 소제목을 칠한다. 이때 그 소제목이 엄청나게 크거나 돋보여 이미 눈에 띈다면 굳이 형광펜을 칠하여 시각화할 필요는 없다. 그리고 구조화 독서법은 앞서 설명한 7번 읽기 공부법과는 달리 충분한 인지 과정보다는 강도 높은 이해의 과정에 초점을 맞춘다. 즉 7번 읽기 공부법과 달리 세부적인 내용을 처음 읽는 이 단계에서 가급적 소제목을 이해하려고 노력해야 한다.

가장 상위 개념의 소제목을 형광펜으로 칠하며 그 의미를 곱씹어 보았다면, 이제 그다음 하위 층위의 소제목들을 보면서 2번 색상 형광펜을 꺼내 칠한다. 이 과정에서 이미 1번 색상으로 칠한 한 단계 높은 수준의 목차도 함께 누적해서 봐줘야 함은 물론이다.

이와 같은 첫 번째 단계를, 같은 수준 또는 같은 레벨의 지식끼리 조직화한다고 하여 '레벨링Leveling'이라고 부르고 있다. 조직화와 맥락화 암기법을 사용하는 단계다.

두 번째 단계 – 이미징

두 번째 단계는 이와 같이 파악하고 이해한 소제목들을 보다 기억하기 쉬운 이미지로 바꾸어 입력하는 것이다. 앞서도 설명했지만 매우 구체적이고 선명한 이미지보다는 단순한 이미지를 적극적으로 활용하는 것이 좋다.

다시 한 번 형광펜으로 칠한 소제목들을 여러 번 보면서 그 전체를 포괄하는 맥락까지 모두 이미지로 만들고, 그렇게 만든 이미지가 함께 읽은 소제목들을 포괄하는지 한 번 더 확인한다.

이처럼 레벨링을 한 소제목들 간의 관계를 이미지로 바꾸어 기억하는 단계를 '이미징Imaging'이라고 부르고 있다. 맥락화 암기법과 이미지화를 사용하는 단계다.

세 번째 단계 – 트리밍

세 번째 단계는 문단별로 요약 문장을 찾아 연필로 표시하는 단계다. 정상적으로 쓴 책이라면 문단은 중심 문장과 보조 문장으로 이루어져 있는데 요약 문장이 이해의 핵심이므로 그 부분을 먼저 찾아 머릿속에 집어넣는 것이다.

이를 위해 세부 소제목이 있는 책이라면 그 세부 소제목 뒤에 물음표를 붙이고 그 답은 연필로 밑줄을 그으면 되고, 세부 소제목이 없는 책이라면 직접 단락을 요약해 책 옆의 빈칸에 연필로 적어 넣거나 포스트잇에 써서 빈 곳에 붙이면 된다.

이 과정에서는 이처럼 중심 문장을 찾는 것도 중요하지만, 그렇게 찾은 중심 문장과 소제목 간의 관계, 그리고 그 소제목들 간의 관계도 놓쳐서는 안 된다. 이러한 과정 없이는 중심 문장이나 소제목들에 대한 정교화가 일어나지 않기 때문이다.

이처럼 문단별로 중심 문장만을 찾아내어 책을 깎아 읽는 단계를 '트리밍Trimming'이라고 부르고 있다. 이 단계까지 하면 기출 문제를 풀거나 해설을 읽을 수 있는 기초적인 지식이 생긴다.

네 번째 단계 - 컬러링

네 번째 단계는 색칠한 소제목, 표시한 중심 문장을 통해 빠르게 나머지 표시되지 않은 세부 내용까지 읽은 후에 재현 연습을 반복하면서 트리거가 무엇인지 확인하고 그 트리거를 책에서 찾아 표시하는 과정이다. 트리거를 찾아 색으로 칠한다는 의미에서 '(트리거) 컬러링Coloring'이라고 부르고 있다.

다만 주의할 점은 아직 책의 세부 내용까지 충분히 읽지 못한 상황이거나 앞서 읽은 중심 문장까지도 아직 완전히 내 지식이 되지 않은 상태인데 섣불리 재현 연습을 해보고 컬러링해서는 안 된다는 것이다.

컬러링은 편의상 네 번째 단계로 분류해두었지만, 실제로는 암기의 마지막 단계에서나 가능하다는 점을 꼭 명심하자. 따라서 이 단계에서 적용되는 핵심적인 원리는 '트리거'와 '시연'이다.

다섯 번째 단계 – 로딩

마지막 다섯 번째 단계는 '로딩Loading'이다. 한정된 머릿속 기억 공간 속에 지식을 적재한다는 의미로 이와 같이 부르고 있다. 지식을 머릿속에 빈틈없이 적재한다는 것은 바로 궁극적인 암기이고, 이는 공부할 때뿐 아니라 시험을 치면서도 강화되는 것이므로 마지막 단계로 설정했다.

로딩의 구체적 방법은 재현 연습이다. 책을 읽은 직후, 잠자리에 들기 전, 자고 일어난 직후의 세 번 실행한다.

예시를 통해 구조화 독서법을 익혀보자

7번 읽기 공부법과 비교를 하면서 익힐 수 있도록, 스스로에게 맞는 방식을 취사할 수 있도록 같은 예를 들었다. 예시를 통해 구조화 독서법을 익혀보자.

3. 로마 제정

(1) 제정 초기

공화정 말 무렵, 도시 로마는 지중해 전역을 지배하는 제국의 수도에 맞는 웅장함을 갖췄었다. 이 당시 로마는 세계에서 가장 큰 도시였다. 로마의 최고 인구 추정치는 450,000명에서 350만 명에 걸쳐 있는 가운데, 1백에서 2백만 명 추정치가 역사가들에게 가장 일반적이다. 로마의 인구는 2세기에 절정에 다다른 후 감소하였다. 마르쿠스 아우렐리우스 치세 시절인 2세기 말, 안토니우스 역병은 매일 2,000명의 사망자를 낳았다.

(2) 3세기의 위기

3세기 초를 시작으로, 정세가 변화하였다. '3세기의 위기'는 로마 제국을 거의 붕괴시켜낸 재앙과 정치적 문제들이라 정의 내려진다. 야만인들의 침입에 대한 위험과 위협에 대한 새로운 느낌은 아우렐리아누스 황제의 결정에서 보여지는데, 그는 둘레가 20km에 가까운 것으로 측정된 길이를 지닌, 거대한 성벽으로 수도 로마를 둘러싸는 사업을 273년에 완료하였다.

로마는 공식적으로 제국의 수도로서 남게 되었지만, 황제들은 그곳에서 시간을 훨씬 덜 보냈다. 3세기 말 디오클레티아누스의 정치 개혁으로, 로마는 전통적 행정 수도의 역할을 상실하였다. 시간이 흘러, 서로마 황제들은 밀라노나 라벤나, 혹은 갈리아 지역의 도시들에서 통치를 했다. 330년에, 콘스탄티누스 1세는 콘스탄티노폴리스에 두 번째 수도를 건립하였다.

(3) 게르만족의 침입과 서로마 제국 멸망

여전히 로마는 귀족들과 원로원 의원들이 주도하던 전통 신앙의 본거지 중 하나로 남아 있었다. 그렇지만, 로마의 새로운 성벽은 410년 8월 24일에 벌어진 알라리크의 약탈, 455년 6월 2일에 벌어진 게이세리크의 약탈, 심지어는 472년 7월 11일에 일어난 리키메르 장군이 주도한, 임금을 지불받지 못한 로마군의 약탈을 막지 못했다.

410년 약탈 사건은 거의 800년 만에 처음으로 로마가 적들에게 함락된 것이었다. 이전의 로마 약탈은 기원전 387년에 브렌누스라는 자가 이끈 갈리아족들이 벌인 것이었다. 410년 약탈은 서로마 제국의 쇠퇴와 멸망에 대한 상징 중 하나로 여겨진다. 이 당시 베들레헴에 거주하던 히에로니무스는 "온 세상을 차지했던 도시가 점령당했다."라고 기록을 남겼다.

레벨링

구조화 독서법의 첫 단계인 '레벨링'은 책의 체계와 구조를 파악하는 단계다. 색깔이 다른 형광펜을 몇 개 준비해서 개념 층위가 다른 소제목에 색을 칠하면서 읽는다. 이때 중요한 것은 소제목 간의 상하관계다. 바로 색을 칠하지 말고 주어진 소제목들의 개념 층위가 잘못된 부분은 없는지 파악한다.

예를 들어 예시의 소제목은 본래 '1. 초창기 역사, 2. 로마 공화정, 3. 로마 제정'의 순서인데, 만약 '1. 초창기 역사, 2. 로마기원의 전설, 3. 로마 공화정, 4. 로마 제정'으로 구성되어 있다면 '2. 로마기원의 전설'은 오자이거나 저자의 실수로 구성이 잘못된 것은 아닌지 의심하며 읽어나가야 한다.

내용을 모르는데 어떻게 그렇게 읽을 수 있는지 하고 반문할 수도 있지만, 소제목들을 한데 모아서 읽으면 같은 그룹으로 조직화할 수 없거나 같은 층위로 구분할 수 없는 이질적인 제목을 발견할 수 있다.

이렇게 해서 같은 층위의 소제목이라는 것이 확인되었다면 이제 같은 층위의 소제목끼리 같은 색으로 칠한다.

그다음 하위 층위의 제목들도 확인하는 작업을 하고 345쪽처럼 다른 색으로 칠한다.

(1) 제정 초기

공화정 말 무렵, 도시 로마는 지중해 전역을 지배하는 제국의 수도에 맞는 웅장함을 갖췄었다. 이 당시 로마는 세계에서 가장 큰 도시였다. 로마의 최고 인구 추정치는 450,000명에서 350만 명에 걸쳐 있는 가운데, 1백에서 2백만 명 추정치가 역사가들에게 가장 일반적이다. 로마의 인구는 2세기에 절정에 다다른 후 감소하였다. 마르쿠스 아우렐리우스 치세 시절인 2세기 말, 안토니우스 역병은 매일 2,000명의 사망자를 낳았다.

(2) 3세기의 위기

3세기 초를 시작으로, 정세가 변화하였다. '3세기의 위기'는 로마 제국을 거의 붕괴시켜낸 재앙과 정치적 문제들이라 정의 내려진다. 야만인들의 침입에 대한 위험과 위협에 대한 새로운 느낌은 아우렐리아누스 황제의 결정에서 보여지는데, 그는 둘레가 20km에 가까운 것으로 측정된 길이를 지닌, 거대한 성벽으로 수도 로마를 둘러싸는 사업을 273년에 완료하였다.

로마는 공식적으로 제국의 수도로서 남게 되었지만, 황제들은 그곳에서 시간을 훨씬 덜 보냈다. 3세기 말 디오클레티아누스의 정치 개혁으로, 로마는 전통적 행정 수도의 역할을 상실하였다. 시간이 흘러, 서로마 황제들은 밀라노나 라벤나, 혹은 갈리아 지역의 도시들에서 통치를 했다. 330년에, 콘스탄티누스 1세는 콘스탄티노폴리스에 두 번째 수도를 건립하였다.

(3) 게르만족의 침입과 서로마 제국 멸망

여전히 로마는 귀족들과 원로원 의원들이 주도하던 전통 신앙의 본거지 중 하나로 남아 있었다. 그렇지만, 로마의 새로운 성벽은 410년 8월 24일에 벌어진 알라리크의 약탈, 455년 6월 2일에 벌어진 게이세리크의 약탈, 심지어는 472년 7월 11일에 일어난 리키메르 장군이 주도한, 임금을 지불받지 못한 로마군의 약탈을 막지 못했다.

410년 약탈 사건은 거의 800년 만에 처음으로 로마가 적들에게 함락된 것이었다. 이전의 로마 약탈은 기원전 387년에 브렌누스라는 자가 이끈 갈리아족들이 벌인 것이었다. 410년 약탈은 서로마 제국의 쇠퇴와 멸망에 대한 상징 중 하나로 여겨진다. 이 당시 베들레헴에 거주하던 히에로니무스는 "온 세상을 차지했던 도시가 점령당했다."라고 기록을 남겼다.

3. 로마 제정

(1) 제정 초기

공화정 말 무렵, 도시 로마는 지중해 전역을 지배하는 제국의 수도에 맞는 웅장함을 갖췄었다. 이 당시 로마는 세계에서 가장 큰 도시였다. 로마의 최고 인구 추정치는 450,000명에서 350만 명에 걸쳐 있는 가운데, 1백에서 2백만 명 추정치가 역사가들에게 가장 일반적이다. 로마의 인구는 2세기에 절정에 다다른 후 감소하였다. 마르쿠스 아우렐리우스 치세 시절인 2세기 말, 안토니우스 역병은 매일 2,000명의 사망자를 낳았다.

(2) 3세기의 위기

3세기 초를 시작으로, 정세가 변화하였다. '3세기의 위기'는 로마 제국을 거의 붕괴시켜낸 재앙과 정치적 문제들이라 정의 내려진다. 야만인들의 침입에 대한 위험과 위협에 대한 새로운 느낌은 아우렐리아누스 황제의 결정에서 보여지는데, 그는 둘레가 20km에 가까운 것으로 측정된 길이를 지닌, 거대한 성벽으로 수도 로마를 둘러싸는 사업을 273년에 완료하였다.

로마는 공식적으로 제국의 수도로서 남게 되었지만, 황제들은 그곳에서 시간을 훨씬 덜 보냈다. 3세기 말 디오클레티아누스의 정치 개혁으로, 로마는 전통적 행정 수도의 역할을 상실하였다. 시간이 흘러, 서로마 황제들은 밀라노나 라벤나, 혹은 갈리아 지역의 도시들에서 통치를 했다. 330년에, 콘스탄티누스 1세는 콘스탄티노폴리스에 두 번째 수도를 건립하였다.

(3) 게르만족의 침입과 서로마 제국 멸망

여전히 로마는 귀족들과 원로원 의원들이 주도하던 전통 신앙의 본거지 중 하나로 남아 있었다. 그렇지만, 로마의 새로운 성벽은 410년 8월 24일에 벌어진 알라리크의 약탈, 455년 6월 2일에 벌어진 게이세리크의 약탈, 심지어는 472년 7월 11일에 일어난 리키메르 장군이 주도한, 임금을 지불받지 못한 로마군의 약탈을 막지 못했다.

410년 약탈 사건은 거의 800년 만에 처음으로 로마가 적들에게 함락된 것이었다. 이전의 로마 약탈은 기원전 387년에 브렌누스라는 자가 이끈 갈리아족들이 벌인 것이었다. 410년 약탈은 서로마 제국의 쇠퇴와 멸망에 대한 상징 중 하나로 여겨진다. 이 당시 베들레헴에 거주하던 히에로니무스는 "온 세상을 차지했던 도시가 점령당했다."라고 기록을 남겼다.

이미징

이렇게 소제목들 간의 상하관계 또는 개념 층위를 색깔로 표시하고 나면 그 제목들 간의 관계만을 생각하는 데에 모든 뇌의 메모리를 할당할 수 있게 된다.

구조화 독서법의 두 번째 단계 '이미징'은 소제목들 간의 관계를 통해 맥락을 발견하고 그 맥락을 이미지화하는 것이다. 앞서 설명한 '7번 읽기 공부법'에서 전체적인 맥락을 발견하는 단계와 같다.

차이점은 세부적인 내용은 아직 읽지 않는다는 것이다. 그렇다고 절대 세부 내용을 읽어선 안 된다는 의미는 아니다. 소제목이 도대체 무슨 말인지 전혀 알 수 없어 힌트가 필요하거나 세부 내용을 조금만 보면 제목에 대한 이해도가 더 좋아질 것 같은 경우에는 세부 내용을 슬쩍 보아도 좋다.

여기서의 이미지화의 결과물은 다음과 같이 될 것이다.

트리밍

세 번째 단계는 '트리밍'이다. 문단에서 중심 내용만을 남기기 위한 기술인데, 소제목 뒤에 물음표를 치고 그에 대한 답을 찾는 방식으로 한다. 이때는 처음 시도할 때, 답을 잘못하게 될 수 있으므로 연필을 사용하기를 권한다.

그리고 '소제목'에 대한 답이 두 개 이상이 나오는 경우에는 의미 또는 맥락이 달라지는 단락에서 반드시 / 표시를 이용하여 끊어 줘야 한다. 그리고 기억의 경제성을 위해 '도시 로마', '로마의' 등과 같이 소제목과 중첩되는 표현에는 표시하지 않도록 하자.

---

3. 로마 제정

(1) 제정 초기 ?

공화정 말 무렵, 도시 로마는 지중해 전역을 지배하는 제국의 수도에 맞는 웅장함을 갖췄었다. 이 당시 로마는 세계에서 가장 큰 도시였다. 로마의 최고 인구 추정치는 450,000명에서 350만 명에 걸쳐 있는 가운데, 1백에서 2백만 명 추정치가 역사가들에게 가장 일반적이다./로마의 인구는 2세기에 절정에 다다른 후 감소하였다. 마르쿠스 아우렐리우스 치세 시절인 2세기 말, 안토니우스 역병은 매일 2,000명의 사망자를 낳았다.

(2) 3세기의 위기 ?

3세기 초를 시작으로, 정세가 변화하였다. '3세기의 위기'는 로마 제국을 거의 붕괴시켜낸 재앙과 정치적 문제들이라 정의 내려진다. 야만인들의 침입에 대한 위험과 위협에 대한 새로운 느낌은 아우렐리아누스 황제의 결정에서 보여지는데, 그는 둘레가 20km에 가까운 것으로 측정된 길이를 지닌, 거대한 성벽으로 수도 로마를 둘러싸는 사업을 273년에 완료하였다.

로마는 공식적으로 제국의 수도로서 남게 되었지만, 황제들은 그곳에서 시간을 훨씬 덜 보냈다. 3세기 말 디오클레티아누스의 정치 개혁으로, 로마는 전통적 행정 수도의 역할을 상실하였다. 시간이 흘러, 서로마 황제들은 밀라노나 라벤나, 혹은 갈리아 지역의 도시들에서 통치를 했다. 330년에, 콘스탄티누스 1세는 콘스탄티노폴리스에 두 번째 수도를 건립하였다.

(3) 게르만족의 침입과 서로마 제국 멸망 **?**

여전히 로마는 귀족들과 원로원 의원들이 주도하던 전통 신앙의 본거지 중 하나로 남아 있었다. 그렇지만, 로마의 새로운 성벽은 410년 8월 24일에 벌어진 알라리크의 약탈, 455년 6월 2일에 벌어진 게이세리크의 약탈, 심지어는 472년 7월 11일에 일어난 리키메르 장군이 주도한, 임금을 지불받지 못한 로마군의 약탈을 막지 못했다.

410년 약탈 사건은 거의 800년 만에 처음으로 로마가 적들에게 함락된 것이었다. 이전의 로마 약탈은 기원전 387년에 브렌누스라는 자가 이끈 갈리아족들이 벌인 것이었다. 410년 약탈은 서로마 제국의 쇠퇴와 멸망에 대한 상징 중 하나로 여겨진다. 이 당시 베들레헴에 거주하던 히에로니무스는 "온 세상을 차지했던 도시가 점령당했다."라고 기록을 남겼다.

복잡한 글이거나 세부 제목이 존재하지 않는 경우라면 내가 임의로 세부 제목을 달아주는 것이 좋다. 다음 페이지에 내가 '①융성, ②감소', '①방어, ②방기', '①여러 약탈, ②410년 약탈의 의미'라고 세부 제목을 만든 것처럼 하면 된다.

3. 로마 제정

(1) 제정 초기 ?

①융성   공화정 말 무렵, 도시 로마는 지중해 전역을 지배하는 제국의 수도에 맞는 웅장함을 갖췄었다. 이 당시 로마는 세계에서 가장 큰 도시였다. 로마의 최고 인구 추정치는 450,000명에서 350만 명에 걸쳐 있는 가운데, 1백에서 2백만 명 추정치가 역사가들에게 가장 일반적이다./로마의 인구

②감소   는 2세기에 절정에 다다른 후 감소하였다. 마르쿠스 아우렐리우스 치세 시절인 2세기 말, 안토니우스 역병은 매일 2,000명의 사망자를 낳았다.

(2) 3세기의 위기 ?

   3세기 초를 시작으로, 정세가 변화하였다. '3세기의 위기'는 로마 제국을 거의 붕괴시켜낸 재앙과 정치적 문제들이라 정의 내려진다. 야만인들

①방어   의 침입에 대한 위험과 위협에 대한 새로운 느낌은 아우렐리아누스 황제의 결정에서 보여지는데, 그는 둘레가 20km에 가까운 것으로 측정된 길이를 지닌, 거대한 성벽으로 수도 로마를 둘러싸는 사업을 273년에 완료하였다.

   로마는 공식적으로 제국의 수도로서 남게 되었지만, 황제들은 그곳에서 시간을 훨씬 덜 보냈다. 3세기 말 디오클레티아누스의 정치 개혁으로,

②방기   로마는 전통적 행정 수도의 역할을 상실하였다. 시간이 흘러, 서로마 황제들은 밀라노나 라벤나, 혹은 갈리아 지역의 도시들에서 통치를 했다. 330년에, 콘스탄티누스 1세는 콘스탄티노폴리스에 두 번째 수도를 건립하였다.

(3) 게르만족의 침입과 서로마 제국 멸망 ?

   여전히 로마는 귀족들과 원로원 의원들이 주도하던 전통 신앙의 본거

①여러   지 중 하나로 남아 있었다. 그렇지만, 로마의 새로운 성벽은 410년 8월
약탈   24일에 벌어진 알라리크의 약탈, 455년 6월 2일에 벌어진 게이세리크의 약탈, 심지어는 472년 7월 11일에 일어난 리키메르 장군이 주도한, 임금을 지불받지 못한 로마군의 약탈을 막지 못했다.

   410년 약탈 사건은 거의 800년 만에 처음으로 로마가 적들에게 함락

②410년   된 것이었다. 이전의 로마 약탈은 기원전 387년에 브렌누스라는 자가 이
약탈의   끈 갈리아족들이 벌인 것이었다. 410년 약탈은 서로마 제국의 쇠퇴와 멸
의미   망에 대한 상징 중 하나로 여겨진다. 이 당시 베들레헴에 거주하던 히에로니무스는 "온 세상을 차지했던 도시가 점령당했다."라고 기록을 남겼다.

여기까지 하고 나면 책의 중심이 되는 뼈대를 외울 수 있게 된다.

이제는 기출문제를 분석할 차례다. 시험에 나오는 정보들을 더해서 내가 외워야 할 '암기 대상'을 선정하는 작업을 병행하는 것이다.

예를 들어 기출문제를 분석해 보았더니 대부분의 문제가 '(1)제정 초기' 파트에서 나온다면 그 출제되는 부분에 볼펜 등으로 밑줄을 쳐서 표시하고, 다양한 기술을 활용해 외우도록 한다.

---

3. 로마 제정

(1) 제정 초기 **?**

①융성
공화정 말 무렵, 도시 로마는 지중해 전역을 지배하는 제국의 수도에 맞는 웅장함을 갖췄었다. 이 당시 로마는 세계에서 가장 큰 도시였다. 로마의 최고 인구 추정치는 450,000명에서 350만 명에 걸쳐 있는 가운데,

②감소
1백에서 2백만 명 추정치가 역사가들에게 가장 일반적이다. / 로마의 인구는 2세기에 절정에 다다른 후 감소하였다. 마르쿠스 아우렐리우스 치세 시절인 2세기 말, 안토니우스 역병은 매일 2,000명의 사망자를 낳았다.

파란색으로 밑줄 친 부분이 기출문제에 나온 부분이다. 표시 부분을 외우는 데는 다양한 기술을 동원할 수 있다. '맥락화'를 이용해도 좋고, 단순히 반복해 되뇌는 '시연'을 해도 좋다. 또 문제 유형을 더 분석하고 분류해, 반복적으로 나타나는 오답 문구나 오답 패턴을 발견하는 경우, 그것만 필사하며 외워도 된다.

가장 추천하는 방법은 역시 '재현'을 염두에 두는 방식이다. 눈에

딱 띄게 반복되는 오답 문구나 패턴이 존재한다면 굳이 암기를 철두철미하게 할 필요가 없기 때문이다. 예를 들어 거의 대부분 '안토니우스 역병'의 이름을 바꾼 형태(카이사르 역병, 아우구스투스 역병 등)가 답이었다고 한다면 '안토니우스'와 예상치 못한 상황에 대비하여 나머지 숫자의 범위를 대략적으로 외우는 것으로 충분한 것이다.

만약 정답 또는 오답의 패턴이 잘 보이지 않는다면 맥락화와 정교화를 같이 사용하고, 그렇게 해서도 잘되지 않는다면 일단은 모든 공부 진도를 나간 후에(이해와 암기절차의 이원화), 잘 외워지지 않은 것만 종이 한두 장에 정리해서 반복해 되뇌기로 외우는 것이 좋다.

컬러링

네 번째 단계는 '컬러링'이다. 기억 작동 연습을 통해 기억의 방아쇠가 되는 부분을 확인하고, 그 부분을 앞에서 사용하지 않은 형광펜으로 칠한다.

예를 들어 첫 번째 단락 그중에서도 인구가 감소하는 부분을 외워야 하는 상황이라고 한다면, 어떤 것이 키워드가 될 수 있을까? 어떤 단어를 기억해두면 나머지 지식들이 그물망처럼 따라 나올까? 나의 경우에는 '역병'이 이에 해당한다.

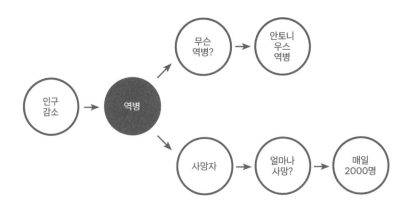

'역병'이라는 단어를 기억함으로써 인구가 감소했다는 결론과 그 역병의 이름, 사망자의 숫자를 순차적으로 떠올릴 수 있기 때문이다. 내가 표시를 한다면 아래와 같이 표시할 것이다.

3. 로마 제정

(1) 제정 초기 ?

①융성 공화정 말 무렵, 도시 로마는 지중해 전역을 지배하는 제국의 수도에 맞는 웅장함을 갖췄었다. 이 당시 로마는 세계에서 가장 큰 도시였다. 로마의 최고 인구 추정치는 450,000명에서 350만 명에 걸쳐 있는 가운데, 1백에서 2백만 명 추정치가 역사가들에게 가장 일반적이다./로마의 인구

②감소 는 2세기에 절정에 다다른 후 감소하였다. 마르쿠스 아우렐리우스 치세 시절인 2세기 말, 안토니우스 역병은 매일 2,000명의 사망자를 낳았다.

앞서 설명한 바와 같이 컬러링은 '자신의' 기억을 작동시키는 연

습을 통해, 그리고 어느 정도 지식이 숙성된 후에 해야 효율적이다. 즉 사람마다 시기마다 컬러링하는 대상 또는 부분이 다를 수 있다는 의미다.

로딩

마지막 단계는 '로딩'이다. 단원별로 또는 진도별로 공부를 모두 끝냈다, 이해가 다 되었다는 느낌이 든다면(할머니에게 설명할 수 있을 정도가 되었다고 느낀다면), 거기서 멈추지 말고 다시 5~10분 정도를 더 투자해서 빠르게 공부한 내용을 되돌아보자.

이때는 기출분석이 끝난 상태일 것이기 때문에 책 내용을 다시 읽으면 어느 부분이 어떤 형태의 문제로 나왔는지 떠오르고, 앞으로 이 문제가 나올 것이라 예측할 수 있다.

그러면서 빠르게 머릿속으로 답이 도출되는지, 기억이 잘 재현되는지 확인을 해본다. 만약 잘되지 않는다면 그 부분을 질문의 형태로 바꾸어 노트에 기록해둔다.

예를 들어 '안토니우스 역병' 부분을 보는데 무언가 머리가 정지한 것 같은 느낌이 든다면, 노트에 '로마 인구 감소시킨 역병?'이라고 적어둔다. '안토니우스'라는 답을 의식적으로 끌어내기 위해 미리 질문을 만들어두는 것이다.

로마인구 감소시킨 역병?

_____

_____

_____

　이 질문 노트는 하루의 공부를 마무리할 때 보면서 답을 떠올려본다. 만약 답이 잘 떠오르지 않는다면 안타깝지만 그것은 암기를 하지 않은 것과 같은 것이다. 다시 말하지만 재현이 되지 않는다면 암기하지 않은 것과 같다. 따라서 이 부분은 바로 책을 펴서 다시 공부해야 한다. 이 순간에 타협은 없다. 밤을 새서라도 다시 공부한다. 계획을 잘못 세우고 집중을 하지 못한 나 자신에 대한 질책이라고 생각하자.

　하루의 일과를 끝내고 잠자리에 들기 전, 잠깐의 시간을 할애하면 자는 동안의 무의식을 이용해 암기와 공부 효율을 높일 수 있다. 바로 오늘 공부했던 것들을 머릿속으로 다시 한 번 떠올려보고, 공부 마무리 전 미리 훑어본 내일 공부할 것들의 소제목들의 내용을 상상해보는 것이다.

　그리고 기상 직후에는 최소 30분, 최대 3시간 정도로 잡고 전날 공부했던 내용 전체를 복습한다. 복습 방법은 공부했던 내용 전체를 빠르게 넘기며 소제목이 나올 때마다 눈을 멈추고 아래에 줄쳤던 내용들(7번 읽기 공부법과 달리 전체 내용이 다 떠오를 필요가 없다. 기출 범위에 있는 부분들, 출제가 예상되는 부분들만 떠오르면 된다)이 떠오르는지 확인한다. 만약 잘 떠오르지 않는다면 일정 시간을 정하고 그 시간 안에 다시 암기를 시도한다.

강충열(한국교원대학교 명예교수)

이윤규 변호사를 알게 된 것은 우연이었다. 어느 날 EBS 명사초청 프로그램에 출연한 이윤규 변호사가 출연하여 대담하는 것을 시청하게 된 것이 계기였다. 이윤규 변호사는 준비 9개월 만에 그 어렵다는 사법고시 1차와 2차 시험에 합격하고, 자신의 공부 경험을 여러 권의 책으로 출판하여 베스트셀러로 만들었고, 공부법에 대한 유튜브 영상을 만들어 수십만 명이 넘는 구독자를 거느리고 있는 유명인이라는 것을 알게 되었다. 내 전공이 교육심리학의 한 영역인 학습론인데, 서른 후반의 젊은 변호사가 자기의 전공 영역도 아닌데도 불구하고 공부법에 대해 이런 엄청난 업적을 낸 것을 보고 놀라지 않을 수가 없었다.

공부법은 전공 용어로 학습기술 또는 학습전략이라고 하는데, 필요한 때 필요한 지식을 효과적으로 습득하여 필요한 곳에 활용하는 기술이다. 학습기술은 지식이 기하급수적으로 팽창하는 정보화 사회에서, 그리고 평생을 공부해야 하는 평생학습 시대에, 생존하고 번영하기 위해 학생이나 성인이든 누구나 습득해야 할 기술이다. 이런 이유로 나는 한국교원대학교에 교수로 재직하던 때, 우리나라에서는 최초로 '대학에서의 공부법'이라는 강좌를 개설하여 수년간 운영한 적이 있다. 그리고 지금은 정년퇴직하여 학습기술을 초·중등학교 교육에 접목시키는 데 관심을 두고 있다. 우리나라 초·중등학교에는 교사들이 학생들에게 공부하라고 종용하면서도 실제로는 어떻게 공부해야 하는지에 대해서는 가르쳐주지 않는 '이상한' 현상이 존재하고 있다. 이런 현상을 극복하기 위해 나는 이윤규 변호사를 만나 '공부법 학회'를 만들어 공부법에 대한 지식을 공유하고 사회 및 학교에 확산시키자고 의기투합한 후, 학회 창립 준비를 하고 있다. 이 와중에 이윤규 변호사는 《무조건 합격하는 암기의 기술》이라는 또 다른 책을 출간했고, 나에게 검토를 부탁했다. 나로서는 영광스러운 일이 아닐 수 없다.

공부는 농사일과 비슷하여 시간을 투자하고 땀을 흘려야 소출을 얻을 수 있는 일이다. 그러나 노력만으로는 탁월한 수준으로 성취해 내기 어렵다. 노력은 공부의 필요조건이지 충분조건은 아니기 때문이다. 노력 외에 과학적으로 검증된 효과적인 공부 기술, 즉 공부법을 습득해야 한다. 암기 기술은 기억술이라는 학습기술 영역에 속하는데, 기억은 모든 공부의 기본이 된다. 기억을 통해 지식을 보유하고 있지 않으면 필요한 곳에 활용할 수가 없기 때문이다. 공부에는 부익부 빈익빈富益富 貧益貧의 원리가 작동한다. 지식을 많이 기억하고 있는 사람이 보다 생산적인 삶을 살 수 있기 때문이다.

이윤규 변호사는 이 책에서 인지심리학이 밝혀낸 기억의 정통 원리들을 자신의 공부 경험과 연계하여 타당하고 신뢰롭게 설명하고 있다. 그리고 예시들을 많이 제시하고 있어 학생들과 일반 성인들도 쉽게 이해할 수 있도록 했다.

공부 기술은 그 방법론을 이해한 후 실제로 활용하는 연습을 통해 체화해야 효과를 얻을 수 있다. 아무쪼록 이 책에서 소개한 기억의 방법들을 익혀, 학생들은 학업성취를 올리고, 성인들은 직업에서의 전문성 개발에 도움이 되고, 더 나아가 우리나라의 총체적 교육력이 높아지기를 기대한다.